Avant-propos

Vous disposez d'une expérience dans l'animation, de moniteur de colonie de vacances, ou de centre de loisirs ; vous avez une activité de bénévole dans un club sportif ou une pratique artistique et culturelle. Vous occupez ou avez occupé un emploi rémunéré de stagiaire de contact, de remplaçant, d'auxiliaire de vie scolaire (AVS) ou de service civique[1]. Vous avez un intérêt pour les problèmes sociaux et un sens de l'engagement. Dans ce cas, le métier de moniteur-éducateur vous permettra de prendre en compte votre goût pour les contacts humains et vos capacités personnelles déjà repérées.

À côté des autres travailleurs sociaux, le moniteur-éducateur est un professionnel de l'intervention sociale. Son action s'exerce auprès d'enfants, d'adolescents et d'adultes en situation de handicap ou qui rencontrent des problèmes d'adaptation, d'inadaptation sociale, voire de dépendance.

Le cadre de son intervention a été redéfini par le décret du 15 mai 2007. Cette décision interministérielle reformule et revalorise une fonction historique du travail éducatif : « L'encadrement de la vie quotidienne » dans les institutions sociales ou médico-sociales.

Désormais, le métier de moniteur-éducateur se distingue des autres métiers du travail social, ceux du conseil et de l'assistance, ceux de l'aide à domicile, pour occuper une fonction recherchée, celle de l'éducation et de l'animation du quotidien. Le terme de moniteur-éducateur porte bien cette double spécificité.

Cependant, l'intervention de ce professionnel reste, comme pour les autres travailleurs sociaux, fondée sur des capacités relationnelles.

Cet ouvrage de la collection « Admis » vous permet de vous préparer au concours d'entrée dans un des instituts de formation de moniteur-éducateur.

Les épreuves écrites et orales d'admission visent à apprécier vos motivations pour ce métier, votre niveau de culture générale et vos capacités à vous engager dans une formation en alternance (cours théoriques – stages pratiques).

Cet ouvrage a pour objectif :

– de vous donner un ensemble d'informations pour vous permettre d'acquérir une vision globale des différentes épreuves d'admission ;

– de connaître le contenu et les objectifs de chaque épreuve ;

– de vous préparer à mettre en avant vos capacités en fonction des objectifs recherchés ;

1. Le service civique, créé par la loi du 10 mars 2010, permet à de jeunes volontaires, âgés de 16 à 25 ans, de s'engager dans des missions humanitaires, éducatives, de santé ou portant sur l'environnement. Rémunérés, ces jeunes bénéficient de la couverture sociale. Les acquis de ce type d'expérience, présentés et valorisés dans les écrits de motivation ou lors des entretiens, constituent un atout supplémentaire.

– de vous permettre de connaître le travail de moniteur-éducateur, afin de mieux cerner vos motivations pour exercer ce métier ;

– de bien comprendre les attentes des membres du jury.

Proposée par deux formateurs, cette présentation, illustrée par des apports de professionnels, devrait vous aider à vous préparer aux différentes épreuves et ainsi vous permettre de concrétiser votre projet professionnel par la réussite au concours d'entrée.

Les candidats admis trouveront une présentation de la formation du diplôme d'État de moniteur-éducateur (DEME), réalisée par les mêmes auteurs et publiée également aux éditions Vuibert.

L'ouvrage *DEME, Annales corrigées* (collection « Itinéraires pro »), vous guidera dans l'organisation de la formation en domaines de compétences et facilitera votre implication dans les contenus des différents cours théoriques, ou dans vos futurs stages pratiques.

Sommaire

Partie 2 Le cours

Votre concours, votre métier

« L'éducation est un processus de vie, et non une préparation à la vie. »
John Dewey, *Mon credo pédagogique* (1897)

Jurys pendant plusieurs années dans différents établissements de formation de moniteur-éducateur (ME), nous avons fait le choix de proposer une publication qui ne prône pas une préparation aux épreuves de sélection millimétrée, minutée et artificielle, au risque de desservir les candidats.

Dans une profession qui requiert sincérité, authenticité, morale et honnêteté, nous pensons que la préparation à l'examen d'entrée en formation de ME doit recourir aux notions fondamentales de véracité, de franchise et d'ouverture.

Cet ouvrage n'est donc pas un manuel méthodologique dans lequel un certain nombre d'outils pourraient venir dissimuler l'intériorité et la motivation, peut-être encore immature, de certains candidats.

Nous nous positionnons en affirmant que tout le monde ne peut pas être éducateur. C'est un choix qui engage le candidat au-delà de l'envie, car il vient parler d'une implication intense dans l'accompagnement d'autres « à être » et cela ne va pas de soi pour tous.

Pour les auteurs, cet ouvrage constitue un support profondément éthique à une préparation empreinte d'authenticité et d'engagement profond envers les personnes fragiles que les futurs moniteurs-éducateurs auront à accompagner durant toute leur formation, en tant que stagiaires mais surtout pendant l'ensemble de leur carrière en tant que professionnels.

C'est pourquoi, dans cette introduction, il nous semble important d'alerter chaque futur candidat sur ce qui nous paraît essentiel pour être ME : une motivation affirmée et réfléchie à s'engager auprès de personnes vulnérables, dans une formation « dont il sait pertinemment qu'elle risque de mettre à mal ses manières familières de voir le monde et d'agir[1] ». Cet engagement nécessite une maturité émotionnelle et une réflexion sur les raisons qui le poussent à vouloir aider l'autre.

S'orienter dans une telle formation, pour le candidat, « c'est le plus souvent renoncer à d'autres options qui s'offrent à lui[2] ».

Nous le rappellerons tout au long de cet ouvrage : la préparation aux épreuves d'admission en formation de ME ne doit en aucun cas s'appuyer sur une forme de bachotage, mais au contraire sur un travail de réflexion, en lien avec la personnalité et l'engagement du candidat.

1. É. Bourgeois, « Apprentissage, motivation et engagement en formation », *Éducation permanente*, n° 136/1998-3.
2. *Ibid.*

Antoine de Saint-Exupéry écrivait en 1943 dans *Le Petit Prince* : « Pour ce qui est de l'avenir, il ne s'agit pas de le prévoir, mais de le rendre possible. »

Ce possible dont parle Saint-Exupéry, c'est peut-être bien une posture éloignée d'une forme de préparation plus inconsistante, simpliste et standardisée : c'est le candidat lui-même, avec ce qu'il est, ce qu'il souhaite, ce qu'il exprime.

Cet ouvrage présente toutes les informations nécessaires pour construire, par soi-même, une réelle préparation, marquée, nous l'espérons, par le choix volontaire du candidat à s'en saisir.

1. Une expérience pour soutenir un projet de formation

Se préparer à une sélection d'entrée en formation de moniteur-éducateur, c'est savoir qu'une expérience, même minime dans le secteur social ou médico-social, est importante, pour ne pas dire nécessaire. Nécessaire pour confirmer le choix du métier par une confrontation à une réalité du terrain, par la rencontre des personnes accueillies, pour repérer et justifier ses propres besoins de formation.

Nécessaire également pour rendre compte, lors des entretiens oraux, de cette expérience et plus particulièrement de situations relationnelles vécues.

Nous conseillons aux futurs candidats sans expérience éducative ou d'animation de rechercher, avant les épreuves de sélection, un lieu susceptible de leur offrir cette première immersion dans le secteur.

2. Votre concours, votre métier, votre établissement de formation

Choisir une orientation professionnelle, c'est aussi, dans notre secteur d'activité, choisir un établissement de formation.

En effet, en France, si les écoles ou les instituts sont tous agréés et conventionnés, ils possèdent une certaine autonomie pédagogique souvent liée aux valeurs ou missions de l'association gestionnaire, ou à des orientations théoriques en sciences humaines.

La direction régionale de la Jeunesse, des Sports et de la Cohésion sociale (DRJSCS), organisme de contrôle, impose aux écoles ou instituts de diffuser largement leurs modalités pédagogiques (modèle d'alternance, attentes d'un établissement de formation, règlement des épreuves de sélection, déroulement des cours, organisation d'une transversalité entre les filières ou les différentes voies d'accès au diplôme : formation initiale, apprentissage, formation continue, formation post-validation des acquis de l'expérience [VAE]).

Le dispositif d'admission proposé par un centre de formation sera donc en étroite corrélation avec ses orientations pédagogiques. Pour faciliter cette démarche de recherche préalable, vous trouverez à la fin de cette introduction un tableau (Tab. 1) récapitulant les différentes modalités existantes, afin de vous permettre de vous déterminer en fonction de votre situation personnelle (niveau de scolarité, statut en cours de formation, modalité de financement, aide de la région, etc.).

En fonction des renseignements recueillis, le candidat devra favoriser, dans la mesure du possible, un établissement dont le coût de la formation est assuré par le conseil régional et qui propose un modèle d'alternance en lien étroit avec le champ professionnel. Choisir son établissement pour ses orientations pédagogiques, c'est déjà une étape dans le processus d'admission.

Aujourd'hui, la plupart des établissements de formation, dont vous trouvez les coordonnées en annexe, travaillent en réseau, en vue d'harmoniser leurs pratiques et de proposer, par exemple, des épreuves d'admissibilité communes.

3. Les textes officiels

A. Définition de la profession (annexe I de l'arrêté du 20 juin 2007)

Le moniteur-éducateur participe à l'action éducative, à l'animation et à l'organisation de la vie quotidienne de personnes en difficulté ou en situation de handicap, pour le développement de leurs capacités de socialisation, d'autonomie, d'intégration et d'insertion, en fonction de leur histoire et de leurs possibilités psychologiques, physiologiques, affectives, cognitives, sociales et culturelles.

B. Fonctions

Le ME élabore son intervention avec l'équipe de travail et son encadrement dans le cadre du projet institutionnel répondant à une commande sociale.

Il assure une relation éducative au sein d'espaces collectifs et favorise l'accès aux ressources de l'environnement (sportives, culturelles, citoyennes, etc.). Il peut ainsi mettre en place et encadrer des médiations éducatives, des activités de soutien scolaire et d'insertion professionnelle ou de loisirs.

Il veille à la qualité de l'animation des structures dans lesquelles les personnes vivent. Les actes de la vie quotidienne constituent un support essentiel à son intervention.

Il contribue, dans le cadre d'équipes pluriprofessionnelles, à la mise en œuvre au quotidien de projets personnalisés ou adaptés auprès des personnes accompagnées.

Grâce à sa connaissance des situations individuelles, il contribue à l'élaboration de ces projets personnalisés et participe au dispositif institutionnel.

C. Contextes d'intervention

Le ME intervient dans des contextes différents.

Il peut contribuer à l'éducation d'enfants ou d'adolescents, au soutien d'adultes présentant des déficiences sensorielles, physiques ou psychiques, ou des troubles du comportement. Dans ce contexte, il assure une relation éducative avec ces personnes, organise et anime leur quotidien, en les accompagnant dans l'exécution des tâches quotidiennes. Il contribue ainsi à instaurer, restaurer ou préserver leur autonomie.

Il peut également intervenir auprès d'enfants, d'adolescents ou d'adultes en difficulté d'insertion. Par son accompagnement quotidien, conduit dans une visée de socialisation et d'intégration, le moniteur-éducateur aide à améliorer l'adaptation sociale de ces personnes.

D. Lieux d'intervention

Le moniteur-éducateur intervient principalement, mais sans exclusivité, dans les institutions du secteur du handicap, de la protection de l'enfance, de la santé et de l'insertion sociale, assurant une prise en charge collective des publics. Il est employé par des collectivités territoriales, par la fonction publique et des associations ou structures privées.

4. Le référentiel professionnel

Le référentiel professionnel présente trois fonctions d'activité :

- l'exercice d'une relation éducative au sein d'un espace collectif ;
- l'animation et l'organisation de la vie quotidienne dans une visée de socialisation et d'intégration ;
- la participation au dispositif institutionnel.

5. Accès à la formation : les épreuves d'admission (arrêté du 20 juin 2007)

- **Article 2**

Les épreuves d'admission en formation, mentionnées au dernier alinéa de l'article D.451-74 du Code de l'action sociale et des familles (CASF), comprennent une épreuve écrite d'admissibilité et une épreuve orale d'admission.

L'épreuve écrite d'amissibilité permet à l'établissement de formation de vérifier le niveau de culture générale et les aptitudes à l'expression écrite des candidats.

L'épreuve orale d'admission permet à l'établissement de formation d'apprécier l'aptitude et la motivation des candidats à l'exercice de la profession, compte tenu des publics pris en charge et du contexte de l'intervention, ainsi que son adhésion au projet pédagogique de l'établissement.

Le règlement d'admission de l'établissement de formation précise les modalités des épreuves ainsi que la durée de validité de la sélection. Il est communiqué au candidat conformément à l'article R. 451-2 du CASF.

Les candidats à la formation menant au DEME, par ailleurs titulaires d'un diplôme, certificat ou titre homologué, ou inscrits au Répertoire national des certifications professionnelles (RNCP) au moins au niveau IV, d'un des diplômes mentionnés à l'annexe IV du présent arrêté, d'un baccalauréat, d'un diplôme européen ou étranger réglementairement admis en dispense du baccalauréat, sont dispensés de l'épreuve écrite d'admissibilité.

■ **Article 3**

Une commission d'admission est instituée dans chaque établissement. Elle arrête la liste des candidats admis à suivre la formation. Cette liste précisant, par voie de formation, le nombre des candidats admis et la durée de leur parcours de formation, est transmise à la direction régionale des affaires sanitaires et sociales (DRASS, devenue DRJSCS en 2010).

6. Accès à la formation

Circulaire interministérielle du 11 décembre 2007 relative aux modalités des formations préparatoires et d'obtention du diplôme d'État d'éducateur spécialisé (DEES) et du DEME.

A. Principes présidant à l'admission en formation des candidats

L'admission en formation est organisée par l'établissement sur la base de son règlement propre. Ce règlement d'admission détermine les modalités pratiques d'inscription et de déroulement des épreuves. Il détaille en outre les modalités de l'épreuve écrite d'admissibilité et de l'épreuve orale d'admission, et notamment leur découpage éventuel en sous-épreuves. Il importe que les notes des deux épreuves précitées ne soient pas compensables entre elles, afin de ne pas pénaliser les candidats dispensés de l'épreuve écrite. Le règlement d'admission définit les critères permettant de départager les candidats ayant obtenu la même note à l'épreuve d'admission.

Le règlement d'admission doit être porté à la connaissance des candidats préalablement à leur inscription aux épreuves d'admission. Il est l'une des composantes du volet pédagogique de la déclaration préalable de l'établissement, dont les modalités sont précisées aux articles R.451-2 à R.451-4 du CASF.

L'admission des candidats à l'entrée en formation repose sur la nécessité pour l'établissement de formation de vérifier que le candidat a l'aptitude et l'appétence pour la profession, de repérer d'éventuelles incompatibilités du candidat avec l'exercice professionnel, ainsi que son potentiel d'évolution personnelle et professionnelle, et également de s'assurer de l'aptitude du candidat à s'inscrire dans le projet pédagogique de l'établissement de formation.

En revanche, les épreuves d'admission ne visent pas à vérifier de nouveau les prérequis de niveau attestés par les diplômes détenus.

En conséquence, les candidats désirant suivre la formation doivent être soumis à ces épreuves d'admission quel que soit le mode de financement de leur formation. Il y a lieu d'établir une liste d'admission pour les étudiants en formation initiale, distincte de la liste d'admission pour les autres étudiants.

B. Organisation générale de l'admission

Il appartient à chaque établissement de formation de faire systématiquement connaître la date limite des inscriptions aux épreuves d'admission. Cette date s'impose à tous les candidats, y compris aux candidats ayant préalablement obtenu une partie du diplôme par la voie de la VAE et souhaitant s'engager dans un parcours de formation.

■ **Avant l'inscription aux épreuves d'admission**, l'établissement de formation porte à la connaissance des candidats le nombre de places disponibles ainsi que le nombre de celles ouvertes en formation initiale (nombre de places financées par le conseil régional) et leur fait part du projet pédagogique et du règlement d'admission : ce dernier précise, notamment, les conditions et modalités de sélection des candidats pour chacune des voies de formation, ainsi que des candidats dispensés d'un ou plusieurs domaines de formation.

Chaque établissement de formation met en place une commission d'admission composée du directeur de l'établissement de formation ou de son représentant, du responsable de la formation et d'un professionnel titulaire du diplôme auquel prépare la formation. Cette commission arrête la liste des candidats admis à suivre la formation. Le directeur de l'établissement notifie à chaque candidat la décision de la commission.

■ **Les candidats admis à suivre la formation** déposent un dossier auprès de l'établissement de formation. Le dossier du candidat doit comporter une lettre détaillant son projet de formation professionnelle, les photocopies de tous les diplômes et de tous les documents justifiant que le candidat remplit les conditions d'accès à la formation, celles-ci pouvant être appréciées à la date d'entrée en formation, l'indication du statut du candidat (formation initiale ou formation continue) et les pièces le justifiant éventuellement (attestation de l'employeur, décision d'acceptation d'un congé individuel de formation [CIF]).

Il appartient au directeur de l'établissement de formation de transmettre à la DRASS (DRJSCS) la liste des candidats autorisés à suivre la formation en tout ou partie. Cette liste doit détailler, par voie de formation, le nombre de candidats, le diplôme et éventuellement la durée de l'expérience professionnelle, ou la date de décision d'un jury de VAE, leur ouvrant l'accès à un parcours individualisé de formation (dispense de certification ou allègement de formation), ainsi que les modalités et la durée prévues pour ce dernier. La DRASS (DRJSCS) voudra bien transmettre une copie de cette liste au président du conseil régional.

7. Faire le choix de se former en situation d'emploi

La formation de ME peut s'effectuer selon deux dispositifs distincts par leurs modalités :

La formation dite « en voie directe » s'adresse à tous les candidats ayant satisfait à l'examen de sélection et étant placés sur la liste des élèves admis (limitée par les quotas régionaux).

La formation dite « en situation d'emploi » s'adresse :

- à tout candidat de moins de 25 ans ayant satisfait à l'examen de sélection et ayant signé un contrat d'apprentissage avec un employeur ;
- à tout candidat ayant satisfait à l'examen de sélection et ayant signé un contrat de professionnalisation avec un employeur ;
- à tout candidat, salarié d'un établissement du secteur social ou médico-social et bénéficiant soit d'un CIF, soit d'une « période de professionnalisation », ayant satisfait à l'examen de sélection et étant en mesure de présenter un accord de l'Organisme paritaire collecteur agréé[1] (OPCA auquel son établissement est affilié) pour le financement de la formation, signé par l'employeur.
- à tout candidat, enfin, ayant satisfait à l'examen de sélection et attestant d'une acceptation de prise en charge de la formation (CIF-CDD) par un OPCA du congé individuel de formation (Opacif).

Cet accès en situation d'emploi offre une possibilité d'accéder à une formation en dehors des quotas limités par les régions, en favorisant une réelle promotion sociale et professionnelle. Effectuer sa formation en situation d'emploi, c'est aussi s'engager pleinement dans le monde du travail.

Nous conseillons très vivement aux futurs candidats désirant s'inscrire dans ce dispositif spécifique de formation de s'y prendre au moins six mois avant la sélection, pour réunir toutes les informations concernant les établissements dispensant cette formation, et surtout pour rechercher un employeur intéressé par les avantages de ce type de contrat de travail (exonérations des charges sociales, salaires minorés, plus-value liée à une formation, etc.), en envoyant des candidatures spontanées et motivées aux établissements, ou en se rapprochant de Pôle emploi en vue d'un soutien dans cette démarche.

Nous conseillons aux futurs candidats bénéficiant d'un CIF, d'une période de professionnalisation ou d'un CIF-CDD, d'anticiper assez longtemps à l'avance par des démarches auprès de leur employeur, des OPCA ou des Opacif.

Avant de se présenter aux épreuves d'admission, il est important d'avoir déjà pensé à la voie choisie pour effectuer sa formation et d'avoir engagé des démarches, car la question du dispositif envisagé pourra être posée aux candidats lors des entretiens oraux.

---

1. L'organisme paritaire collecteur agréé (OPCA) est une structure associative à gestion paritaire qui collecte les contributions financières des entreprises relevant de son champ d'application, dans le cadre du financement de la formation professionnelle continue des salariés des entreprises de droit privé.

A. L'apprentissage

L'apprentissage apporte à des jeunes travailleurs (ici, dans le contexte de la formation de ME, entre 18 et 25 ans) une formation alternant théorique et pratique, en vue de l'obtention du DEME.

La formation pratique s'effectue dans l'établissement employeur (site qualifiant) et la formation théorique est assurée par l'établissement de formation agréé par un centre de formation d'apprenti (CFA, conventionné avec la Région, l'État, les collectivités locales, les chambres de commerce, de métiers ou d'agriculture et les branches professionnelles publiques et privées).

La formation par la voie de l'apprentissage suppose une articulation étroite entre l'employeur et l'établissement de formation, pour permettre à l'apprenti de construire les compétences professionnelles attendues dans le cadre du DEME.

Le contrat d'apprentissage est un contrat de travail qui lie l'employeur et l'apprenti. Ce contrat comporte également un accord de formation en alternance entre un établissement employeur et un établissement de formation conformément à l'arrêté du 20 juin 2007 relatif au DEME. Si l'apprenti met un terme à son contrat avant la fin de la formation, celle-ci cesse de fait. L'apprenti a un statut de salarié. Soumis au Code du travail et à la convention collective en vigueur dans l'établissement employeur, il bénéficie des dispositions applicables à l'ensemble des salariés et des dispositions particulières applicables aux jeunes travailleurs. Comme tout salarié, l'apprenti perçoit un salaire dont le calcul est strictement réglementé par la circulaire de la Délégation générale à l'emploi et à la formation professionnelle – Direction générale du travail (DGEFP-DGT), n° 2007-04 du 24 janvier 2007, relative à la rémunération applicable aux apprentis. Cette rémunération est basée sur un pourcentage du salaire minimum interprofessionnel de croissance (SMIC). Elle peut être supérieure au SMIC en fonction de la convention collective ou des accords de branches professionnelles. Le salaire est entièrement exonéré des charges sociales « salariales d'origine légale et conventionnelle imposées par la loi » (article L. 118-6 du Code du travail et article 83 de la loi 88-1149) et de l'impôt sur le revenu dans la limite du SMIC.

Ainsi le salaire de l'apprenti peut-il s'échelonner en première année d'apprentissage de 41 à 53 % du SMIC ou du salaire minimum conventionnel (SMC) de l'établissement employeur, et en deuxième année, de 49 à 61 %, suivant l'âge de l'apprenti.

La durée du contrat d'apprentissage est équivalente à la durée de la formation, soit en moyenne de deux ans.

L'apprenti est placé sous le tutorat d'un salarié de l'entreprise, le maître d'apprentissage. Ce tuteur a pour mission d'accompagner l'apprenti tout au long de sa formation et de lui transmettre ses savoirs, savoir-faire et connaissances. De plus, le maître d'apprentissage est l'interlocuteur privilégié de l'établissement de formation.

Le financement de l'apprentissage est pris en charge par l'État (exonération de charges sociales, dotation générale de décentralisation apprentissage), par les régions (indemnité compensatrice forfaitaire, taxe d'apprentissage affectée au Fonds national de péréquation [FNP]) et par les entreprises.

B. Le contrat de professionnalisation

Le contrat de professionnalisation s'adresse aux jeunes adultes âgés de 18 à 25 ans et aux demandeurs d'emploi de plus de 26 ans. Au même titre que le contrat d'apprentissage, le contrat de professionnalisation doit permettre, par le biais d'une formation qualifiante, d'acquérir un diplôme professionnel. Il participe ainsi à l'insertion, à la réinsertion ou à la reconversion professionnelle.

Le contrat de professionnalisation regroupe deux dispositions :

- le contrat de professionnalisation « jeunes » qui s'adresse aux personnes de 18 à 25 ans sans qualification professionnelle, ou qui souhaitent compléter formation initiale pour accéder à un métier ;
- le contrat de professionnalisation « adultes » qui s'adresse, quant à lui, à des personnes demandeuses d'emploi de plus 26 ans. La politique actuelle de l'État met un accent particulier sur la formation des seniors en finançant les exonérations de cotisations patronales de sécurité sociale pour les embauches des demandeurs d'emploi âgés de 45 ans et plus.

Le contrat de professionnalisation est un contrat à durée déterminée (CDD), d'une durée généralement égale celle de la formation, soit 24 mois pour les ME. (Exceptionnellement, le contrat peut aussi être à durée indéterminée [CDI] avant une période reconnue d'« action de professionnalisation ».)

Par le contrat de professionnalisation, l'employeur s'engage auprès du salarié à tout mettre en œuvre pour assurer sa formation par une convention avec un établissement de formation.

Comme pour l'apprentissage, si le contrat est rompu avant la fin de la formation, celle-ci cesse de fait.

Le salaire d'un contrat de professionnalisation est calculé, conformément à la circulaire DGEFP n° 2007-21 du 23 juillet 2007 relative à la mise en œuvre du contrat de professionnalisation, sur la base d'un pourcentage du SMIC ou du SMC de l'établissement employeur. Il s'échelonne ainsi entre 55 et 70 % du SMIC ou du SMC, il est majoré de dix points quand le salarié est titulaire d'un baccalauréat professionnel, ou d'un titre à finalité professionnelle de même niveau (ce salaire peut représenter 85 % du SMIC, ou 100 % du SMIC pour les montants les plus élevés).

La rémunération est exonérée de cotisations patronales de sécurité sociale.

Dans le cadre de la formation au DEME, le bénéficiaire d'un contrat de professionnalisation est encadré conformément à l'arrêté du 20 juin 2007 relatif au diplôme d'État de moniteur-éducateur, et aux préconisations de la branche professionnelle, par un tuteur référent (et/ou un référent professionnel salarié de l'entreprise). Sa mission est d'accueillir, d'accompagner et de transmettre ses savoirs, savoir-faire et connaissances au salarié en contrat de professionnalisation, mais aussi d'évaluer les compétences acquises.

Le coût de la formation peut être pris en charge par l'OPCA auquel l'entreprise est rattachée.

C. Les dispositifs dépendant du plan de formation et de l'accord de l'établissement employeur

a. Le congé individuel de formation

Le congé individuel de formation (CIF) est une mesure qui s'adresse aux salariés des établissements, loi 2004-391 du 4 mai 2004 relative à la formation professionnelle tout au long de la vie et au dialogue social.

Tout salarié justifiant de deux ans d'expérience professionnelle, dont un an dans l'établissement employeur, peut bénéficier, à son initiative, d'un CIF afin de suivre une formation. Concrètement, il s'agit d'un droit réglementé à pouvoir s'absenter de son poste de travail durant la formation visée. La rémunération du salarié, comme les frais de formation et les frais annexes, sont financés par l'OPCA de l'établissement employeur. Cependant, il est conseillé de bien s'assurer en amont des modalités de prise en charge, totale ou partielle, et de la durée accordée pour la formation, afin d'éviter les mauvaises surprises en cours de formation.

b. La période de professionnalisation

La période de professionnalisation a pour objectif de favoriser le maintien dans l'emploi des salariés en CDI et dont la qualification est insuffisante au regard du poste occupé.

Pour relever du droit à l'ouverture du dispositif de période de professionnalisation, le salarié doit justifier d'une ancienneté professionnelle.

La période de professionnalisation peut être mise en œuvre à l'initiative du salarié ou à celle de l'employeur.

Les actions de formation mises en œuvre pendant la période de professionnalisation donnent lieu au maintien de la rémunération du salarié.

Les frais engagés pour la formation (pédagogiques ou annexes) peuvent être pris en charge par l'OPCA de l'établissement employeur.

c. Le CIF-CDD

Le congé individuel de formation des contrats à durée déterminée (CIF-CDD), visant à lutter contre la précarité de l'emploi en favorisant l'accès à une qualification, peut permettre à certaines personnes de financer tout ou partie d'une formation qualifiante (en alternance avec des stages d'application pratiques en établissement).

La condition principale pour relever du droit à l'ouverture du CIF-CDD est de pouvoir justifier d'une ancienneté professionnelle de 24 mois, quelle que soit la nature des contrats de travail successifs, au cours des cinq dernières années, dont quatre mois en CDD au cours des 12 derniers mois.

La demande de CIF-CDD doit être demandée à un Opacif, au plus tard trois mois avant le début de la formation visée. L'Opacif, après avoir instruit le dossier de demande, rendra une réponse motivée. Si celle-ci est positive, un contrat de prise en charge sera établi avec le demandeur. Tous les coûts imputables à la formation engagée (coût pédagogique, rémunération, frais annexes) feront alors l'objet d'un remboursement sur des bases forfaitaires définies.

Tableau récapitulatif des démarches préalables à réaliser avant inscription

École ou institut Adresse – site Internet – modalités d'inscription à la sélection	Réalisé Oui – Non
Connaissance du projet pédagogique Les grandes orientations, modèle d'alternance, lien avec les établissements professionnels	Oui – Non
Règlement d'admission – diffusion obligatoire – les différentes étapes – les dispenses d'épreuves	Oui – Non
Filière proposée – formation initiale ou voie directe (financement par la Région) – formation professionnelle – contrat de professionnalisation – situation d'emploi (formation continue) – contrat d'apprentissage – formation post-VAE	Oui – Non
Modalité spécifique Candidat en situation de handicap[1]	Oui – Non
Financement Coûts des épreuves	Montant
Coût de la formation Modalité de financement, bourse, prise en charge par un employeur	Montant
Épreuve de niveau Pour les candidats n'ayant aucun des diplômes requis (baccalauréat, diplôme d'État d'aide médico-psychologique [DEAMP], diplôme d'État d'auxiliaire de vie sociale [DEAVS], technicien de l'intervention sociale et familiale [TISF], etc.) (date, modalité, et coût de cette épreuve d'admissibilité)	Date Lieu Montant

1. La plupart des établissements de formation ont adapté leur règlement d'admission afin de permettre aux personnes en situation d'handicap de participer aux différentes épreuves. Ces candidats pourront, en fonction de leurs besoins et des décisions du médecin de la MDPH, bénéficier de temps supplémentaire, de la présence d'une tierce personne, d'interprète en LSF, etc.

Résumé

Aucun diplôme préalable scolaire ou professionnel n'étant exigé, les épreuves de sélection sont organisées pour permettre à des candidats de s'inscrire à une formation de niveau IV tout en bénéficiant de conditions particulières en fonction de leur situation personnelle (diplôme, situation d'emploi, contrat d'apprentissage, demandeur d'emploi, etc.). Ce sont ces conditions qui déterminent le parcours de sélection.

Dans ce cadre, chaque établissement de formation élabore et organise le contenu de ses propres épreuves d'admission en formation, en fonction de son projet pédagogique. Ces épreuves peuvent souvent différer d'un établissement à un autre, d'une région à une autre, voire d'une année sur l'autre.

Il est alors vivement conseillé aux candidats à l'admission en formation de ME de se renseigner de manière approfondie et précise sur les modalités et contenus des épreuves de l'établissement de formation visé.

Il n'existe en effet aucun programme officiel ou aucune épreuve type réglementée. Il est donc souvent complexe (au-delà du risque de formatage très facilement décelable par les jurys de sélection) de proposer des guides et annales d'épreuves standards.

La préparation à ces épreuves ne doit en aucun cas s'appuyer sur une forme de bachotage, c'est-à-dire sur un entraînement intense et mécanique, sans une réelle appropriation des savoirs. Cette posture aurait immanquablement l'effet inverse à celui recherché : au moment de l'examen, elle serait détectée dès les premières phases de l'écrit ou dès les premiers échanges à l'oral par les membres des jurys.

Néanmoins, cet ouvrage vous propose de mieux appréhender les différentes épreuves, les connaissances et les aptitudes attendues. L'objectif des auteurs est de vous aider à vous préparer au concours de la manière la plus appropriée et la plus authentique possible.

Dans cet ouvrage, les candidats trouveront des sujets d'entraînement aux épreuves d'admissibilité, des thèmes de culture générale incontournables, une présentation du métier et de la formation, des informations sur les objectifs et les modalités des épreuves orales d'admission.

Tous ces éléments devraient à la fois nourrir une réflexion sur les motivations personnelles et réactualiser des données nécessaires sur des questions de société, éléments toujours abordés lors des différentes épreuves.

PARTIE 1

Les épreuves

Les épreuves écrites

1. Les épreuves écrites dans la sélection à la formation de moniteur-éducateur

Les épreuves écrites d'admissibilité ou d'admission sont basées en grande partie sur l'évaluation des connaissances de culture générale.

Elles cherchent à identifier les savoirs et le niveau de réflexion des candidats sur des sujets contemporains du secteur social et médico-social, mais aussi plus largement sur les faits de société, et à évaluer leur curiosité, leur engagement et leurs capacités d'analyse, d'argumentation et de compréhension de leur environnement.

L'appréciation de la culture générale lors des épreuves d'admission peut s'effectuer soit à partir d'un texte à commenter ou à discuter, soit autour d'une question précise, ou encore à partir de questionnaires à choix multiples (QCM).

2. Les différentes épreuves écrites

A. Les questionnaires à choix multiple (QCM)

Il s'agit de questionnaires comportant des séries de questions où le candidat est amené à choisir la ou les réponses correctes parmi plusieurs propositions.

Le candidat devra faire attention aux consignes et au temps imposé par l'exercice. Les questions peuvent être très différentes les unes des autres et portent sur des sujets de culture générale ou sur des faits de société.

B. Donner un titre à un texte

L'exercice permet très rapidement d'évaluer si le candidat a compris le sens du texte afin d'en faire émerger un élément pertinent propre à le définir.

Le titre ne peut se résumer à un mot ou à quelques mots posés au-dessus du texte pour le nommer, mais doit être une proposition qui fait appel à une réflexion : le titre évoque le sens global du texte, en le suggérant. Les possibilités de titre ne sont cependant pas exhaustives.

Cet exercice particulier doit amener le candidat à lire très précisément le texte proposé pour en faire ressortir les idées principales de l'auteur.

Le titre devient alors une « clé du texte », un élément qui suscite la curiosité, l'envie, l'étonnement, l'appétence du lecteur pour cet écrit.

C. Commentaire de texte

Le commentaire ou la discussion à partir d'un texte donné consistent à faire part à l'examinateur de sa capacité de compréhension et de reformulation des idées principales de l'auteur ou de la problématique qui en émerge, pour en élaborer ensuite une réflexion critique, étayée et personnelle.

L'épreuve du commentaire de texte se base sur des consignes strictes et énoncées, sur lesquelles le candidat doit impérativement s'appuyer.

En général, on attend du candidat qu'il puisse rendre compte de sa compréhension, puis de son analyse des idées et de l'argumentation de l'auteur.

L'exercice du commentaire de texte nécessite, de la part du candidat, une lecture active et attentive, afin de s'imprégner du sens global du récit, mais aussi et surtout de tous les détails qui le structurent. Pour construire son commentaire, le candidat doit rédiger un plan composé d'une introduction, d'un développement et enfin d'une conclusion.

L'introduction permet de contextualiser le texte et de présenter l'auteur pour ensuite exposer les questions et les problématiques abordées dans le texte. L'introduction propose le plan de l'écrit.

Le développement est le commentaire de texte proprement dit. Il s'agit, dans cette partie, d'expliciter les propos de l'auteur. Une thématisation des arguments en plusieurs paragraphes permettra de mieux présenter la pensée de l'auteur et d'en proposer, si possible, une critique organisée et cohérente. Cette critique doit démontrer la capacité du candidat à se positionner de façon précise, raisonnée et étayée par des connaissances. Le candidat doit être très attentif à traiter le texte dans son entier.

La conclusion doit répondre à l'introduction et synthétiser l'ensemble du développement proposé. Dans cet exercice de commentaire, il s'agit surtout de définir en quoi le texte peut porter un intérêt, tant dans l'exposé des idées de l'auteur que dans la problématique présentée.

D. Le résumé d'un texte

Le résumé de texte est souvent proposé avant un commentaire. C'est un exercice particulier avec des consignes claires en termes de limite de mots ou de lignes. Il ne doit pas être une reprise paraphrasée du texte initial, mais sa restitution objective et fidèle. Il doit ainsi permettre à l'examinateur d'évaluer les qualités de compréhension, d'analyse, de synthèse, d'objectivité, et de maîtrise du vocabulaire du candidat.

L'exercice du résumé de texte consiste, pour le candidat, à rédiger, de manière ordonnée, en un nombre de mots fixés à l'avance, les informations les plus importantes d'un texte donné, afin de restituer précisément le sens du texte et la pensée de l'auteur.

Pour résumer un écrit, le candidat doit faire plusieurs lectures du texte. Une première lecture extrêmement attentive du texte lui permet d'en dégager le sens global. Lors d'une seconde lecture, le candidat sélectionne les mots clés et les idées principales du texte. Ensuite, il élabore une trame de rédaction. Il est impératif, dans cet exercice, de tenir compte du nombre de mots imposé. Le candidat ne doit ni introduire des citations du texte ou d'autres idées, ni porter de jugement sur les idées présentées dans le texte.

E. Développer et argumenter une réflexion à partir d'une citation ou d'une question

Qu'il s'agisse du travail à partir d'un texte, d'une citation ou d'une question, les attentes sont les mêmes : faire acte de capacité de compréhension, de jugement, de positionnement, d'argumentation, de connaissances et de regard critique.

Ce qui est attendu est bien l'expression d'une réflexion personnelle, et non uniquement un commentaire.

Il est vivement conseillé de structurer son exposé à partir d'un plan comportant une introduction, un développement et une conclusion.

Dans un premier temps, l'introduction montre que le candidat a compris le sens de la citation ou de la question posée. L'introduction est déterminante et formalise la compréhension du problème abordé, tout en annonçant un plan.

Le développement peut comprendre plusieurs paragraphes et doit rendre compte de la capacité du candidat à se positionner et à expliciter ses opinions. Celles-ci pourront aller dans le sens des idées de l'auteur, ou au contraire, s'opposer à elles. L'essentiel est toujours, pour le candidat, d'argumenter ce qu'il affirme. Il peut s'appuyer sur des illustrations ou des vignettes concrètes issues de son expérience ou de ses connaissances.

La conclusion synthétise les idées traitées dans le développement et répond dans la mesure du possible à l'introduction. Elle est dite « fermée » quand elle apporte une réponse définitive à la question posée dans l'introduction, et « ouverte » quand elle ne répond pas directement à la question initiale, ou quand elle propose d'autres perspectives et préconisations au regard du problème soulevé.

Le candidat doit se rappeler que la conclusion, même si cela peut paraître évident, est la dernière partie du commentaire qui sera lue par le correcteur et qu'elle doit finaliser sa réflexion le plus clairement possible.

F. La question à réponse ouverte courte (QROC)

La question à réponse ouverte courte (QROC), contrairement au QCM, s'appuie sur les connaissances, la capacité de réflexion et d'analyse du candidat, à partir d'une rédaction construite et étayée. La QROC peut être interrogative ou affirmative.

Elle s'appuie sur la méthodologie précédemment exposée, la seule différence de taille étant le nombre de mots ou de lignes limités dans la réponse.

Elle relève très souvent d'un fait de société ou d'une problématique politique ou économique récente.

À travers la réponse, l'examinateur évalue le niveau de maturité, d'argumentation et de rédaction du candidat.

G. Les exercices individuels de créativité à partir d'une suite de mots

Il n'y a pas de méthode particulière pour cet exercice. Il s'agit, pour chaque candidat, de proposer une production entièrement personnelle, en tenant compte du temps imparti, des consignes précises et des mots imposés.

Cet exercice consiste à imaginer un récit à partir d'un fil conducteur, en intégrant progressivement les mots ou les termes imposés.

Cette narration apporte au correcteur des indications sur les capacités du candidat à tenir compte des consignes, à s'organiser et à faire face à l'inhabituel, à faire preuve d'imagination, de création et d'originalité. Cet exercice singulier peut aussi permettre au correcteur d'évaluer les aptitudes verbales du candidat.

3. Conseils

Un an à six mois avant l'inscription, nous conseillons très vivement aux candidats de s'intéresser, si ce n'est pas déjà le cas, à l'actualité en France, mais aussi dans le monde. Il s'agit de recueillir des informations pertinentes sur des sujets politiques, économiques et sociaux. Peu de questions doivent être écartées ; le secteur social et médico-social, quant à lui, devra être évidemment privilégié.

Nous suggérons aux futurs candidats de lire attentivement la presse, les hebdomadaires ou revues, de regarder ou d'écouter des émissions d'information, de se constituer un carnet de revues de presse comportant différents articles et des réflexions personnelles autour des grands problèmes de société.

Ce carnet, s'il est suivi, devra permettre aux futurs candidats de se sensibiliser aux phénomènes sociétaux, afin de pouvoir, le moment venu, répondre au mieux aux questions des épreuves d'admission en s'appuyant sur des références exactes et non sur des représentations.

Enfin, la lecture de plusieurs livres (romans, sujets de société, témoignages[1]) permettra au candidat d'illustrer ses propos en s'appuyant sur des auteurs de référence, valorisant par là ses connaissances.

La réalisation de fiches de lecture représentera un atout supplémentaire.

1. Nous proposons, dans cette publication, une bibliographie, ainsi qu'une filmographie. Cette sélection n'est pas exhaustive, elle pourra être abondamment complétée.

A. Revue de presse

Exemple :

Revue de presse de mars 2013 à mars 2014

Mars 2013

■ Le 2 mars 2013, le Tchad annonce avoir tué Abdelhamid Abou Zeid et Mokhtar Belmokhtar, chefs islamistes impliqués dans le conflit malien.

■ Le 4 mars 2013, Uhuru Kenyatta est élu président du Kenya.

■ Le 5 mars 2013, Hugo Chávez, président du Venezuela, meurt à 58 ans des suites d'un cancer. Le vice-président Nicolás Maduro assure l'intérim en attendant des élections présidentielles.

■ Le 8 mars 2013, le Conseil de sécurité des Nations unies renforce les sanctions contre le programme nucléaire militaire de la Corée du Nord.

■ Le 12 mars 2013 voit l'ouverture du conclave de 2013 au Vatican (après que le pape Benoît XVI ait renoncé à sa charge le 28 février 2013).

■ Le 13 mars 2013, l'Argentin Jorge Mario Bergoglio est élu pape sous le nom de pape François.

■ Le 14 mars 2013, Xi Jinping est élu président de la République populaire de Chine.

■ Le 20 mars 2013, Alenka Bratušek devient la première femme présidente du gouvernement de la Slovénie.

■ Le 22 mars 2013, Bosco Ntaganda comparait devant la Cour pénale internationale de La Haye, aux Pays-Bas, pour crimes contre l'humanité et crimes de guerre commis en 2003 en République démocratique du Congo.

■ Le 25 mars 2013, le président François Bozizé de la République centrafricaine prend la fuite devant un coup d'État du chef des rebelles, Michel Am-Nondokro Djotodia.

Avril 2013

■ Le 8 avril, décès de Margaret Thatcher, ancienne Première ministre du Royaume-Uni, surnommée « la dame de fer ».

■ Le 9 avril 2013, un séisme de magnitude de 6,3 sur l'échelle de Richter se produit dans le sud-est de l'Iran.

■ Le 14 avril 2013 se déroulent les premières élections européennes en Croatie.

■ Le 14 avril 2013, Nicolás Maduro remporte l'élection présidentielle du Venezuela.

■ Le 5 avril 2013, deux bombes explosent lors du marathon de Boston, faisant 3 morts et 170 blessés. Deux frères d'origine tchétchène sont soupçonnés d'être les auteurs de cet attentat.

■ Le 16 avril 2013, un séisme de magnitude de 7,8 sur l'échelle de Richter a lieu près de la frontière entre l'Iran et le Pakistan.

- Le 20 avril 2013, un séisme d'une magnitude de 6,6 sur l'échelle de Richter secoue le sud-ouest de la Chine.
- Le 20 avril 2013, le président de la République italienne, Giorgio Napolitano, obtient un second mandat par les parlementaires et délégués régionaux italiens.
- Le 22 avril, la Chine reconnaît officiellement 100 cas de grippe A H7N9.
- Le 23 avril 2013, le Parlement français adopte officiellement la loi ouvrant le mariage et l'adoption aux couples du même sexe.
- Le 24 avril 2013, un immeuble abritant des ateliers de confection s'effondre au Bangladesh, faisant 1 100 morts et un millier de blessés.
- Le 30 avril 2013, la reine Beatrix des Pays-Bas abdique en faveur du roi Willem-Alexander.

Mai 2013

- Le 2 mai 2013 est mis en circulation le nouveau billet de 5 euros améliorant la sécurité et la lutte contre les contrefaçons.
- Le 5 mai 2013, Israël procède à des attaques aériennes israéliennes contre des cibles militaires à Damas pour empêcher la livraison de missiles par l'Iran au Hezbollah.
- Le 6 mai 2013, trois jeunes femmes disparues depuis plusieurs années sont retrouvées à Cleveland, séquestrées par leur ravisseur.
- Le 10 mai 2013, Efraín Ríos Montt, ancien dictateur du Guatemala au pouvoir de 1982 à 1983, est condamné à quatre-vingts ans de prison pour génocide et crimes contre l'humanité.
- Le 12 mai 2013, le pape François procède à la canonisation de Laura Montoya Upegui, religieuse colombienne, de Maria Guadalupe Garcia Zavala, religieuse mexicaine, et de 800 martyrs d'Otrante tués par les soldats turcs, le 14 août 1480.
- Le 13 mai, les violences des supporters ont gâché la fête de l'équipe de football du PSG, vainqueur du championnat de France.
- Le 14 mai, l'association SOS Homophobie publie ses chiffres : les agressions dont sont victimes les personnes homosexuelles sont en nette hausse et sont liées au débat sur le « mariage pour tous ».
- Le 14 mai, le Sénat adopte le projet de loi sur la sécurisation de l'emploi.
- Le 16 mai, l'Assemblé nationale approuve la proposition de loi tendant à supprimer le mot « race » dans notre législation.
- Le 17 mai, le Conseil constitutionnel a jugé le texte de loi ouvrant le mariage aux personnes de même sexe conforme à la Constitution. La loi est donc promulguée et publiée au *Journal officiel* le18 mai.
- Le 20 mai 2013, une tornade à Moore aux États-Unis tue 24 personnes.
- Le 26 mai, le journal *Le Monde* apporte les preuves de l'utilisation par le régime syrien de gaz chimique contre sa population.

Juin 2013

- Le 11 juin 2013, en Grèce, le gouvernement ferme la Télévision hellénique, déclenchant un mouvement de protestation et une grève générale.
- Le 14 juin 2013, Hassan Rohani est élu président d'Iran.
- Le 17 juin 2013 a lieu le sommet du G8 en Irlande du Nord.
- Le 20 juin 2013, des crues exceptionnelles provoquées par de fortes pluies et la fonte des neiges dans les Pyrénées font d'importants dégâts dans la région de Luz-Saint-Sauveur. La grotte de Lourdes est touchée par la crue majeure du Gave de Pau.
- Le 29 juin 2013 a lieu le départ de la 100e édition du Tour de France à Porto-Vecchio en Corse.

Juillet 2013

- Le 1er juillet 2013, la Croatie devient le 28e membre de l'Union européenne.
- Le 3 juillet 2013, le président égyptien Mohamed Morsi est démis de ses fonctions par un coup d'État militaire.
- Le 12 juillet 2013 a lieu un accident ferroviaire à Brétigny-sur-Orge, tuant 7 personnes suite au déraillement d'un train.
- Le 21 juillet 2013, le roi Albert II de Belgique abdique après vingt ans de règne, en faveur de son fils Philippe de Belgique.
- Le 22 juillet 2013 naît le prince George de Cambridge, fils du prince William, duc de Cambridge, et de son épouse, Catherine Middleton.
- Le 24 juillet 2013, un accident ferroviaire à Saint-Jacques-de-Compostelle en Espagne fait 78 morts et 140 blessées.
- Le 30 juillet 2013, Mamnoon Hussain est élu président du Pakistan.
- Le 31 juillet 2013, Robert Mugabe est réélu président du Zimbabwe.

Août 2013

- Le 10 août 2013, des affrontements entre protestants unionistes et catholiques font 58 blessés en Irlande du Nord.
- Le 11 août 2013, Ibrahim Boubacar Keïta est proclamé président du Mali.
- Le 14 août 2013, des centaines de personnes sont tuées lors de la dispersion de manifestations contre le coup d'État du 3 juillet 2013 en Égypte. L'armée instaure l'état d'urgence. Mohamed El Baradei démissionne de son poste de vice-président.
- Le 21 août 2013, un bombardement chimique au gaz sarin frappe les banlieues orientales et occidentales de Damas en Syrie et fait 1 729 morts.
- Le ministre français des Affaires étrangères Laurent Fabius demande une réaction de force de la communauté internationale si l'usage d'armes chimiques par le régime syrien est avéré.

Septembre 2013

- Les 5 et 6 septembre 2013 voient la tenue du sommet du G20 à Saint-Pétersbourg en Russie.
- Le 7 septembre 2013 ont lieu les premières applications de la réforme des rythmes scolaires en France.
- Le 17 septembre 2013, au Conseil de sécurité, Ban Ki-moon, Secrétaire général de l'Organisation des Nations unies, affirme avoir des preuves indiscutables de l'utilisation d'armes chimiques en Syrie.
- Le 21 septembre 2013, une tuerie terroriste à Nairobi au Kenya, dans un centre commercial, cause 68 morts et plus de 200 blessés.
- Le 22 septembre 2013, la CDU/CSU arrive en tête aux élections fédérales en Allemagne.
- Le 24 septembre 2013, un violent séisme au Pakistan cause la mort de plus de 500 personnes.
- Le 29 septembre 2013, un collège agricole de la ville de Gujba au Nigeria est attaqué par des assaillants anti-musulmans, faisant plus de 40 morts, dont la plupart sont des étudiants.

Octobre 2013

- Le 2 octobre 2013, la Gambie se retire du Commonwealth, organisation intergouvernementale composée d'anciennes colonies ou protectorats de l'Empire britannique.
- Le 3 octobre 2013, plus de 130 migrants africains périssent dans un naufrage aux abords de l'île italienne de Lampedusa.
- Le 10 octobre 2013, le prix Nobel de littérature est décerné à Alice Munro et le prix Nobel de la paix est décerné à l'Organisation pour l'interdiction des armes chimiques.
- • Le 15 octobre 2013, un séisme de magnitude 7 fait 155 victimes dans l'archipel des Visayas aux Philippines.
- • Le 24 octobre 2014, le premier album de la série non dessiné par Uderzo, *Astérix chez les Pictes*, sort en 23 langues.

Novembre 2013

- Le 8 novembre 2013, le typhon Haiyan, aux Philippines, fait 6 201 morts, 28 626 blessés et 1 785 disparus.
- Le 13 novembre 2013, le prêtre français Georges Vandenbeusch est enlevé au Cameroun par l'organisation terroriste Boko Haram.

Décembre 2013

- Le 1er décembre 2013 voit le premier référendum constitutionnel en Croatie.
- Le 2 décembre 2013, des insurgés anti-Balaka commettent le massacre à Boali, en République centrafricaine, tuant 12 personnes, dont des enfants, à la machette.

- Le 5 décembre 2013, par la résolution 2127, le Conseil de sécurité des Nations unies autorise le « déploiement de la Mission internationale de soutien à la République centrafricaine sous conduite africaine (MISCA) pour une période de douze mois », officiellement pour mettre fin à la « faillite totale de l'ordre public, l'absence de l'État de droit et les tensions interconfessionnelles ». La MISCA est appuyée par des forces françaises autorisées à prendre « toutes les mesures nécessaires ».
- Le 5 décembre 2013, la tempête Xaver frappe le nord de l'Europe et fait 10 morts.
- Le 5 décembre 2013, Nelson Mandela décède.
- Le 12 décembre 2013 voit un nouveau massacre de Bohong en République centrafricaine faisant 27 musulmans tués.
- Le 15 décembre 2013, Michelle Bachelet est élue présidente du Chili.
- Le 17 décembre 2013, Angela Merkel est reconduite comme chancelière allemande.
- Le 18 décembre 2013 a lieu la première implantation d'un cœur artificiel chez un homme de 75 ans en insuffisance cardiaque terminale à l'hôpital européen Georges-Pompidou à Paris.
- Le 20 décembre 2013, Mikhaïl Khodorkovski est libéré à la suite d'une grâce présidentielle russe, après dix ans d'incarcération.
- Le 24 décembre 2013, la tempête Dirk frappe plusieurs pays d'Europe et cause la mort de 6 personnes et de nombreux dégâts matériels.
- Le 23 décembre 2013, Nadejda Tolokonnikova et Maria Alekhina, membres du groupe Pussy Riot, sont libérées en même temps que des milliers de détenus, dans le cadre d'une loi d'amnistie russe.
- Le 30 décembre 2013, deux attentats-suicides font 33 morts et plusieurs dizaines de blessés à Volgograd en Russie.

Janvier 2014

- Le 1er janvier 2014, la Grèce prend la présidence tournante de l'Union européenne et succède à la Lituanie.
- Le 1er janvier 2014, la Lettonie entre dans la zone euro.
- Le 1er janvier 2014, Mayotte devient la 9e région ultrapériphérique de l'Union européenne.
- Le 9 janvier 2014, le Conseil d'État valide l'interdiction du spectacle intitulé Le Mur de Dieudonné au Zénith de Nantes.
- Le 10 janvier 2014, le président centrafricain Michel Djotodia démissionne.
- Le 15 janvier 2014, la Constitution égyptienne est adoptée par référendum constitutionnel.
- Le 20 janvier 2014, Catherine Samba-Panza est élue présidente de transition de la République centrafricaine.
- Le 22 janvier 2014, des manifestations pro-européennes en Ukraine tournent à l'affrontement et font plusieurs morts et des centaines de blessés.

- Le 27 janvier 2014, Juan Orlando Hernández est élu président du Honduras.
- Le 28 janvier 2014, le Premier ministre d'Ukraine Mykola Azarov démissionne.

Février 2014

- Le 7 février 2014 (jusqu'au 23 février 2014) débutent les jeux Olympiques d'hiver à Sotchi en Russie.
- Le 9 février 2014, l'initiative populaire « Contre l'immigration de masse » est approuvée en Suisse.
- Le 14 février 2014, Enrico Letta, président du Conseil des ministres d'Italie, démissionne.
- Le 15 février 2014, Tammam Salam dirige un nouveau gouvernement d'union nationale au Liban.
- Le 20 février 2014, le mouvement contestataire en Ukraine fait plus d'une soixantaine de morts.
- Le 20 février 2014, la loi de finances pour 2014 prévoit de ramener le déficit public à 82 milliards d'euros fin 2014 (soit 3,6 % du PIB), au moyen de 15 milliards d'euros d'économies et de 3 milliards d'euros de recettes.
- Le 21 février 2014, un accord entre le président ukrainien et l'opposition énonce un retour à la Constitution de 2004 et une élection présidentielle dans l'année.
- Le 22 février 2014, le gouvernement italien de Matteo Renzi succède au gouvernement d'Enrico Letta.
- Le 22 février 2014, le Parlement ukrainien vote la libération de l'opposante Ioulia Tymochenko, la destitution du président et la tenue d'une nouvelle élection présidentielle. Oleksandr Tourtchynov assure l'intérim de l'ex-président Viktor Ianoukovytch jusqu'à l'élection prévue en 2014.
- Le 24 février 2014, le Premier ministre égyptien Hazem el-Beblawi démissionne.
- Le 25 février 2014, un nouveau massacre au Nigeria provoque la mort de 59 lycéens.
- Le 27 février 2014, le gouvernement d'Arseni Yatseniouk est nommé en Ukraine.
- Le 28 février 2014 débute la crise pour la Crimée entre l'Ukraine et la Russie. Crise diplomatique consécutive à l'occupation de la péninsule de Crimée par des troupes pro-Russes.

Mars 2014

- Le 1er mars 2014 a lieu l'attentat de la gare de Kunming en Chine, par 8 séparatistes musulmans munis d'armes blanches, faisant 29 morts et 143 blessés.
- Le 1er mars 2014, le gouvernement d'Ibrahim Mahlab entre en fonction en Égypte.
- Du 7 mars au 16 mars 2014 ont lieu les jeux Paralympiques d'hiver de 2014 à Sotchi en Russie. Les athlètes français y ont décroché 12 médailles, dont 5 en or.

- Le 8 mars 2014, le vol 370 de Malaysia Airlines disparait dans l'océan Indien, avec 227 passagers et 12 membres d'équipage.
- Le 9 mars 2014, Salvador Sánchez Cerén est élu président du Salvador.
- Le 18 mars 2014, le gouvernement russe annonce, à la suite du référendum du 16 mars 2014, que la République de Crimée et la ville de Sébastopol deviennent deux nouveaux sujets fédéraux de la Fédération de Russie.
- Le 21 mars 2014, l'Ukraine signe le volet politique du Partenariat oriental avec l'Union européenne.
- Les 23 et 30 mars 2014 ont lieu les élections municipales en France.
- Le 24 mars 2014, 500 frères musulmans sont condamnés à mort en Égypte.
- Le 25 mars voit la tenue du sommet international sur la sécurité nucléaire et du sommet spécial du G7 à La Haye, aux Pays-Bas.
- Le 28 mars 2014, le Norvégien Jens Stoltenberg est élu secrétaire général de l'Otan.
- Le 29 mars 2014, Andrej Kiska est élu président de Slovaquie.
- Le 30 mars 2014, les élections municipales sont une profonde défaite pour la gauche, qui perd 121 villes de plus de 15 000 habitants, dont 9 villes de plus de 100 000 habitants. La droite détient une majorité des villes de plus de 10 000 habitants, soit 572, contre 349 à la gauche. L'extrême droite remporte 14 villes.
- Le 31 mars 2014, Manuel Valls est nommé Premier ministre en remplacement de Jean-Marc Ayrault, en réponse à la défaite de la gauche aux élections municipales qui viennent d'avoir lieu. La nomination à l'hôtel Matignon du ministre de l'Intérieur sortant, Manuel Valls, est annoncée par le chef de l'État François Hollande durant une courte allocution télévisée.
- Le 2 avril 2014, composition du nouveau gouvernement français.

B. Fiches de lecture

Fiche de lecture n° 1 : Traité de philosophie

Titre : *Le Métier d'homme*, Alexandre Jollien, éditions du Seuil, 2002.

L'auteur est un philosophe écrivain atteint d'une maladie, l'athétose. Il est aussi conférencier et il intervient sur le sujet du rapport entre l'homme et son handicap.

Résumé

Alexandre Jollien est handicapé à la suite d'un accident de naissance. « Je suis un anormal, on l'a dit assez. Je l'ai senti. »

Dans ce récit, l'auteur nous fait part d'un témoignage sur sa situation – « comment habiter le creux du quotidien lorsqu'on est dans l'incapacité de réaliser un geste » –, mais, surtout, il nous fait partager sa réflexion.

Réflexion alimentée par une importante recherche philosophique sur ce qu'il appelle le métier d'homme. « Sacré métier qui réclame un périlleux investissement de tous les instants. »

C'est effectivement dans la lignée d'auteurs tels qu'Aristote, Platon ou Nietzsche qu'il amorce sa réflexion personnelle sur les blessures, les douleurs, les angoisses, qu'il transforme sa faiblesse en une force, « retournant comme un gant le regard du tiers, dur souvent, méprisant parfois, négateur fréquemment ».

Pour l'auteur, parler de la souffrance, de ce qui déforme le corps, c'est parler de sa douleur, de sa différence. Dans son récit, Alexandre Jollien nous fait partager des situations paradoxales, où la faiblesse peut être à la fois un rejet et une force.

Avec beaucoup de lucidité, l'auteur combat l'idée qui laisse entendre que chaque handicapé connaît un sort peu enviable. La normalité, la référence à un corps modèle, les étiquettes projetées qui associent handicap et débilité induisent des comportements qui renvoient la personne handicapée à sa situation et non à l'être humain. « La beauté de chaque individu ne réside-t-elle pas précisément dans sa singularité ? »

Commentaire

Le Métier d'homme, livre de réflexion mêlant interrogations, ressentis, propositions, est un ouvrage incontournable pour tous ceux qui veulent aborder la question de la différence. Le lecteur découvrira une autre approche, vue du côté de celui qu'on réduit à son handicap.

Derrière beaucoup de lieux communs, « esprit sain dans un corps sain », ou de citations, « celui qui sait faire un nœud appartient à la race humaine » (P. Valéry) se cachent des discours stéréotypés, pleins de préjugés qui enferment l'autre dans une représentation toute faite et figée de sa vie.

Or, nous dit Alexandre Jollien, « si l'autre peut exclure, mépriser, dénigrer, il est celui qui va permettre à la personne handicapée de retrouver sa liberté, sa joie de vivre ».

Seules l'écoute, l'amitié, la foi dans l'autre, aident à « assumer le poids et la richesse de ce qui nous fait autre ».

Par ce message, l'auteur nous rappelle que, pour lutter contre le tragique de l'existence, il faut s'appuyer sur mille petites joies de la vie.

Conclusion

Le Métier d'homme est un livre fort qui ne laisse pas indifférent. Dans ce récit, le lecteur ne trouvera pas de haine, mais des interpellations, pas de ressentiment, mais des demandes ou des attentes, pas de colère, mais des exigences ou des souhaits. Ce livre est donc un traité de sagesse, une ode à la vie.

Fiche de lecture n° 2 : Récit

Titre : *Au milieu de l'hiver*, Marie Billet, Elytis édition, 2014

L'auteur, éducatrice spécialisée, a publié plusieurs ouvrages dont la plupart sont des récits de vie de personnes hors du commun. Au milieu de l'hiver raconte l'histoire de Sofia, formidable héroïne, accédant à son émancipation par les forces de la volonté et de la dignité.

Résumé

Sofia est née en Algérie, quelques années après l'indépendance de ce pays dans un milieu traditionnel de commerçants aisés. Enfant, elle est scolarisée dans l'école de son village avec son frère jumeau. Et, contrairement à ce garçon déjà très capricieux et adulé, « Sofia aimait l'école comme on aime le soleil ou le chant des oiseaux. Passionnément. » En cette fin d'année scolaire, le jour où elle apprit qu'elle était admise en sixième et qu'elle présenta son bulletin à sa mère, cette dernière, occupée à attiser le feu, empoigna le cartable et le courrier annonçant cette orientation, puis les jeta dans les braises du foyer. « Le rêve de Sofia s'arrêta là. » Par ce geste, sa mère sonnait « le glas de l'enfance », renvoyant Sofia, à son tour, à ce sort injuste et cruel que la société réserve aux filles.

Par cette destinée de femme sous la tutelle d'un mari imposé, Sofia entama alors un long calvaire, « un interminable hiver ». Sa vie sera une succession d'événements douloureux : mariage de force à quinze ans, installation en France dans une belle-famille tyrannique, perte d'un enfant, retour en Algérie dans un pays en proie au terrorisme...

À trente et un ans, Sofia se retrouve mère de sept enfants : deux en France et cinq en Algérie, « une mère entre deux mers », et elle n'aura de cesse de regrouper cette fratrie.

À travers tous ces soubresauts, courageuse et lumineuse, imprégnée des saveurs, des couleurs et de la sensualité de l'Orient, elle va se rebeller contre son destin. Forte de cette détermination et malgré des difficultés pour élever seule, dans un environnement souvent hostile, des adolescents influencés par des voisins « barbus ou dealers », cette femme hors du commun, l'héroïne de ce récit, va conquérir, quelques années plus tard, son émancipation et retrouver sa dignité.

Après des passages en centres d'accueil où elle a trouvé l'écoute et le soutien de travailleurs sociaux, elle a pu enfin recomposer sa famille, tout en travaillant, comme elle l'avait toujours désiré. Sofia est convaincue d'avoir trouvé aujourd'hui « une place où vivre dans le droit d'être elle-même ».

Commentaire

Très tôt privée de ses rêves et de son appétence pour les connaissances, puis ballotée entre la France et l'Algérie en fonction des drames vécus dans sa belle-famille, Sofia a choisi de rompre avec cette condition de femme et de mère sous tutelle paternelle ou maritale.

Une vraie rupture, non pour fuir la réalité, mais pour inventer un devenir encore inconnu, pour se réapproprier une vie qu'elle considère volée.

Ce récit à la fois rude et sensible permet d'aborder des situations comme :

- le rôle de l'instruction et son pouvoir d'émancipation ;
- la frustration de ne pas connaître un autre avenir que celui déjà tout tracé ;
- l'assignation précoce des femmes dans les sociétés traditionnelles ;
- le mariage forcé avec l'impossibilité familiale, sociale, cultuelle voire religieuse d'y échapper ;
- la migration et l'exil comme espoir, mais aussi comme arrachement ;
- l'éducation d'enfants tiraillés entre deux cultures ;
- l'appui des travailleurs sociaux dans cette longue conquête de la liberté.

À partir d'une histoire vraie, l'auteure a choisi de mettre en lumière une de ces femmes de l'ombre rencontrées au cours de sa carrière professionnelle, qui trouve en elle et au cœur de la société française les forces nécessaires pour affronter l'adversité.

Conclusion

Au milieu de l'hiver, titre emprunté à une phrase d'Albert Camus *(Retour à Tipasa)* est pour l'auteure un hymne à la vie et à la liberté, inspiré d'une vie réelle qui dénonce le poids de cette ignorance et de ces traditions qui tentent toujours de justifier l'insoutenable.

Derrière les prénoms de Flora, Éliane et Manon, le lecteur découvrira des portraits d'éducatrices, de travailleuses familiales qui ont compté pour Sofia et dont elle dit qu'elles lui ont « sauvé la vie ». Le rôle joué par ces travailleurs sociaux est une bonne illustration de l'intérêt social et humain de ces métiers, surtout pour ceux qui douteraient de leur bien-fondé en temps de crise économique.

Fiche de lecture n° 3 : Témoignage

Titre : *La Démesure*, Céline Raphaël, éditions Max Milo, 2013

Interne en médecine, Céline Raphaël a 28 ans lorsqu'elle publie le récit de son enfance, au cours de laquelle elle est battue quotidiennement, privée de nourriture, soumise à la violence d'un père dans l'indifférence totale, un père notable respecté.
Par ce témoignage sur un parcours hors norme, démesuré, elle souhaite lever le tabou de l'enfance maltraitée.

Résumé

Dans *La Démesure*, Céline Raphaël raconte ce père, cadre supérieur, qui avait voulu faire de sa fille une enfant prodige. Dès l'âge de 2 ans, il l'a contrainte à faire des gammes au piano pendant des heures interminables, dans une salle de jeux qui était devenue pour elle une salle de torture. À chaque fausse note, il lui infligeait diverses punitions : coups de ceinture culotte baissée, privation de nourriture, humiliation sadique.

Heureusement, lors d'un changement d'établissement scolaire, l'infirmière scolaire s'intéressa à sa situation. Cela faisait dix ans que Céline attendait cette main tendue.

S'ensuivirent alors un signalement auprès du juge des enfants, un placement d'urgence, un procès et une condamnation du père avec restriction du droit de visite.

À 14 ans, Céline se retrouve placée, « ballotée » par l'aide sociale à l'enfance, contre tout « bon sens », en famille d'accueil, au Foyer de l'enfance, puis dans un centre pour jeunes filles délinquantes, où chaque fois, petite fille fragile et modèle, elle détonne.

Aujourd'hui, elle reconnaît que, si ces placements ont été désastreux comme lieux d'accueil, ils lui ont cependant sauvé la vie.

« J'étais en train de mourir, je pesais 31 kg, mon père avait failli me tuer, j'avais envie de me tuer. »

Ainsi, selon l'auteur, la violence vécue dans des placements incohérents était préférable à son maintien auprès de parents dangereux.

Céline Raphaël, docteur ès sciences, interne en médecine, travaille désormais dans un service de soins palliatifs, et même si elle reconnaît ne pas ressortir indemne de cette enfance-là, elle se dit aujourd'hui heureuse.

Si ce témoignage est une dénonciation d'un phénomène encore tabou dans notre société, puisqu'on estime que deux enfants décèdent chaque jour en France des suites directes de la maltraitance, il se veut aussi une incitation à faire évoluer la prise en compte de ces drames internes aux familles.

Commentaire

À travers ce récit, l'auteure nous propose une analyse des mécanismes mis en œuvre dans cette situation :

- le déni de réalité par un père qui continue à penser qu'il a agi pour le bien de sa fille, fille qu'il persiste à croire manipulée par les services sociaux ;
- le déni ou l'aveuglement d'une mère soumise ;
- l'indifférence du monde extérieur et l'impossibilité de trouver une écoute pendant plus de dix ans.

« Si Céline a survécu à cet enfer, c'est grâce à une rencontre, c'est une infirmière scolaire qui lui a redonné cette seconde vie » (postface de Daniel Rousseau).

Les autres enseignements de ce récit portent sur les larges failles des services de protection de l'enfance et sur l'incompétence de certains éducateurs, incapables d'établir des relations de confiance avec Céline, sous-estimant sa problématique, la laissant seule, sans soutien lors du procès.[1] Cependant, à travers ce récit douloureux, Céline nous montre qu'elle a su résister et transformer son traumatisme pour en faire un nouveau départ. Cette capacité que beaucoup d'auteurs nomment la « résilience »[2] lui permet aujourd'hui de rejouer du piano pour ses patients à l'hôpital.

Enfin, pour les professionnelles de l'éducation, l'histoire de Céline aborde la question des apprentissages et de la finalité de l'éducation parentale ou scolaire, qui vise normalement l'épanouissement de la personne.

Céline a été considérée comme un objet qu'on manipule, qu'on dresse à coup de sanctions pour produire des partitions comme un automate savant. Cet acharnement pervers produit des effets spectaculaires, réalisés au détriment du bien-être, de la passion et du plaisir.[3]

Conclusion

Si ce livre est un témoignage prenant qui nous montre ce qu'une enfant peut endurer lorsqu'elle est soumise à la violence d'un père, c'est pour les travailleurs sociaux un livre riche d'enseignements.

Le vécu de Céline nous interroge sur notre incapacité à répondre aux besoins souvent exprimés d'une façon ambivalente, aux demandes mal formulées, et surtout à comprendre le sentiment de culpabilité généré par la situation.

Accompagner ces enfants victimes de maltraitance nécessite des connaissances et des compétences pour repérer les signes d'alerte, pour mener à bien un projet individualisé en y associant l'enfant.

Céline a été placée, déplacée, mais non accueillie, et personne ne s'est intéressé à son projet de vie. Parmi tous les intervenants rencontrés dans les institutions, seule Samia s'est montrée attentive à ses souffrances. « Elle m'écoutait et essayait de me donner des conseils » (p. 183 du livre *La Démesure*).

Voilà le travail qui attend tout éducateur. Ce livre devrait permettre aux candidats désireux de se former au métier de moniteur-éducateur d'affirmer leurs motivations et leurs besoins de connaissances.[4]

1. « Les éducateurs étaient là pour assurer le calme et la sécurité du lieu... Au Foyer de l'enfance, les éducateurs étaient bourrés de préjugés », pp. 181-182.
2. Serge Tisseron, *La Résilience*, éditions PUF, 2007.
3. Voir les publications de Philippe Meirieu au sujet des apprentissages, dont *Frankenstein pédagogue*, éditions ESF, 1996.
4. Pour poursuivre cette réflexion, nous conseillons le livre de Catherine Sultan, juge des enfants, intitulé *Je ne parlerai qu'à ma juge*, éditions du Seuil, 2013. Ce livre présente la justice des mineurs dans son quotidien, dans la discrétion des cabinets du magistrat ou lors des audiences toujours à huis clos.

Les épreuves écrites d'admissibilité

DURÉE
de 2 à 3
heures

Méthodologie et conseils

1. Rappel

L'article 2 de l'arrêté du 20 juin 2007 relatif au diplôme d'État de moniteur-éducateur (DEME) énonce que : « L'épreuve écrite d'admissibilité permet à l'établissement de formation de vérifier le niveau de culture générale et les aptitudes à l'expression écrite des candidats. »

Certains établissements de formation réunis dans une même région autour d'une charte régionale agréée par la DRJSCS organisent en commun la première épreuve écrite d'admissibilité. Cette épreuve également appelée, dans ce cas précis, « épreuve de niveau », a pour but d'évaluer le niveau de formation générale des candidats et de vérifier les prérequis de niveau V, pour accéder à une formation de niveau IV. Ainsi les critères d'appréciation sont-ils la capacité de compréhension du candidat, sa capacité à utiliser des informations et à argumenter un point de vue. Souvent, chacun de ces établissements prévoit par la suite une seconde épreuve écrite spécifique. Celle-ci s'appuie généralement sur d'autres attentes que nous présenterons plus loin.

Qu'elle soit coorganisée par un groupement régional d'établissements de formation ou par chaque établissement de formation, cette épreuve fait l'objet d'une dispense, conformément à l'article 2 de l'arrêté du 20 juin 2007 relatif au DEME, pour les candidats titulaires :

- d'un diplôme, certificat ou titre homologué ou inscrit au RNCP au moins au niveau IV ;
- d'un des diplômes mentionnés à l'annexe IV du présent arrêté :
  – diplôme d'État de technicien de l'intervention sociale et familiale (TISF),
  – baccalauréat professionnel, option services de proximité et vie locale,
  – baccalauréat professionnel, option services en milieu rural,
  – brevet d'État d'animateur technicien de l'éducation populaire et de la jeunesse (BEATEP), option activité sociale et vie locale ou brevet professionnel de la jeunesse, de l'éducation populaire et du sport (BPJEPS), option animation sociale,
  – diplôme d'État d'auxiliaire de vie sociale (AVS) ou mention complémentaire aide à domicile,
  – diplôme d'État d'assistant familial,
  – diplôme d'État d'aide médico-psychologique ;
- d'un baccalauréat ;
- d'un diplôme européen ou étranger réglementairement admis en dispense du baccalauréat.

2. L'épreuve écrite

L'épreuve écrite d'admissibilité (ou épreuve de niveau) se déroule souvent sur une durée allant de deux à trois heures et s'articule autour de trois travaux écrits.

Certains des sujets proposés dans cet ouvrage sont issus d'annales des établissements de formation au travail social de la région Rhône-Alpes, signataires en janvier 2005 de la charte régionale de l'admission des candidats à l'entrée en formation sociale.

A. Premier écrit

Il s'agit d'un travail à partir d'un texte : donner un titre, dégager les idées fortes et enfin développer une réflexion à partir d'une citation tirée du texte.

B. Second écrit

Le candidat doit choisir entre trois thèmes d'actualité rédigés en quelques lignes faisant référence soit au champ culturel, au champ social, ou encore au champ politico-économique.

C. Troisième et dernier écrit

Il s'agit pour le candidat de faire preuve, à partir d'un exercice de créativité, de sa capacité à composer un texte en utilisant des mots ou termes imposés.

À l'issue de ces épreuves, une commission finale d'admissibilité établit la liste des candidats admis aux épreuves propres à chaque établissement co-organisateur (épreuve écrite d'admission et épreuve orale).

Annales corrigées

Premier écrit : travail à partir d'un texte

Sujet 1

Rhône-Alpes, 2014

Difficulté ✗✗✗	Durée 1 heure 30

C'est indéniable, l'espérance de vie n'a cessé d'augmenter au cours des derniers siècles. [...] Nous devons cette longévité accrue à de multiples facteurs. Aux progrès de la médecine et, notamment, à la découverte des antibiotiques, qui ont considérablement diminué la mortalité infantile. Mais aussi à l'amélioration de l'hygiène et au meilleur accès à la nourriture. Sans oublier « l'évolution des métiers, souligne Dario Spini, professeur à l'Institut des sciences sociales de l'UNIL (université de Lausanne) et directeur du Pôle de recherche national (PRN) « LIVES » (qui étudie les vulnérabilités à travers le parcours de vie). Aux champs et dans l'industrie, le travail était auparavant plus lourd, ce qui se traduisait par une plus grande usure physique et un risque accru d'accidents de travail.

Nous vivons donc plus vieux, certes, mais, en prenant de l'âge, nous sommes aussi de plus en plus fréquemment confrontés à des maladies chroniques, aux premiers rangs desquelles figurent les affections musculo-squelettiques, les troubles cardio-vasculaires, les cancers et le diabète, ainsi qu'à diverses pathologies neurodégénératives, comme la maladie d'Alzheimer. Il y a donc un décalage entre la courbe reflétant l'espérance de vie et celle indiquant le pourcentage de la population restant en bonne santé aux différents âges.

Mais qu'entend-on exactement par « espérance de vie en bonne santé » ? On doit cette notion au Français Jean-Marie Robine. Il y a une vingtaine d'années, ce spécialiste de la longévité humaine a proposé un nouvel indicateur, l'espérance de vie sans incapacité (EVSI), qu'il définit dans un récent numéro de Sciences et Vie comme étant « un peu le PNB de l'état de santé ». Une personne est donc considérée en bonne santé « lorsqu'elle garde son indépendance fonctionnelle, précise Christophe Büla. C'est-à-dire qu'elle est capable de faire sa toilette, de s'habiller, d'aller aux WC, de sortir de son lit et de manger seule. »

Quels sont les bons plans pour « bien vieillir » ? « Il faut d'abord bien choisir ses parents », répond Christophe Büla sous forme de boutade. Une manière pour lui d'indiquer que la génétique a son mot à dire dans l'affaire. Toutefois, elle est loin de tout expliquer « puisque les changements auxquels nous avons assisté en matière de vieillissement ont été bien trop rapides pour laisser le temps au patrimoine génétique de changer ».

Ce qui compte ce sont en fait « les interactions entre les gènes et l'environnement, et notamment le mode de vie ». C'est donc à ce niveau qu'il est possible d'agir, en commençant au plus jeune âge. Par exemple en évitant le tabac « des expériences sur les vrais jumeaux dont l'un fumait et l'autre pas ont montré que la cigarette réduisait de dix ans l'espérance de vie », précise le médecin du CHUV.

En veillant aussi à son alimentation, afin d'éviter le surpoids et les pathologies qui lui sont associées. « Aux États-Unis, du fait de l'épidémie d'obésité, l'espérance de vie a diminué pour la première fois depuis soixante/soixante-dix ans. »

Il ne s'agit pas « de se restreindre à longueur de temps, car cela n'est pas tenable. Mais plutôt d'éviter les excès et d'adopter le régime méditerranéen » prôné par les nutritionnistes.

La clé du vieillissement en bonne santé réside aussi dans l'exercice physique. « On ne va pas demander aux gens de 80 ans de courir le marathon, dit en riant Christophe Büla, mais les inciter à augmenter leur activité au quotidien. » Même minime, « comme celle qui consiste à préférer les escaliers aux escalators », car c'est bénéfique, à tout âge. [ ]

Le professeur de sciences sociales reprend à son compte les paroles prononcées par le dalaï-lama lors de sa visite à l'UNIL, en avril dernier. Lorsqu'on lui demandait comment bien vieillir quand nos forces physiques déclinent, le chef spirituel des Tibétains a répondu : « Grâce à un réel intérêt pour les autres. » C'est la voix de la sagesse. Cette attitude a d'ailleurs été confirmée par « des recherches qui ont montré que les gens centrés sur eux-mêmes étaient moins heureux que ceux qui s'intéressent aux autres. » [...]

Une « bonne façon de bien vieillir » se trouve aussi dans ce que l'on nomme la « générativité ». Elle consiste, explique le chercheur, à laisser des traces pour les générations suivantes, au travers « de ses enfants, des élèves ou étudiants que l'on a formés, des créations que l'on a réalisées, des entreprises que l'on a créées, etc. Bref, de tout ce qui donne du sens à la vie. »

Source : Elisabeth Gordon, *Allez savoir*, université de Lausanne, n° 55, septembre 2013.

Questions

(notation sur 20 points)

1. Donnez un titre au texte et justifiez votre choix en 5 lignes maximum. (3 points)
2. Listez, en les reformulant, les idées essentielles du texte. (7 points)

❸ Que vous inspire cette réflexion de l'auteur : « Les gens centrés sur eux-mêmes étaient moins heureux que ceux qui s'intéressent aux autres. »

Vous argumenterez votre point de vue à l'aide d'exemples en 30 lignes maximum. (10 points)
La qualité de l'expression est prise en compte dans la notation.

Corrigé

❶ **Titre :** *Bien vieillir, c'est aussi s'ouvrir aux autres.*

Charles Augustin Sainte-Beuve écrivait dans *En conversation sur le pont des arts* que « vieillir est le seul moyen qu'on ait trouvé de vivre longtemps ». Quel sens donner à cette vie, notre vie, aussi longtemps dure-t-elle, si notre vieillissement inéluctable nous empêche de « bien vivre » jusqu'à la fin, et s'il ne sert pas, aussi et surtout, à laisser des traces aux générations suivantes, les traces de vie « bien vécue » et les traces d'une vie de savoirs, d'espoir et d'entraide ?

❷ - Chaque génération voit, depuis plusieurs siècles, grandir immanquablement l'espérance de vie. Cette longévité augmente tout d'abord grâce aux progrès de la médecine et de l'hygiène. Cette vie croissante est ensuite liée à une nourriture plus facilement accessible pour tous. Enfin, l'évolution de métiers et de travaux moins usants offrent moins de risques d'accidents et permettent de voir la durée de vie de chacun s'accroître.

- Mais en vivant plus vieux, nous sommes aussi et inéluctablement plus exposés à de nombreuses altérations, parmi lesquelles peuvent survenir les maladies chroniques, les affections musculo-squelettiques, les troubles cardio-vasculaires, les cancers ou diabètes, ou encore les pathologies neurodégénératives comme la maladie d'Alzheimer. Cela nous conduit à observer un réel décalage entre la courbe de l'espérance de vie et celle du pourcentage de la population vieillissante restant en bonne santé.

- Il s'agit alors, par ce constat, de repérer un indicateur plus pertinent, celui de l'espérance de vie sans incapacité ou en bonne santé.

- La question se pose alors : comment « bien vieillir » ?

Dans un premier temps, il s'agit certainement d'entretenir un mode de vie évitant tout excès et privilégiant l'exercice physique, même ordinaire. Il s'agit ensuite de porter un réel intérêt aux autres, par la générosité, la bonté, l'entraide. Ce plaisir partagé semble être un puissant levier de jouvence. Il s'agit enfin de transmettre aux plus jeunes, de laisser des traces pour les générations suivantes, une démarche qui donne finalement du sens à la vie.

❸ Tous les gestes, les manifestations, les témoignages, de sympathie, de bonté, de respect ou encore de soutien ont toujours un effet positif sur les autres et sur soi.

Les humains sont des êtres sociaux, dotés de sentiments d'empathie envers leurs prochains. Comme l'explique Barry Wiser, psychologue clinicien de Nouvelle-Écosse, c'est bien pour cela que nous nous sentons mieux quand nous aidons les autres et que notre expérience nous pousse toujours davantage à le faire.

C'est souvent dans le « don contre don » des petits gestes du quotidien que se jouent, en partie, les effets positifs de la générosité ou de l'aide sur les autres et sur soi.

Quand on est amené à aider une autre personne qui nous gratifie d'un merci, d'un sourire, d'une parole reconnaissante, on a de fortes chances d'être rempli d'une envie de recommencer pour revivre le plaisir de cette reconnaissance.

En 2012, l'université York à Toronto a publié une étude prouvant les effets bénéfiques à long terme de la générosité, l'aide ou la bienveillance à l'égard des autres personnes.

Si cet altruisme provoque ainsi des sentiments mêlés de bien-être psychologique et physique pour les personnes auteurs au quotidien de cette démarche, ces attitudes généreuses permettraient surtout de vivre plus longtemps, selon une autre recherche de l'université de Vancouver publiée dans la revue *Journal of the American Medical Association* en 2013. En effet, cette recherche a pu mesurer, sur des personnes volontaires pour apporter de l'aide et de la générosité à d'autres, une évolution favorable de leur indice de masse corporelle, de leur cholestérol ou de leur santé cardio-vasculaire, mais aussi de leur bien-être moral. Hannah Schreier, directrice de cette étude, rappelle que le don de soi ou la gentillesse jouent un rôle important d'antidépresseur et d'euphorisant en stimulant la sécrétion de sérotonine.

Les résultats de cette recherche montrent bien en quoi les personnes qui ont l'habitude d'aider les autres jouissent d'une meilleure santé que ceux qui s'en abstiennent.

Et ainsi, les personnes âgées qui font du bénévolat vivraient plus longtemps que les autres.

Enfin, pour ne pas conclure, les gens centrés sur eux-mêmes sont moins heureux que ceux qui s'intéressent aux autres, car être heureux, pour des êtres sociaux, c'est partager certainement le bonheur que l'on vit avec d'autres, les autres...

Sujet 2

IRFFE, Amiens, 2014

Difficulté XXX	Durée 1 heure 30

« Cocktail Molotov »

Jusque-là, un élève en échec scolaire pouvait, dès la quatrième, découvrir différents métiers grâce au Dispositif d'initiation aux métiers par alternance (DIMA). Les maisons familiales rurales en étaient d'excellentes illustrations, qui proposaient une vingtaine de semaines de stage dans le monde du travail, ce qui permettait au jeune de trouver la profession qu'il avait envie d'exercer. Leurs camarades de collège ordinaire ne pouvaient le faire que sur un maximum de... cinq jours ! Les exigences d'apprentissage scolaire n'en étaient pas pour autant abandonnées. Prétendant refuser toute orientation précoce et revendiquant l'acquisition d'un tronc commun identique jusqu'en troisième, le gouvernement vient de supprimer cette possibilité. Sur le papier, c'est admirable. Sur le terrain, cela va être une véritable catastrophe.

Les mômes fâchés avec l'école n'auront plus la chance de connaître la réussite dans leur passage en entreprise ; ce qui leur permettait de retrouver une image positive d'eux-mêmes.

Dorénavant, après avoir souffert en sixième et en cinquième en ne réussissant pas à ingurgiter le savoir qu'on cherchait à leur inculquer, ils vont en prendre pour deux ans supplémentaires, sans que l'enseignement dispensé soit plus efficace. Il y a ceux qui se morfondront au fond de la classe, humiliés par le sentiment d'être des ratés. Parions que bien d'autres mettront le feu au collège pour montrer qu'ils sont capables eux aussi de réussir quelque chose.

Propos de Jacques Trémintin, billet d'humeur
(*Lien social* n° 1107 – p. 8, du 30 mai 2013)

Questions

❶ Donnez une définition des expressions ou des mots qui suivent. (4 points)

a. Dispositif
b. D'excellentes illustrations
c. Orientation précoce
d. Ingurgiter
e. Inculquer

❷ Discussion. (maximum 2 pages, 16 points)

« Les mômes fâchés avec l'école n'auront plus la chance de connaître la réussite dans leur passage en entreprise ; ce qui leur permettait de retrouver une image positive d'eux-mêmes. »

À partir de cette phrase et de vos expériences personnelles et/ou professionnelles, vous présenterez un travail ordonné de vos réflexions (introduction, développement et conclusion).

Corrigé

❶ Définitions[1]

a. Dispositif : ensemble de moyens mis en œuvre conformément à un plan afin d'obtenir un résultat. Dans le texte, le dispositif DIMA vise à développer l'apprentissage par l'alternance.

b. D'excellentes illustrations : action d'éclairer par des explications ou des exemples de très bonnes qualités, proche de la perfection.

c. Orientation précoce : action de donner une direction déterminée qui survient plus tôt que d'ordinaire.

d. Ingurgiter : avaler avidement et en quantité (engloutir).

e. Inculquer : action de faire entrer quelque chose dans l'esprit de façon durable (enfoncer quelque chose dans la tête).

❷ Discussion

Introduction

Dans son billet d'humeur, intitulé « Cocktail Molotov », l'auteur s'étonne que le dispositif DIMA ne soit plus applicable aux élèves de moins de 16 ans. Face à cette mesure incomprise, qui retarde le passage en entreprise des élèves en échec scolaire, Jacques Trémintin pronostique chez ces jeunes, désormais maintenus dans le système scolaire, des comportements explosifs. Selon lui, ce texte leur retire une chance de retrouver une nouvelle image plus positive d'eux-mêmes, par la réussite d'un stage en entreprise.

Développement

Le dispositif d'initiation aux métiers en alternance est destiné à un jeune de 15 ans révolus voulant entrer en apprentissage. Cette mesure permet d'accéder à une formation et de commencer une activité professionnelle tout en demeurant sous statut scolaire. Les élèves de quatrième et de troisième sont exclus de ce dispositif. Cette décision ministérielle vient rappeler un principe d'égalité et que tous les élèves ont droit à une éducation, conformément à l'article 28[2] de la Déclaration des droits de l'enfant.

Concernant les élèves en situation d'échec scolaire, la solution approuvée par l'auteur d'une orientation par des stages vers le monde de l'entreprise dès la quatrième afin de les remotiver par un projet professionnel risque de sous-estimer les capacités de ces jeunes et de les conforter dans leur situation de rejet des savoirs, en les pensant non accessibles à toute formation plus classique. Devant une certaine incapacité pour les acquisitions scolaires, le stage en entreprise peut sembler plus concret et plus accessible pour ces jeunes adolescents en échec. Cette hypothèse sous-entendant que l'échec scolaire dépend d'une seule cause : un système pédagogique non adapté générant l'ennui et la perte de l'estime de soi. Or, selon des rapports, pour la majorité des élèves en difficulté dans leur scolarité, les raisons de leur échec ou décrochage sont multiples. Elles dépendent de leur histoire personnelle, de leur milieu social, et aussi de l'institution scolaire.

Les solutions à apporter sont connues : soutien et aide individualisés à un élève en difficulté dans le cadre des classes-relais ou des ateliers-relais, adaptation de la pédagogie en abandonnant les modes d'évaluation traumatisants, en permettant le droit à l'erreur et en luttant contre le redoublement. Le stage en entreprise de vingt semaines ne répond pas automatiquement aux besoins d'un élève en échec. Ces jeunes filles ou garçons[3] ne sont pas tous des manuels destinés à devenir ouvriers agricoles, commis chez un artisan ou un commerçant. La demande très fréquente de ces jeunes de s'occuper des chevaux, de participer à un atelier d'espaces verts, de travailler dans un salon de coiffure n'est souvent qu'une échappatoire et non un réel désir.

Ce recul de l'âge légal pour effectuer un stage long en entreprise est donc une décision qui réaffirme que la scolarité est un droit. Ce droit impose à l'institution scolaire

---

1. Les définitions proposées ont été élaborées à partir du dictionnaire *Le Robert*.

2. Article 28 : « L'enfant a le droit à l'éducation et l'État a l'obligation de rendre l'enseignement primaire obligatoire et gratuit, d'encourager l'organisation de différentes formes d'enseignement secondaire accessibles à tout enfant et d'assurer à tous l'accès à l'enseignement supérieur, en fonction des capacités de chacun. »

3. Traitement de la grande difficulté au cours de la scolarité obligatoire. Rapport conjoint IGEN/IGAENR, novembre 2013, (« La grande difficulté concerne des élèves très différents les uns des autres, dès avant l'entrée en sixième pour certains »).

de former tous les élèves, quelles que soient leur motivation ou leur appétence[1].

Conclusion

L'échec scolaire repéré dès la classe de quatrième est un phénomène insupportable[2] qui nécessite une adaptation du système scolaire afin de répondre aux besoins spécifiques de ces enfants. L'école doit permettre à tous ses élèves de choisir réellement leur projet de vie d'adulte. Aujourd'hui, la législation, basée sur des principes d'éducabilité, d'égalité et de respect du droit du travail, impose une scolarité pour tous jusqu'à l'âge de 16 ans révolu. Cette obligation ne doit pas être vécue comme une contrainte, mais comme une occasion unique d'acquérir des savoirs nécessaires à un épanouissement personnel.

1. Ce corrigé étant une proposition, le candidat pourra, en fonction de son expérience, développer une autre approche plus personnelle du sujet.
2. La France connaît un échec scolaire massif qui se traduit par la sortie du système éducatif de 150 000 jeunes sans diplôme, chaque année.

Sujet 3

Sujet interécoles, Rhône-Alpes, 2013

Difficulté ✗✗✗	Durée 1 heure 30

L'éducation est un processus indispensable mais provisoire. Indispensable car il n'y a pas d'exemple d'être humain qui ait atteint le stade d'adulte sans avoir été éduqué. Provisoire parce qu'il doit s'arrêter dans le temps. C'est un processus dissymétrique qui met en présence un adulte qui incarne un passé et un nouveau venu qu'il convient d'introduire dans le monde. Enfin, c'est un processus qui vise à l'émergence d'un sujet dont on ne sait pas à l'avance ce qu'il sera. Ce qui fait de l'éducation quelque chose de difficile au sens où accompagner un sujet dans sa construction nous oblige à lâcher prise sur le résultat tout en faisant de notre mieux. Il y a dans l'éducation une part essentielle de transmission parce que pour que la liberté d'un sujet émerge, il faut qu'on le nourrisse d'un certain nombre d'outils, de savoirs. Mais l'éducation ne se limite pas à la simple transmission. [...]

L'histoire des rapports entre l'école et la famille est complexe. Il y a quarante à soixante ans, la famille avait une confiance aveugle dans l'école. Elle a été ébranlée par plusieurs phénomènes. Tout d'abord, avec les crises économiques successives, les parents ont vu que la réussite scolaire ne garantissait plus la réussite sociale et l'emploi. Deuxième élément, beaucoup sont aujourd'hui au moins aussi instruits que les enseignants de leurs enfants : ils ne voient pas pourquoi ils n'auraient pas leur mot à dire sur la façon dont ceux-ci sont orientés. Enfin, élément peut-être le plus important, la montée depuis une cinquantaine d'années de l'individualisme social : on fait moins confiance à nos institutions qu'aux stratégies individuelles que l'on déploie. Qu'il s'agisse de notre santé, de l'éducation, de notre rapport à la justice, on veut tout contrôler nous-même.

Il est sociologiquement faux de dire qu'il n'y a plus d'autorité. Ce sont d'autres qui l'exercent : les médias, Internet, les animateurs de télévision... On est capable de créer des queues de 500 m devant la Fnac la veille de la sortie de la nouvelle Playstation : ici, l'autorité, c'est Sony qui l'exerce sur les jeunes. Ceux qui exercent l'autorité légitime ont été très largement remplacés par une autorité sociale plus diffuse. Qu'est-ce qui fait que nos enfants seraient prêts à faire n'importe quoi si un chanteur à la mode le leur demandait alors qu'ils ne veulent plus faire quelque chose de tout à fait raisonnable si leurs parents ou leur professeur le leur demandent ? Là encore, c'est une responsabilité sociale.

L'autorité sous sa forme traditionnelle est globalement, sinon destituée, du moins questionnée, et par les parents eux-mêmes quand il s'agit de se soumettre à d'autres autorités, que ce soit celle du juge, du policier ou de l'autorité administrative. Les formes traditionnelles d'autorité ne sont plus acceptées comme telles. Ce n'est pas étonnant que cela déborde dans le domaine éducatif. Et ce n'est pas en criant plus fort ni en augmentant les sanctions que l'on restaurera l'autorité. Il faut reconstruire du « faire-ensemble » entre les générations. Ce qui a été mis à mal depuis trente ou quarante ans, c'est le lien intergénérationnel. Avant, dans toutes les familles, il y avait des activités intergénérationnelles. Quand vous faites du bricolage ou du jardinage, vous tenez votre autorité de votre compétence et de votre capacité à comprendre les contraintes du monde. Ce qui mine l'autorité, c'est quand elle est perçue, non pas comme une nécessité, mais comme l'expression du caprice de l'autre. Quand l'enfant découvre que l'autorité rend possible la réussite de l'activité, alors il entend la nécessité de l'autorité. À cet égard, nous avons beaucoup trop négligé l'éducation populaire, du scoutisme au travail bénévole intergénérationnel en passant par les clubs, qui sont des lieux de construction collective de la norme. Ce qui fait défaut aujourd'hui, c'est la construction du cadre : exister dans un collectif où il y a des normes qui s'imposent à tous parce que ce sont les conditions de la réussite collective.

Philippe Meirieu, magazine *InterAction*, n° 69, septembre 2011.

Questions

❶ Donnez un titre au texte et justifiez votre choix en 5 lignes maximum. (3 points)

❷ Listez, en les reformulant, les idées essentielles du texte. (7 points)

❸ Que vous inspire cette réflexion de l'auteur : « Quand l'enfant découvre que l'autorité rend possible la réussite de l'activité, alors il entend la nécessité de l'autorité. » Vous argumenterez votre point de vue à l'aide d'exemples en 30 lignes maximum. (10 points)

Corrigé

❶ **Titre :** *Pour une éducation qui favorise aussi la réussite collective*

Le choix de ce titre reprend l'idée du texte, qui vise à restaurer une dimension plus collective dans le processus éducatif. Aujourd'hui, les discours ou les attentes des familles sont plus orientés vers une réussite individuelle, modèle désormais très médiatisé par tous les supports audiovisuels, au grand dam de l'auteur[1], qui regrette que la dimension de socialisation soit négligée.

❷ Dans cet article diffusé par *InterAction*, magazine de l'action sociale et de l'éducation, Philippe Meirieu aborde les points suivants :

- l'éducation est à la fois un système de transmission de connaissances, mais aussi un système qui respecte la liberté de l'apprenant ;
- l'école, figure historique de la réussite sociale, n'est plus aujourd'hui le seul modèle connu de formation et de promotion. Les familles développent leurs propres stratégies individuelles afin de mieux contrôler les choix d'avenir pour leurs enfants ;
- l'évolution de la société de consommation, de médiatisation, a modifié les repères éducatifs, le maître se trouvant souvent désarmé face à la demande des élèves ;
- face à un nouveau système éducatif qui a tendance à nier l'autorité des anciens pour transmettre des compétences, Philippe Meirieu nous propose de redécouvrir les apports

1. Philippe Meirieu est professeur des universités en sciences de l'éducation. Il est l'auteur de nombreuses publications, en particulier sur la place du sujet dans le processus éducatif et sur le rapport entre éthique et pédagogie. Pour approfondir les travaux de cet auteur, nous conseillons de consulter son site Internet et de lire, entre autres, son entretien avec Marcel Gauchet sur le « décrochage scolaire et les incivilités ».

des activités collectives, car elles favorisent un cadre porteur de valeurs et facilitent l'intégration des normes nécessaires à toute vie sociale.

❸ « Quand l'enfant découvre que l'autorité rend possible la réussite de l'activité, alors il entend la nécessité de l'autorité. »

Introduction

Par cette phrase, l'auteur résume, tout en la synthétisant, une idée partagée par beaucoup d'animateurs de loisirs ou d'entraîneurs sportifs : l'activité est un support de socialisation.

Développement

En effet, pour mener à bien une activité, l'encadrant doit maîtriser la technique, préparer en amont tous les éléments ou ingrédients nécessaires à sa réalisation, définir les étapes pour atteindre le but recherché.

Ses capacités lui confèrent un rôle qui fera autorité et garantira une réalisation.

Ainsi, dans le cadre d'une activité de jeu de ballon, la réussite d'une rencontre sportive va dépendre de la capacité de l'entraîneur à partager les rôles, en assurant à chaque joueur une place reconnue, tout en favorisant l'esprit d'équipe.

Sa parole reconnue permettra une certaine discipline, l'acceptation de règles, la participation de tous et, dans un dépassement de soi-même, une volonté de réussite collective.

De même, dans le cadre d'un atelier créatif, l'animateur devra développer des initiatives pour permettre à chaque participant de réaliser une création artistique, à travers une technique ou la maîtrise de matériaux.

Alors, la notion d'autorité n'est plus, comme l'exprime Philippe Meirieu, vécue comme un caprice de l'adulte mais comme une nécessité pour structurer une activité permettant d'atteindre l'objectif recherché.

Les objectifs peuvent être multiples : réalisation d'un travail artistique, d'un plat culinaire, d'un match ou d'une rencontre sportive, avec l'espoir partagé de gagner ou de montrer sa création, de déguster un met avec plaisir.

Conclusion

« Il faut discipliner l'activité, pas l'enfant », nous dit Maria Montessori, médecin pédagogue du XIXe siècle.[1]

Car, selon elle, c'est à travers une activité organisée, structurée, que l'enfant va pouvoir développer ses capacités, des repères et s'inscrire pleinement dans le contenu proposé.

Cette activité cadrée, faisant autorité, va ainsi permettre à l'enfant d'exister dans un collectif.

Cet apprentissage va permettre une réflexion sur les valeurs qui fondent le vivre-ensemble.[2]

1. Maria Montessori (1870-1952) a créé une méthode pédagogique d'éducation basée sur les qualités innées des enfants et sur le rôle bienveillant des éducateurs.
2. Beaucoup d'animateurs mettent en œuvre dans leurs activités des techniques inspirées de la pédagogie Freinet, qui permettent à l'apprenant d'évoquer et d'évaluer son implication, et au groupe de se pencher sur son fonctionnement.

Sujet 4

IRTS, Normandie, 2012

Difficulté XXX	Durée 2 heures 15

Document

Michel Serres, diplômé de l'École navale et de Normale Sup, a visité le monde avant de l'expliquer à des générations d'étudiants.

Historien des sciences et agrégé de philosophie, il enseigne toujours, à plus de 80 ans. Ce prof baroudeur, académicien pas tout à fait comme les autres, scrute les transformations du monde et des hommes de son œil bleu et bienveillant. Son sujet de prédilection : la jeune génération, qui grandit dans un monde bouleversé, en proie à des changements comparables à ceux de la fin de l'Antiquité. La planète change, ils changent aussi, ont tout à réinventer. « Soyons indulgents avec eux, ce sont des mutants », implore Michel Serres, par ailleurs sévère sur sa génération et la suivante, qui laisseront les sociétés occidentales en friche.

Entretien

Vous annoncez qu'un « nouvel humain » est né. Qui est-il ?

Je le baptise « Petite Poucette », pour sa capacité à envoyer des SMS avec son pouce. C'est l'écolier, l'étudiante d'aujourd'hui, qui vivent un tsunami tant le monde change autour d'eux. Nous connaissons actuellement une période d'immense basculement, comparable à la fin de l'Empire romain ou de la Renaissance.

Nos sociétés occidentales ont déjà vécu deux grandes révolutions : le passage de l'oral à l'écrit, puis de l'écrit à l'imprimé. La troisième est le passage de l'imprimé aux nouvelles technologies, tout aussi majeur. Chacune de ces révolutions s'est accompagnée de mutations politiques et sociales : lors du passage de l'oral à l'écrit s'est inventée la pédagogie, par exemple. Ce sont des périodes de crise aussi, comme celle que nous vivons aujourd'hui. La finance, la politique, l'école, l'Église... Citez-moi un domaine qui ne soit pas en crise ! Il n'y en a pas. Et tout repose sur la tête de Petite Poucette, car les institutions, complètement dépassées, ne suivent plus. Elle doit s'adapter à toute allure, beaucoup plus vite que ses parents et ses grands-parents. C'est une métamorphose ! [...]

Vous dites que les institutions sont désuètes ?

Souvenez-vous de Domenech, qui a échoué lamentablement à entraîner l'équipe de France pour le Mondial de foot en 2010. Il ne faut pas lui en vouloir. Il n'y a plus un prof, plus un chef de parti, plus un pape qui sache faire une équipe ! Domenech est en avance sur son temps ! Il faudrait de profondes réformes dans toutes les institutions, mais le problème c'est que ceux qui les diligentent traînent encore dans la transition, formés par des modèles depuis longtemps évanouis.

Un exemple : en 1995, on a construit la Grande Bibliothèque, au moment où l'on inventait Internet ! Ces grandes tours sur la Seine me font penser à l'observatoire qu'avaient fait construire les maharajahs à côté de Delhi, alors que Galilée, exactement à la même époque, mettait au point la lunette astronomique. Aujourd'hui, il n'y a que des singes dans l'observatoire indien. Un jour, il n'y aura plus que des singes à la Grande Bibliothèque. Quant à la politique, c'est un grand chantier : il n'y a plus de partis, sinon des machines à faire élire des présidents, et même plus d'idéaux. Au xixe siècle, on a inventé mille systèmes politiques, des marxistes aux utopistes. Et puis, plus rien, c'est bizarre, non ? Il est vrai que ces systèmes ont engendré 150 millions de morts, entre le communisme, la Shoah et la bombe atomique, chose que Petite Poucette ne connaîtra pas, et tant mieux pour elle. Je pense profondément que le monde d'aujourd'hui, pour nous, Occidentaux, est meilleur. Mais la politique, on le voit, n'offre plus aucune réponse, elle est fermée pour cause d'inventaire. Cela dit, moi non plus, je n'ai pas de réponses. Si je les avais, je serais un grand philosophe.

La seule façon d'aborder les conséquences de tous ces changements, c'est de suspendre son jugement. Les idéalistes y voient un progrès, les grognons, une catastrophe. Pour moi, ce n'est ni bien ni mal, ni un progrès ni une catastrophe, c'est la réalité, et il faut faire avec. Mais nous, adultes, sommes responsables de l'être nouveau dont je parle et, si je devais le faire, le portrait que je tracerais des adultes ne serait pas flatteur. Petite Poucette, il faut lui accorder beaucoup de bienveillance, car elle entre dans l'ère de l'individu seul au monde. Pour moi, la solitude est la photographie du monde moderne, pourtant surpeuplé.

Les appartenances culturelles n'ont-elles pas pris de l'importance ?

Pendant des siècles, nous avons vécu d'appartenances, et c'est ce qui a provoqué bien des catastrophes. Nous étions gascons ou picards, catholiques ou juifs, riches ou pauvres, hommes ou femmes. Nous appartenions à une paroisse, une patrie, un sexe... En France, tous ces collectifs ont explosé, même si on voit apparaître des appartenances de quartier, des communautés autour du sport. Mais cela ne constitue pas les gens. Je suis fan de rugby et j'adore mon club d'Agen, mais cela reste du folklore, l'occasion de boire de bons coups avec de vrais amis... Quant aux intégrismes, religieux ou nationalistes, je les apparente aux dinosaures. Ma Petite Poucette a des amis musulmans, sud-américains, chinois, elle les fréquente en classe et sur Facebook, chez elle, partout dans le vaste monde. Pendant combien de temps lui fera-t-on encore chanter « qu'un sang impur abreuve nos sillons » ?

Que répondez-vous à ceux qui s'inquiètent de voir évoluer les jeunes dans l'univers virtuel des nouvelles technologies ?

Sur ce plan, Petite Poucette n'a rien à inventer, le virtuel est vieux comme le monde ! Ulysse et Don Quichotte étaient virtuels. Madame Bovary faisait l'amour virtuellement, et beaucoup mieux peut-être que la majorité de ses contemporains. Les nouvelles technologies ont accéléré le virtuel mais ne l'ont en aucun cas créé. La vraie nouveauté, c'est l'accès universel aux personnes avec Facebook, aux lieux avec le GPS et Google Earth, aux savoirs avec Wikipédia. Rendez-vous compte que la planète, l'humanité, la culture sont à la portée de chacun, quel progrès immense ! Nous habitons un nouvel espace... La Nouvelle-Zélande est ici, dans mon iPhone ! J'en suis encore tout ébloui !

Ce que l'on sait avec certitude, c'est que les nouvelles technologies n'activent pas les mêmes régions du cerveau que les livres. Il évolue, de la même façon qu'il avait révélé des capacités nouvelles lorsqu'on est passé de l'oral à l'écrit. Que foutaient nos neurones avant l'invention de l'écriture ? Les facultés cognitives et imaginatives ne sont pas stables chez l'homme, et c'est très intéressant. C'est en tout cas ma réponse aux vieux grognons qui accusent Petite Poucette de ne plus avoir de mémoire, ni d'esprit de synthèse. Ils jugent avec les facultés cognitives qui sont les leurs, sans admettre que le cerveau évolue physiquement.

L'espace, le travail, le savoir, la culture ont changé. Et le corps ?

Petite Poucette n'aura pas faim, pas soif, pas froid, sans doute jamais mal, ni même peur de la guerre sous nos latitudes. Et elle vivra cent ans. Comment peut-elle ressembler à ses ancêtres ? Ma génération a été formée pour la souffrance. La morale judéo-chrétienne, qu'on qualifie à tort de « doloriste », nous préparait tout simplement à supporter la douleur, qui était inévitable et quotidienne. C'était ainsi depuis Épicure et les stoïciens.

Savez-vous que Louis XIV, un homme pas ordinaire, a hurlé de douleur tous les jours de sa vie ? Il souffrait d'une fistule anale, qui n'a été opérée qu'au bout de trente ans. Son chirurgien s'est entraîné sur plus de 100 paysans avant... Aujourd'hui, c'est un coup de bistouri et huit jours d'antibiotiques. Je suis le dernier client de mon dentiste qui refuse les anesthésies, il n'en revient pas ! Ne plus souffrir, c'est un changement extraordinaire. Et puis, on est beaucoup plus beau aujourd'hui. Quand j'étais petit, les paysans étaient tous édentés à 50 ans ! Et pourquoi croyez-vous que nos aïeux faisaient l'amour habillés, dans le noir ? La morale, le puritanisme ? Rigolade ! Ils étaient horribles, tout simplement. Les corps couverts de pustules, de cicatrices, de boutons, ça ne pouvait pas faire envie. La fraise, cette collerette que portaient les nobles, servait à cacher les glandes qui éclataient à cause de la petite vérole ! Petite Poucette est jolie, elle peut se mettre toute nue, et son copain aussi. Quand on la prend en photo, elle dit « cheese », alors que ses arrière-grands-mères murmuraient « petite pomme d'api » pour cacher leurs dents gâtées.

Ce sont des anecdotes révélatrices. Car c'était au nom de la pudeur, et donc de la religion et de la morale, qu'on se cachait. Tout cela n'a plus cours. Je crois aussi que le fait d'être « choisi » lorsqu'on naît, à cause de la contraception, de l'avortement, est capital dans ce nouvel état du corps. Nous naissions à l'aveuglette et dans la douleur, eux sont attendus et entourés de mille soins. Cela ne produit pas les mêmes adultes.

L'individu nouveau a une très longue vie devant lui, cela change aussi la façon d'appréhender l'existence...

Une longue vie devant et aussi derrière lui. L'homme le plus cultivé du monde des générations précédentes, l'uomo di cultura, avait 10 000 ans de culture, plus un peu de préhistoire. Petite Poucette a derrière elle 15 milliards d'années, du Big Bang à l'homo sapiens, le Grand Récit n'est plus le même ! Et on est entrés dans l'ère de l'anthropocène et de l'hominescence, l'homme étant devenu l'acteur majeur du climat, des grands cycles de la nature. Savez-vous que la communauté humaine, aujourd'hui, produit autant de déchets que la Terre émet de sédiments par érosion naturelle. C'est vertigineux, non ? [...]

Michel Serres, « Petite Poucette, La génération mutante »,
Libération, 3 septembre 2011.

Questions

❶ Compréhension de texte (4 points)
Expliquez :
a. « les institutions, complètement dépassées, ne suivent plus »
b. « mais cela ne constitue pas les gens »
c. « le virtuel est vieux comme le monde ! »
d. « Cela ne produit pas les mêmes adultes. »

❷ Maîtrise de la langue (4 points)
Donnez la définition des mots suivants :
a. « diligenter »
b. « responsable »
c. « synthèse »
d. « latitudes »

❸ Travail d'écriture (12 points)
- Dans une discussion ordonnée et argumentée (introduction, développement avec paragraphes, conclusion), vous montrerez votre réflexion sur la question suivante. Y a-t-il aujourd'hui, selon vous, un choc des générations entre la jeunesse et le monde plus ancien des adultes ?
- Présentation, orthographe, syntaxe (note de 0 à 5 points).
- En estimant qu'on peut attendre des candidats une maîtrise correcte de l'écrit, le correcteur pourra pénaliser (max. 5 points) les travaux non satisfaisants.

Corrigé

Thème : Michel Serres, émerveillé par la nouvelle génération mutante de Petite Poucette

❶ Compréhension de texte

a. Par ce constat, l'auteur évoque ici le fait que les structures organisatrices de la société, l'école, les collectivités, les ministères, ne peuvent plus ou ne savent plus répondre aux nouveaux besoins induits par de nouvelles pratiques. Aujourd'hui, le monde ayant changé, ces repères institutionnels sont inopérants car ils ont été pensés pour des sociétés qui n'existent plus.

b. Dans cette réponse, l'auteur utilise le terme « les gens » pour nommer un groupe dont les membres se retrouvent sur une même pratique sociale et culturelle. Aujourd'hui, selon l'auteur, cette façon de se définir à partir d'un sentiment d'appartenance à une communauté n'est plus pertinente.

c. Pour l'auteur il s'agit d'une évidence : le virtuel, c'est la fiction, et ce n'est donc pas une nouveauté. De tous temps, les romanciers, les écrivains ont publié des œuvres de fiction constituant par là notre patrimoine culturel.

d. Pour l'auteur, le progrès des sciences, de la médecine et les moyens de contraception ont eu une influence sur le choix des parents d'avoir un enfant. Cette maîtrise des naissances a changé le statut des enfants dans la société. Ils sont attendus et investis différemment. Cette attention particulière des parents à la venue au monde de leurs enfants va certainement, selon Michel Serres, produire des adultes différents.

❷ Maîtrise de la langue[1]

a. diligenter : consiste à apporter ses soins et son zèle à quelque chose, avec une notion de rapidité ou d'empressement.

b. responsable : c'est être garant et être capable de répondre de ses actes. Une personne responsable décide en mesurant les conséquences de ses actes et en acceptant d'assumer les répercussions de ses décisions.

c. synthèse : ce terme nomme la démarche par laquelle on rassemble des éléments de connaissance en un ensemble cohérent permettant une vue d'ensemble. La synthèse, c'est donc l'action qui consiste à réunir en un tout des éléments qui se trouvaient séparés et distincts.

d. latitudes : le terme « latitude » évoque la notion de largeur, d'étendue, associée à un sentiment de liberté. Dans le texte, l'auteur utilise l'expression « sous nos latitudes » dans sa définition géographique pour nommer une région, un pays, un territoire.

❸ Dissertation

Y a-t-il aujourd'hui, selon vous, un choc des générations entre la jeunesse et le monde plus ancien des adultes ?

Introduction

Petite Poucette, jeune personne connectée en permanence sur le Web, maîtrisant les nouvelles technologies de la communication (SMS, Internet...), consultant Wikipédia, consommant de la musique, des biens sur Internet, annonce un nouveau monde, selon Michel Serres. Cette révolution des représentations des valeurs, des comportements, portée par la jeune génération des moins de 35 ans, vient bousculer un modèle plus ancien, celui des adultes, marquant par là le début d'une nouvelle ère.

Développement

Dans notre histoire, nos sociétés ont déjà vécu des révolutions qui ont changé notre rapport aux connaissances : le passage de l'écrit à l'imprimerie, par exemple, a accompagné une grande mutation sociétale par la diffusion plus massive d'œuvres littéraires et d'informations.

Aujourd'hui, l'essor des nouvelles technologies maîtrisées par la jeune génération, accoutumée au tout-numérique, induit un rapport inédit au monde : immédiateté de l'information, mondialisation des données, liberté d'expression... Par cette capacité à joindre n'importe qui de par le monde, les jeunes évoluent dans un univers où ce sont les enfants « détenteur des clés » qui expliquent à leurs parents le fonctionnement de ces nouveaux outils de communication. Cette inversion des rôles et des rites de passages où traditionnellement les jeunes s'appropriaient des savoirs, une histoire, des pratiques par héritage, modifie les repères

1. Les définitions proposées ont été élaborées à partir du dictionnaire *Le Robert*.

sociaux. Les anciens détenteurs de l'autorité, des connaissances liées à leur expérience se trouvent dépossédés de leurs compétences. Face à ce constat, Michel Serres parle de choc des générations !

Cette approche qualifiée de « frontale », n'est cependant pas aussi caractérisée, le rapport entre les générations ne se résumant pas uniquement aux changements liés à l'évolution des modes de communication.

De plus, le numérique n'apparaît pas sans conséquences[1], il implique aussi une notion de contrôle social, une incitation à consommer, une invitation à l'immédiateté. Aujourd'hui, les adultes ont adopté avec une prudence légitime et un certain recul ce mode de communication. On peut donc parler de glissement ou d'interférence entre les générations, et non plus de choc.

À cette nouvelle complicité, les effets de la crise économique et de la mondialisation ont imposé un départ plus tardif des jeunes adultes du foyer parental, réactivant ainsi une solidarité entre les générations[2].

Le contenu des informations véhiculées sur Internet suscite une certaine méfiance car il paraît moins crédible que celui trouvé dans la presse écrite ou dans les livres[3].

Concernant l'éducation, Michel Serres nous annonce que l'univers des écrans, avec toutes les connaissances du monde au bout des doigts, a remplacé le savoir du maître. Pour beaucoup d'auteurs, dont Marcel Gauchet[4], l'éducation ne se résume pas à la seule transmission du savoir, mais d'autres facteurs entrent en jeu. Le film *La Cour de Babel*, de Julie Bertuccelli, nous montre que la dynamique d'un groupe réuni autour d'un projet collectif participe aussi à l'apprentissage des normes, des valeurs et des compétences.

Conclusion

Séduit par la dextérité de Petite Poucette, Michel Serres oppose la jeune génération à la sienne. En parlant de choc, il nous montre comment il a dû se questionner ou se remettre en question face à ces nouvelles pratiques. Cependant, son discours utopique occulte bien des effets de ce qu'il nomme une révolution. Avec les nouvelles technologies, le conflit de génération a trouvé d'autres supports pour s'exprimer car remettre en cause, critiquer, s'opposer est une constante nécessaire dans tout développement du jeune adulte.

1. Une enquête récente nous montre que les adolescents sont de plus en plus accros à leurs mobiles et à Internet, ils sont connectés même la nuit ! (*Le Monde*, 26 mars 2014).
2. Le sujet comportant le terme « selon vous », on attend du candidat qu'il propose des exemples personnels issus de l'actualité pour étayer sa réflexion.
3. Selon une étude Ipsos, le livre paraît six fois plus crédible.
4. *Transmettre, apprendre*, Marcel Gauchet, éditions Stock, 2014.

Sujet 5

Rhône-Alpes, 2011

Difficulté XXX	Durée 1 heure 30

La violence scolaire

Il a beaucoup été question de la violence scolaire ces dernières semaines. Le 29 mars 2011, l'Observatoire international de la violence à l'école a rendu publique[1] l'enquête de victimisation qu'il a menée auprès de 12 326 élèves de CE2, CM1 et CM2, issus de 157 écoles de dix académies. Celle-ci révèle que neuf élèves sur dix se sentent bien dans leur établissement. Mais la bonne nouvelle a son revers : quels que soient leur origine et leur quartier, près de 14 % des enfants interrogés se déclarent victimes de harcèlement verbal répété et 10 % de harcèlement physique.

Qu'elles aient lieu à l'école, au collège ou au lycée, ces brimades répétées peuvent durablement empoisonner la vie des élèves qui en sont victimes. Isolement, perte de confiance en soi, troubles dépressifs, décrochage scolaire : les pédopsychiatres insistent sur ces conséquences néfastes. Les média s'en inquiètent également. Mais à lire les multiples articles consacrés ces dernières années aux dégâts humains causés par ces violences scolaires, une chose me frappe : il est toujours question des agressés, presque jamais des agresseurs.

Que cherchent-ils, ces gamins qui insultent, menacent, tapent, rackettent, ou violentent sexuellement leurs camarades ? Pourquoi jouent-ils les terreurs ou les petits caïds ? Selon Thierry Baubet et Hélène Romano, auteurs de *L'École face aux traumatismes et à la violence* (La Pensée sauvage, 2011), « derrière ces actes de violence, il y a un message à l'autre qui n'est pas directement intelligible et qu'il est nécessaire de repérer pour pouvoir le décrypter et maintenir un lien avec les enfants ou les adolescents. »

Sans cette quête de sens, « les actes d'agressivité et de violence restent des appels dans le vide condamnés à se répéter. »

Le rapport ne dit pas autre chose quand il affirme que la violence a des effets durables, non seulement sur les victimes, mais aussi « sur les agresseurs, qui ont plus de difficultés à développer des relations positives et sont plus souvent, mais certainement pas tous, pris dans la spirale de la délinquance. »

Intervenir dès le plus jeune âge « non pour ficher et punir, mais pour aider et prévenir, est un droit des enfants », rappelle cette enquête. De tous les enfants.

D'après C. Vincent, *Le Monde magazine*, 16 avril 2011.

1. Enquête présentée par Éric Debarbieux, président de l'Observatoire international de la violence à l'école.

Questions

❶ Donnez un nouveau titre à ce texte. (3 points)

❷ Relevez les mots ou expressions qui évoquent les conséquences d'un harcèlement. (3 points)

❸ Relevez les mots ou les expressions qui évoquent la violence. (3 points)

❹ Selon vous, doit-on également se soucier des agresseurs ? Quelle réflexion ce texte vous inspire-t-il ? Rédigez votre réponse en un texte structuré (deux pages), dans lequel vous donnerez des exemples concrets pour étayer votre avis. (11 points)

Corrigé

❶ **Titre :** La violence scolaire, et si on s'intéressait aussi aux agresseurs ?

❷ Mots qui expriment le harcèlement : « brimade », « empoisonner », « isolement », « perte de confiance », « trouble dépressif », « décrochage scolaire ».

❸ Mots qui expriment la violence : « insultent », « menacent », « tapent », « rackettent », « violentent sexuellement », « terreurs ».

❹ **Réflexion**

Introduction

« Neuf élèves sur dix se sentent bien à l'école. » Ce résultat de l'enquête de l'Observatoire international de la violence à l'école nous montre que les établissements scolaires assurent quotidiennement leur mission éducative en permettant à des élèves de grandir dans un lieu structurant.

Contrairement aux idées reçues, la violence scolaire n'est donc pas ce phénomène de masse présenté dans les médias. C'est surtout l'expression de « petits caïds » mal dans leur peau. Traiter le sujet de la violence scolaire, c'est aborder la question des victimes, et c'est aussi s'intéresser aux agresseurs.

Développement

Face aux actes de violence perpétrés par des enfants agressifs, insultants ou provocateurs, les adultes présents dans l'institution scolaire doivent avant tout protéger les victimes de ces brimades.

En agissant ainsi, en s'appuyant sur le règlement ou en rappelant la loi, ils assurent un rôle de protection des plus faibles, tout en cadrant les plus forts.

Sous-estimer les conséquences de ces violences ou des menaces sur des jeunes enfants, c'est ignorer les traumatismes qu'ils occasionnent. Ces enfants ont besoin d'être soutenus, rassurés, d'être reconnus dans leur statut de victimes et de se sentir en sécurité pour pouvoir s'investir dans leur scolarité.

Cette démarche nécessite une bonne coopération entre les enseignants, le personnel de service, le médecin scolaire et les parents.

En général, les enfants victimes se sentent honteux et cachent leur situation. Rackettés, ils volent leurs parents, violentés, ils trouvent des excuses à leur agresseur, s'infligeant par là une forme d'autopunition.

Seul un travail d'équipe en lien avec les parents d'élèves permettra à ces enfants d'interpeller les adultes et d'avouer leur situation dramatique.

C'est par l'observation des comportements, en écoutant les plaintes ou les propos évocateurs d'un autre élève, que les adultes vigilants pourront identifier des situations de violence souvent cachées.

Intervenir, cadrer, être garant de la loi qui protège et sanctionne, c'est le rôle de tous les adultes dans une institution scolaire. Cependant, si les victimes doivent être protégées, rien n'empêche de s'adresser aux agresseurs pour les interpeller sur leur attitude et pour s'intéresser à leur situation.

Cette marque d'intérêt, ce rappel au cadre, au respect des autres est déjà une première étape dans la résolution de leur comportement désadapté.

Ces enfants violents sont souvent des enfants en demande, exprimant leur souffrance par des attitudes provocantes et agressives qui nécessitent une sanction. Si la sanction permet un rappel des règles de vie collective, elle ne répond pas pour autant à la souffrance de l'enfant.

En utilisant la violence pour s'exprimer, les agresseurs sont pris dans une spirale. La sanction confirmant ainsi qu'ils sont déjà de « mauvais objets ».

Ces enfants ont aussi besoin d'aide pour exprimer autrement leur mal-être (familial, relationnel, social), leur frustration, leur manque affectif. Seule cette prise en considération, en les aidant à « développer des relations positives », permettra de prévenir la violence scolaire.

Conclusion

À partir de l'« enquête de victimisation » et de publications, l'auteur, C. Vincent, résume bien, dans son article, les enjeux de cette situation de violence scolaire. Elle relativise l'ampleur de ce phénomène, et elle le ramène à des situations d'enfants, certains, victimes, d'autres, agresseurs. Si les victimes ont besoin d'aide, d'être épaulées, soutenues, les agresseurs sont aussi des enfants, qui expriment maladroitement des besoins d'attention.

Ce n'est pas en les condamnant ou les considérant comme des délinquants que les adultes résoudront la question de la violence scolaire.

Rhône-Alpes, 2010

Sujet 6

Difficulté XX	Durée 1 heure 30

Les banques alimentaires participent à l'alimentation de familles en situation de précarité. Pour un certain nombre de familles en difficulté, l'aide alimentaire est devenue une prestation sociale. La distribution de denrées était conçue à l'origine pour répondre à l'urgence ; or actuellement, en France, la durée de l'aide alimentaire pour une famille peut aller jusqu'à quatre ou cinq ans. D'où l'opportunité de distribuer des produits satisfaisants sur le plan nutritionnel et de former les bénévoles assurant les distributions pour faire passer un message d'alimentation-santé. En 2003, dans le cadre du plan national « Alimentation et insertion » initié par les pouvoirs publics, la FFBA[1] a donc mis en place dans huit grandes villes un programme de formation de ses bénévoles. L'idée de base est que, dans un second temps, les personnes formées deviennent à leur tour formatrices. Les formations durent deux jours et la prestation est assurée par un organisme extérieur.

Quelle information faire passer aux personnes bénéficiaires, en l'occurrence un public en difficulté ?

Les recommandations du programme national nutrition santé (PNNS) ont été adaptées et transformées en plusieurs préconisations :

– donner envie de se mettre à table (plaisir et convivialité), de manger équilibré pour préserver sa santé, de boire de l'eau ;

– donner les clés pour être attentif à l'hygiène, pour concilier équilibre alimentaire et petit budget.

Il n'est pas question de transmettre l'ensemble de ces préconisations lors d'une distribution de produits alimentaires : cela doit se faire de façon naturelle ; dans certains cas, l'intervenant bénévole pourra formuler une préconisation, dans d'autres aucune. Il faut en effet que la personne aidée soit en mesure d'entendre le message, ce qui n'est pas facile. C'est la raison pour laquelle la première préconisation (donner envie) a consisté à travailler sur la convivialité.

La formulation a permis aux bénévoles de se sensibiliser aux problèmes nutritionnels et à l'aspect qualitatif des distributions, avec pour finalité de transmettre des messages simples et ciblés. Les intervenants font souvent de la distribution sans accompagnement. Ces formations sont fondamentales car elles permettent de faire émerger le volet santé, qui peut servir de support pour entrer en contact avec la personne accueillie.

Actuellement, toutes les associations caritatives se préoccupent de placer davantage au cœur de leur action les personnes en difficulté pour les aider à s'en sortir. Or l'alimentation, en plus du volet santé, est un sas d'entrée pour réaliser des actions d'intégration sociale avec les personnes en difficulté.

Article tiré de *La Santé de l'homme*, juillet-août 2005.

Questions

❶ Donnez un titre à ce texte (3 points).

❷ Listez, en les reformulant, les idées principales du texte (7 points).

❸ Comment comprenez-vous l'expression « travailler sur la convivialité » ? (10 points)

Corrigé

❶ **Titre :** *L'aide alimentaire pour retrouver le goût du repas*

❷ **Les idées principales du texte :**
De plus en plus de familles en situation de précarité sollicitent les banques alimentaires ou les associations caritatives[2]. C'est devenu un passage incontournable, au même titre que les demandes d'aide sociale, pour permettre à ces familles d'assurer leurs repas quotidiens.

Pour les bénévoles de ces associations, la distribution d'aliments peut être un bon support pour faire passer des messages et œuvrer ainsi au bien-être des personnes accueillies. Ces interventions sur l'hygiène, la santé, l'équilibre alimentaire 1 nécessitent certaines précautions pour ne pas humilier, culpabiliser ou juger. Transmettre les informations demande une prise de recul, une certaine forme d'empathie et des connaissances acquises en formation. Cette formation de courte durée n'inculque pas des recettes ou des techniques à adopter, mais sensibilise les bénévoles à la notion d'accueil et de convivialité.

C'est par une ambiance chaleureuse, proposée lors de ces temps d'échanges, que l'autre se sentira reconnu comme une personne à part entière.

❸ « Travailler sur la convivialité »
Par cette préconisation de « travailler sur la convivialité », les bénévoles sont amenés à repenser leur engagement humanitaire.

D'une fonction de distributeurs d'aliments, ils sont invités à repenser leur rôle en développant l'accueil, l'échange et l'écoute.

La convivialité suppose la rencontre, le goût pour des retrouvailles où l'autre se sent invité, convié.

Renouer avec cette approche, c'est aussi inciter les individus à échanger, à développer des relations sans hiérarchie entre celui qui donne et celui qui reçoit.

Travailler sur la convivialité, c'est développer cette approche où l'autre n'est plus un miséreux incapable de faire face, mais une personne confrontée à des difficultés. Si la distribution alimentaire est une nécessité pour des familles en situation de précarité souvent liée à des accidents de la vie, elle est aussi une occasion de rencontres.

Derrière cette aide alimentaire se cachent souvent d'autres demandes souvent non exprimées : celle d'être reconsidéré, celle de retrouver du sens, celle de retrouver le « plaisir de se mettre à table » (table garnie de plats à partager, préparés avec soin).

C'est seulement dans ce contexte de convivialité, basé sur la rencontre et l'échange, que des conseils pourront être prodigués, que des informations pourront être données. Ces conseils seront vécus comme bienveillants, soucieux de la santé des personnes accueillies, qui, trop souvent, se sentent dépassées par les contraintes de la vie quotidienne.

Travailler sur la convivialité, plus qu'une recommandation, est une nécessité qui rappelle à chaque bénévole que donner, ce n'est pas uniquement assister des personnes, mais c'est aussi les accueillir dans un cadre chaleureux, en étant disponible à cette rencontre.

Deuxième écrit : questions ouvertes (de type QROC)

Sujet 1

Rhône-Alpes, 2014

Difficulté ✗✗✗	Durée 1 heure

Questions

Choisir une question parmi les trois ci-dessous :

❶ Question politico-économique
En période de crise économique, la solidarité est elle une solution envisageable ?

❷ Question culturelle
À l'heure de la tablette numérique, quelle place, selon vous, occupe la lecture aujourd'hui ?

❸ Question sociale
Les parents consultent l'enfant sur les décisions qui le concernent selon son âge et son degré de maturité.

Donnez votre point de vue sur la question choisie. Rédigez vos arguments en 20 à 30 lignes maximum.

Corrigé

Question choisie ❶

En période de crise économique, la solidarité est elle une solution envisageable ?

La crise économique mondiale est la dégradation cinglante de la situation économique dans le monde, entraînant un profond ralentissement, voire une récession économique et sociale. Cette crise mondiale provoque de nombreuses répercussions sur tous les secteurs socio-économiques, engendrant progressivement nombre de faillites d'entreprises, des baisses massives de salaire, une augmentation vertigineuse du chômage, une chute des investissements, mais aussi l'accroissement exponentiel d'inégalités entre les citoyens et les pays, source de tensions sociales graves, comme le montre la situation de la Grèce par exemple.

Si les *subprimes* ont été un élément déclencheur et révélateur de la crise actuelle, certains économistes et sociologues ne parlent plus de crise mais de mutation sociétale, tant ce phénomène perdure à tous les niveaux de la vie socio-économique mondiale depuis la fin des Trente Glorieuses.

Face à cette crise sans précédent, la solidarité entre citoyens et entre pays ne peut-elle pas être un réel recours pour répondre à l'inexorable inégalité et à l'appauvrissement des hommes qu'elle induit ?

La solidarité n'est pas une notion nouvelle. Depuis des siècles en France, elle a pris place pour tenter de contrer toutes les disparités entre les hommes. Ainsi, les hospices, puis les associations, l'école publique, la société civile, l'engagement individuel et tous les dispositifs d'assistance, suivis du système de solidarité par répartition (assurance-vieillesse) ont historiquement répondu aux différents besoins des citoyens.

Si aujourd'hui les institutions sociales, le volontariat et l'État providence ont de plus en plus de mal à maintenir leurs actions face à une crise aussi puissante, de nouvelles formes de solidarité tentent de prendre le relais comme les Restos du cœur, les banques alimentaires, l'économie solidaire, le commerce équitable, l'aide au mal-logement [...], prouvant, une nouvelle fois que chacun peut jouer un rôle efficient face aux nouveaux besoins. Mais cette implication individuelle comme celle des institutions privées ne suffit plus. Il faudrait passer par de réelles perspectives politiques pour recréer un lien social et un meilleur vivre-ensemble malmené.

Sujet 2

Lycée professionnel Saint-Ennemond, 2010

Difficulté ✗✗✗	Durée 1 heure

Questions

Choisir une question parmi les trois questions suivantes.

❶ Question politique ou économique :
Une Miss SDF (sans domicile fixe) a été élue début octobre en Belgique. Que vous inspire cette élection ? Qu'en pensez-vous ?

❷ Question culturelle :
La découverte des premières peintures rupestres datant de la préhistoire montre que nos ancêtres avaient recours à des formes d'expression personnelle. Comment comprenez-vous ce besoin qu'a toujours eu l'homme de passer par l'art pour s'exprimer ?

❸ Question sociale :
Pour beaucoup de jeunes, le réseau social Facebook est un lieu de partage et un moyen de communication privilégié. Que pensez-vous de cette technologie et son impact sur les jeunes ?

Corrigé

❶ Élections Miss SDF

Thérèse Van Belle, âgée de 58 ans, a été élue Miss SDF en octobre 2009 à un concours organisé à Bruxelles. Selon les organisateurs, les candidates devaient « avoir le souhait explicite d'abandonner la vie dans la rue et de s'engager, avec un encadrement, à développer une vie sociale ».

À l'issue de ce concours, la gagnante a remporté « un logement gratuit pendant un an ». Et après ?

Les autres « concurrentes » ont retrouvé leur vie dans la rue, la misère, l'injustice sociale, l'exclusion, l'oubli. Ce retour à la rue de personne sans domicile fixe (SDF) soulève la question suivante : qui a réellement profité de cette manifestation médiatique ? Cette lauréate couronnée Miss SDF, sortie de l'ombre avec les risques que l'on peut imaginer si cela n'est pas authentiquement accompagné ? Ou les organisateurs, les médias invités, les producteurs avides de sensations fortes pour leur public, sous le prétexte moralisateur de mettre en avant la problématique des personnes sans-abri, d'aider les « concurrentes » à se reprendre en main ?

Cette mise en scène de la misère n'est pas à la hauteur d'une civilisation qui se veut moderne et respectueuse de la dignité de chacun.

❷ L'expression par l'art

L'homme a toujours cherché à s'exprimer. L'art est très vite devenu pour lui une forme d'expression accessible et transmissible.

L'art vient du latin *ars, artis* qui signifie « métier » et « technique ».

Il a donné naissance aux mots : *artiste, maître des arts*, mais aussi *artisan*, homme dont le métier manuel suit les règles établies d'une technique traditionnelle.

L'art se voit, se sent, se partage. Il est un moyen de communication et d'interpellation.

À travers des matières, des formes, des couleurs, les hommes ont toujours essayé d'exprimer leurs idées, leurs réflexions, leurs craintes, leurs combats, leurs sentiments et leurs émotions.

L'art détient toujours cette fonction de produire ou reproduire une idée, de les communiquer, en faisant vivre des expériences profondes de sensations et de recherche de compréhension d'une œuvre et des intentions de son auteur.

Mais l'art c'est surtout un langage universel, capable de relier les hommes les uns aux autres. L'art est accessible à tous. Chacun peut voir, comprendre, accepter ou non ce qui lui convient. L'art, c'est aussi un témoignage et un héritage des hommes pour les hommes.

L'homme a toujours eu ce besoin de passer par l'art pour s'exprimer et laisser une trace ou un héritage culturel. Le film documentaire *Waste Land*, de Lucy Walker, diffusé en 2011, est une bonne illustration de ce propos. Il montre comment des trieurs de déchets de Rio réinventent leur vie en prenant part à une création artistique.

3 Facebook

Facebook est un réseau social créé par l'informaticien américain Mark Zuckerberg en 2004.

Il s'agit d'un système informatique très puissant permettant de relier des individus entre eux par une multitude de liens sur Internet.

En 2011, les statistiques officielles de Facebook annoncent plus de 400 millions d'utilisateurs dans le monde, dont 20,8 millions en France.

Sur le territoire français, les 13-15 ans représentent 1 935 142 utilisateurs (soit 10 % des utilisateurs), les 16-17 ans, 1 548 114 utilisateurs (soit 8 %) et les 18-24 ans, 5 224 883 utilisateurs (soit 27 %).

Ce réseau social le plus puissant et le plus connu du monde attire de plus en plus d'utilisateurs et est le moyen de communication privilégié des jeunes.

Il est surtout un moyen de communication rapide et immédiate, ce qui essentiel pour les adolescents d'aujourd'hui. De plus, s'inscrire sur Facebook donne un sentiment d'être dans la « vraie vie », d'être reconnu, d'être aimé.

Facebook, c'est le « terrain personnel », où se pose la question de « l'intime et de l'extime » comme l'énonce Serge Tisseron[1], avec l'impression d'avoir beaucoup d'amis, une amitié instantanée pour donner l'illusion d'une permanence des liens en ligne, une amitié quantitative à même d'induire une appétence pernicieuse à l'immédiateté, à la banalité, ou à la banalisation de l'amitié.

Facebook devient enfin, au fil du temps, un des objets centraux de la vie de certains adolescents, provoquant une diminution de la concentration. Pour appuyer ces propos, une étude récente annonce que 52 % des adolescents avouent faire leurs devoirs en même temps qu'ils sont sur un réseau social, ce qui engendre une perte phénoménale de mémorisation.

Mais Facebook, c'est surtout un mode d'échanges risqué.

Les adolescents, les plus nombreux et les plus actifs sur le réseau social, sont les premières personnes exposées.

Combien de cas de harcèlements, d'insultes, d'ignominies, mais aussi de photos, d'images obscènes, de pièges tendus sont recensés chaque jour, dans lesquels tombent nombres d'adolescents ?

Facebook est devenu un réel terrain de chasse pour les prédateurs sexuels jouant sur la vulnérabilité de certains jeunes, au plan émotionnel.

Combien de jeunes n'ont-ils pas été exposés à un déballage de vie privée malgré eux, publiquement ?

Face à tous ces dangers, face à leur rapidité démultipliée par l'outil informatique, les parents, les amis, les adultes doivent pouvoir dialoguer avec les adolescents au sujet de leur activité sur Facebook pour les prévenir de ces risques, pour les aider à préserver leur vie privée, leur intimité et à ne pas s'exposer sur ce réseau social.

1. Serge Tisseron est psychiatre, psychanalyste, docteur en psychologie et est l'auteur de nombreuses publications sur les relations des adolescents avec les images et les nouvelles technologies : Virtuel mon amour, Albin Michel, 2008 ; *Qui a peur des jeux vidéo ?*, Albin Michel, 2008 ; *Faut-il interdire les écrans aux enfants ?*, avec Bernard Stiegler, Mordicus, 2009.

Sujet 3

Difficulté ✗✗✗	Durée 1 heure

Questions

❶ Proposée par l'Institut régional du travail social (IRTS) de la Réunion, 2006 *(durée : 1 heure)*
L'affaire d'Outreau montre que la justice peut commettre des erreurs qui brisent la vie de plusieurs familles. Quelles sont vos réactions ?

❷ Proposée par l'institut Saint-Laurent, 2013 *(durée : 2 heures)*
Alors que le chômage atteint des records, une des priorités du gouvernement est l'emploi. Selon vous, le travail suffit-il à l'intégration sociale ?
Vous rédigerez votre écrit sous forme d'un développement structuré, illustré d'exemples tirés soit de votre expérience, soit de votre observation, soit de vos lectures.

❸ Proposée en Rhône-Alpes, 2011 *(durée : 1 heure)*
En octobre 2010, un magazine diffusé sur une chaîne de télévision française a été consacré à l'« ultraviolence dans les cités sensibles », montrant des bandes semblant y régner sans partage, des victimes désespérées, et au final, un État impuissant. Quelles explications pouvez-vous donner à ce phénomène ?

Corrigé

❶ L'affaire d'Outreau
Outreau, petite ville du Pas-de-Calais, a fait l'objet, entre 2001 et 2006, d'une exposition médiatique sans précédent, pour une affaire judiciaire mettant en cause 17 personnes, dont 13 d'entre elles ont proclamé leur innocence jusqu'à leur acquittement. Cette douloureuse affaire aura marqué l'opinion publique et provoqué beaucoup d'incompréhension sur le fonctionnement de l'institution judiciaire française.

Une commission parlementaire a tenté de répondre à l'émotion de tout un pays et de comprendre comment 13 innocents, accusés injustement, auront été emprisonnés, bafoués, malmenés, condamnés avant même leur jugement, pour un crime atroce qu'ils n'ont pas commis.

Au cours des auditions retransmises à la télévision, on a pu voir comment un juge d'instruction, esseulé, peut-être encore inexpérimenté, a instruit l'affaire essentiellement à charge.

Soupçonnés de pédophilie, 13 innocents auront passé des années derrière les barreaux et surtout ont perdu leur dignité humaine, à leurs propres yeux et aux yeux de leurs proches.

L'affaire d'Outreau illustre un des dysfonctionnements de la justice d'aujourd'hui : le manque de moyens matériels et humains et un magistrat aveuglé par une affaire sensible et trop médiatisée.

❷ Le travail, grand intégrateur
Le travail est-il encore intégrateur ? L'entreprise est souvent le principal espace de sociabilité et de relations entre les salariés.

Régi par des normes, le travail véhicule des valeurs, un sentiment d'appartenance, des intérêts communs, un esprit d'équipe. Il reste un moyen d'important de reconnaissance, en définissant un statut social.

Cependant, on ne peut plus dire aujourd'hui que le travail est le seul « intégrateur ». Depuis bientôt 30 ans, on assiste à une augmentation massive du taux de chômage. Ce processus d'exclusion du marché du travail, né de la crise industrielle, touche tous les milieux sociaux.

Le chômage de masse et de longue durée, les conditions de travail précaire, la montée de l'individualisme sont les conséquences d'une politique plus libérale. La perte d'un travail s'accompagne d'une disqualification sociale, d'une perte du pouvoir d'achat, de l'obligation de faire appel à des aides (revenu de solidarité active [RSA]). Parfois, cette perte a pour conséquence l'exclusion sociale : perte de contact, de lien social, crise familiale, isolement, etc., ce que Robert Castel nomme la « désaffiliation ».

Aujourd'hui, l'intégration se fait souvent hors du travail, le milieu associatif tentant de maintenir une forme de cohésion sociale, par ses actions de soutien, d'écoute et d'entraide. La famille, les groupes socioculturels, les clubs sportifs produisent aussi du lien et du soutien social.

La crise de l'État providence qui, au cours des années 1970, maintenait les personnes dans un emploi, les protégeant par des lois et des dispositifs sociaux, a provoqué un développement de l'individualisme, une baisse des mouvements collectifs (syndicats, associations d'éducation populaire) porteurs de lien social.

L'État devra s'engager dans une réelle politique de cohésion sociale par des actions citoyennes très concrètes : le développement de la « politique de la ville » en est un bon exemple.

❸ L'ultraviolence

Le terme *ultra* est un préfixe qui signifie « au-delà », indiquant un dépassement dans la violence. Que faut-il penser de cette présentation des quartiers où les bandes font la loi, où les victimes sont résignées ? Ces reportages illustrent d'abord une aggravation des inégalités engendrée par une crise sociale.

Être face à des actes posés en termes de violence gratuite, tuer pour une cigarette refusée, pour un regard mal interprété, pour un règlement de compte improbable, dans un déchaînement irrationnel et sauvage, voilà ce qui perturbe, fait peur et suscite des réactions très passionnelles.

D'après les auteurs Laurent Muchielli et Véronique Le Goaziou[1], les causes de la violence grandissante dans les cités sont liées à l'accroissement des inégalités, à l'éloignement géographique des quartiers, à la disparition des services d'État, à la pauvreté et à la précarité des habitants, engendrant progressivement une exclusion économique et sociale.

Cette concentration des difficultés dans ces quartiers ne donne aucune perspective aux jeunes.

De plus, le rôle d'une surmédiatisation engendre une stigmatisation de ces jeunes par des images réductrices favorisant l'amalgame et le rejet.

Enfin, la présentation de la violence comme l'expression d'une lutte, ou d'une volonté d'exister socialement contribue à favoriser un climat d'insécurité.

Toutes ces causes, si elles nous aident à expliquer les actes des auteurs d'ultraviolence, ne nous permettent pas de les justifier.

Aujourd'hui, tout est à repenser. Si le comportement violent de certaines jeunes doit réellement être condamné, la société doit se questionner sur ces pertes de repères, en restaurant une réelle politique de réhabilitation des banlieues et d'un modèle de « vivre-ensemble »[2].

Il s'agit en réalité de repenser les questions de prévention et d'éducation, d'aide et de soutien à l'insertion professionnelle, de recréer du lien social, de proposer une aide éducative aux parents, d'organiser de véritables activités médiatrices en des lieux d'expression et de création. Les réponses sont connues, mais manque souvent une volonté politique traduite par un engagement financier. « L'avenir de notre démocratie se joue dans les banlieues. »

1. L. Muchielli et V. Le Goaziou, *La Violence des jeunes en question*, Paris, Champ social Éditions, 2009.

2. *Ibid.*

Troisième écrit : exercice de créativité

Sujet

Rhône-Alpes

Difficulté ✗✗✗	Durée 1 heure

Questions

❶ Proposé en Rhône-Alpes en 2014 *(durée : 30 min, notation sur 6 points)*
miroir - légende - détournera - attention - folie - agréable - rose

Avec la totalité des mots ci-dessus, faites une production personnelle (texte cohérent de 10 à 12 lignes en soulignant les mots). Respectez l'orthographe des mots de la liste. L'originalité de votre production sera valorisée.

❷ Lycée professionnel Saint-Ennemond 2010 *(30 minutes)*
Avec la totalité des mots suivants, réalisez une production personnelle (texte cohérent de 10 lignes ou forme libre cohérente en soulignant les mots) : contraste - bouclés - hostile - curer - fille - essentiel - renaître. L'originalité de votre production sera valorisée.

❸ Proposé en Rhône-Alpes *(30 minutes)*
Rédigez, avec les mots suivants, un mode d'emploi (10 lignes maximum) : rouge - éducatives - grandeur - disparue - œil - chanceux - mer.

❹ Proposé en Rhône-Alpes *(30 minutes)*
Écrivez un conte en 20 lignes à partir des mots suivants : fleur - marche - élire - cruel - exercice - entreprise - meilleur.

Corrigé

❶ Un soir d'été et de pleine lune, Breval avait convié ses amis à se rendre dans la forêt de « Binstoak », située à une vingtaine de kilomètres de son village, connue pour sa légende, celle d'un lieu époustouflant où l'on peut voir, l'espace d'une nuit tous les dix ans, de tous petits êtres dotés des pouvoirs étonnants. Mais ce soir-là, ni Alwena ni les autres ne voulaient y aller, ils voulaient passer un moment agréable à la fête du village.

Breval avait insisté en disant : « Rien ce soir ne me détournera de ce projet, nous allons passer une soirée de folie. » Breval était parvenu à ses fins, mais seule condition, selon la fameuse légende, pour rencontrer ces petits êtres : dessiner une rose sur une partie de son visage. Après s'être tous exécutés devant le miroir d'Alwena, c'est dans la charrette de Gourmelan qu'ils avaient pris place pour se rendre à l'orée de la forêt. Mais c'est avant le dernier virage qu'ils entendirent : « Faites attention ! » Ils s'arrêtèrent, descendirent et aperçurent l'un de ces petits êtres qui, non mécontent de s'être fait rouler dessus, repris tranquillement sa forme initiale et disparut dans la forêt.

❷ N'y a-t-il pas parfois des rencontres d'un autre genre, un genre qui devient essentiel à nos yeux ?

Des rencontres qui font renaître, un instant, le contraste entre l'habituel et l'extraordinaire, entre l'évidence et le doute, entre une vie peut-être si lisse et une autre dont les contours et les aspérités restent à creuser, à curer, à explorer dans leurs profondeurs...

C'est alors l'histoire d'une de ces rencontres, une rencontre avec l'autre, l'autre en une fille, belle, déroutante et singulière, à la silhouette frappante, au regard à la fois intense et hostile, aux cheveux aussi bouclés qu'éclatants, et au caractère aussi déconcertant qu'attirant.

Il y a parfois des rencontres d'un autre genre, un genre essentiel à nos yeux...

❸ Lunettes éducatives magiques.

Vous venez de faire l'acquisition de ces merveilleuses lunettes éducatives magiques et nous vous en félicitons.

Veuillez suivre le mode d'emploi pour une utilisation optimale.

Régler la grandeur de l'optique avec la vis verte se trouvant sur le côté de la lunette droite.

Appuyez sur le bouton rouge pour mettre en marche les haut-parleurs qui vous permettront d'avoir des indications sur le lieu ou le monument contemplé.

Pour retrouver toute chose disparue dans un rayon de 5 km, tournez la molette noire au-dessus de la lunette gauche et regardez dans l'objectif droit avec un seul œil. Si vous êtes chanceux, l'objet sera retrouvé en 2 minutes chrono.

Afin de voir au-delà des montagnes ou de la mer, pressez tous les boutons même temps, vous verrez, c'est magique.

Bonne utilisation.

❹ Il était une fois une jolie petite fleur qui vivait dans un beau jardin.

C'était un endroit magnifique, peut-être même le plus beau des alentours, mais elle se sentait parfois si seule au milieu des arbustes, des plantes odorantes, des graminées et autres habitants botaniques.

Elle était, en effet, la seule petite fleur, et malgré toute l'amitié qu'elle pouvait porter à ses voisins et voisines végétaux, elle pouvait ressentir parfois un cruel ennui.

Elle ne savait que faire, que dire, que penser.

Alors un soir, pleine de lassitude, elle décida de quitter sa terre natale pour visiter le monde, en espérant peut-être un jour élire domicile aux côtés de ses semblables.

Exercice pourtant impossible, elle parvint à s'arracher de son sol et se mit en marche vers la liberté, vers un monde peut-être meilleur, à la recherche de possibles congénères.

Au fil des chemins, elle rencontra de nombreuses fleurs, de grandes belles roses qui étaient aussi fielleuses que les épines qu'elles portaient, des tulipes si dédaigneuses qu'elles n'en avaient que faire des plus petites qu'elles, des violettes obnubilées par leur parfum, des tournesols qui ne regardaient que le soleil, et bien d'autres encore, toutes aussi méchantes et méprisantes les unes que les autres.

La longue échappée qu'elle avait ainsi entreprise venait de lui apprendre que « s'il est parfois difficile de trouver le bonheur en soi, il impossible de le trouver ailleurs »[1].

C'est ainsi que la petite fleur retourna vivre pour toujours dans son beau jardin.

1. Extrait de *Maximes et pensées. Anecdotes et caractères*, Sébastien-Roch Nicolast, dit Chamfort (1795).

Quatrième écrit : test de français

Sujet

Languedoc-Roussillon

Difficulté ✗✗✗	Durée 1 heure

Énoncé

En Languedoc-Roussillon, l'épreuve d'admissibilité aux sélections de moniteur-éducateur du CFP-MEA comporte un test ludique permettant d'évaluer votre maîtrise de la langue. *(coefficient 1)*

Texte à corriger

Retrouvez la vingtaine de fautes qui ont été introduites dans le texte suivant et proposez vos corrections (soulignez les fautes et notez vos propositions en dessous).

Le verbe « lire » ne suporte pas l'impératif. Avertion qu'il partage avec quelques autres : le verbe « aimer », le verbe « rèver »...

On peut toujours essayer, bien sûr. Allez-y : « Aime-moi ! », « Rêve ! », « Lis ! » « Lis ! Mais lis donc, bon sang, je t'ordonne de lire ! »

« Monte dans ta chambre et lis ! »

Résulta ?

Néant.

Il s'est endormi sur son livre. La fenêtre, tout à coup, lui a paru immensément ouverte sur quelquechose d'enviable. C'est par la qu'il s'est envolé ; pour échaper au livre. Mais s'est un sommeil vigilent : le livre reste ouvert devant lui. Pour peut que nous ouvrons la porte de sa chambre nous le trouveront assis à son bureau, sagement occuppé à lire ; même si nous sommes montés à pas de loup, de la surface de son sommeil il nous aura entendus venir.

Alors, ça te plaît ?

Il ne nous répondra pas non, ce serait un crime de lèze-majestés. Le livre est sacré, comment peut-on ne pas aimé lire ? Non, il nous dirat que les descriptions sont trop longues.

Rassurés, nous rejoindrons notre poste de télévision. Il ce peut même que cette réflexion sucite un passionnant débat entre nous et les autres nôtres…

– Il trouve les descriptions trop longues. Il faut le comprendre, nous sommes au siècle de l'audiovisuel, évidament, les romanciers du XIXe avaient tout a décrire…

– Ce n'est pas une raison pour le laisser sauté la moitiée des pages !

…

Ne nous fatiguont pas, il s'est rendormi.

Daniel Pennac, *Comme un roman*, éditions Gallimard

Corrigé

supporte - aversion - rêver - résultat - quelque chose - par là - échapper - c'est - vigilant - pour peu - ouvrions - trouverons - occupé - lèse-majesté - aimer - dira - Il se peut - suscite - évidemment - tout à décrire - sauter la moitié - fatiguons

Cinquième écrit : note de synthèse

Sujet

La Réunion

Difficulté ✗✗✗	Durée 2 heures

L'épreuve d'admissibilité à La Réunion consiste, entre autres, à rédiger une note de synthèse. *(durée : 2 heures)*

Consigne

À partir des deux textes ci-joints, vous réaliserez une synthèse sur le sujet suivant : Comment être parents aujourd'hui ? Votre synthèse très condensée doit se situer dans une fourchette entre 300 et 350 mots[1].

Textes

Mères à bout de nerf

Harassées par les tâches quotidiennes, culpabilisées par l'image exigeante de la « bonne mère », les femmes doivent assumer l'essentiel des soins donnés aux enfants. Quand l'émancipation féminine se heurte à la dure réalité du maternage quotidien, l'image d'Épinal de la mère épanouie en prend un coup.

« Ahhh ! C'est merveilleux. Vous verrez, ce sont les plus belles années de votre vie. » Combien de parfait(e)s inconnu(e)s m'ont-ils tenu ces propos dans la rue tandis que je cherchais péniblement à avancer avec la petite dernière déjà lourde en porte-bébé et l'ainée qui traîne des pieds. Et de répondre : « Oui, bien sûr... », le sourire crispé par les nuits sans sommeil, les insupportables caprices, les matins qui déchantent quand c'est le sprint pour conduire l'une à la crèche, l'autre à l'école, avant de se ruer, déjà épuisée, au travail. Mais de quoi faudrait-il se plaindre ? N'est-ce pas « merveilleux » d'être mère ? Honte à celles qui osent émettre la moindre réserve.

Il est entendu qu'elles doivent être les plus heureuses du monde, comblées par d'adorables bambins, aimants et souriants. Pourtant des voix de plus en plus nombreuses s'élèvent pour noircir le tableau idyllique. Les mères se rebif-

1. Tous les mots comptent, qu'ils soient des mots « pleins » (noms, verbes, adjectifs...) ou des mots outils (articles, auxiliaires du verbe, prépositions, conjonctions de coordination ou de subordination, négations...). Les mots composés comme « parce que » ne valent qu'un. Vous devez préciser à la fin de votre synthèse le nombre de mots que vous avez utilisés.

feraient-elles ? Des témoignages, des enquêtes, des fictions brisent le tabou et disent leur épuisement, la culpabilisation dont elles sont victimes, leur solitude, le poids des normes sociales, la dépossession de soi...

Barbara, l'héroïne de *Un heureux événement* (Albin Michel, 2005), le roman d'Eliette Abécassis dont l'adaptation vient de sortir au cinéma, dit son désenchantement : « Faire un enfant est à la portée de tous, et pourtant peu de futurs parents connaissent la vérité, c'est la fin de la vie. » Un jugement lapidaire mais qui dit le désespoir de cette jeune mère thésarde en philosophie dont la vie ne tourne désormais plus qu'autour du bébé. Avec, à la clé, une sociabilité réduite à néant et un couple en plein naufrage.

Dans *Mère épuisée* (Les liens qui libèrent, 2011), Stéphanie Allenou dresse un tableau à peine moins sombre de la maternité et témoigne avec une rare franchise de sa longue descente aux enfers. Surtout quand on a non pas un seul mais plusieurs enfants. Sa fille a seulement 20 mois quand elle donne naissance à des jumeaux.

La tyrannie de la bonne mère

Le rêve tourne alors vite au cauchemar. Épuisement, isolement, difficultés conjugales, manque de solidarité familiale... L'image de la bonne mère se fissure. « Je ne vois que des petits tortionnaires qui mettent en danger ma survie. Cela fait de moi une "mauvaise mère" et d'eux de "mauvais enfants". Je bous de colère. Celle-ci est à peu près contenue pendant la nuit, mais elle finit toujours par exploser dans la journée. » Ou encore : « Une sourde angoisse monte petit à petit. La rage intérieure que je tente de maîtriser est croissante, et j'explose fréquemment. Je crie fort. De plus en plus fort. Je tape maintenant facilement : des fessées le plus souvent, des gifles parfois. [...] Je me sens complètement étrangère à moi-même et en total décalage avec l'idée que je me fais d'une mère "suffisamment bonne". » Elle va jusqu'à penser tout plaquer : « Il me prend très souvent l'envie de partir, de quitter toute la famille. Par trois fois, lors de sorties dans un parc, je suis à deux doigts de franchir le pas. » Happy end malgré tout. La scolarisation de ses enfants lui permet de construire un projet professionnel et de renaître à la vie.

S. Allenou ainsi que de nombreuses autres femmes n'hésitent pas à parler de « burn-out » maternel, une notion que la psychologue Violaine Guéritault a popularisé il y a quelques années (*La Fatigue émotionnelle et physique des mères. Le burn-out maternel*, Odile Jacob, 2004). Maryse Vaillant, elle-même psychologue, a même titré son dernier ouvrage *Être mère : mission impossible ?* (Albin Michel, 2011). Avec un constat réaliste : « Le bonheur est difficile aux mères. Et c'est un des plus forts paradoxes qui soient, la maternité promettant plus d'enchantements que de meurtrissures. » Et, pour enfoncer le clou, la psychologue d'expliquer que les difficultés sont loin d'être seulement celles du maternage, des soins portés aux bébés. C'est tout au long de la vie, et pas seulement les premières années, qu'être mère, a fortiori une « bonne mère », est difficile.

« Être une bonne mère », vouloir ce qu'il y a de mieux pour son enfant, veiller en toutes choses à sa sécurité et à son épanouissement, et surtout être d'une disponibilité sans faille. Voilà une injonction qui pèse lourdement. Et peut-être aujourd'hui plus qu'hier. Dans un livre qui souleva de vifs émois, *Le Conflit. La femme et la mère* (Flammarion, 2010), Élisabeth Badinter pointait le risque d'un retour en arrière sous couvert d'un retour à la nature. Lait maternisé, petits pots industriels ou couches jetables sont l'objet d'opprobre tandis que l'on vante l'allaitement à la demande ou les couches lavables. De plus en plus d'études scientifiques entendent réhabiliter le concept d'instinct maternel, déplore-t-elle. Dans son viseur aussi, les féministes différentialistes trop enclines à faire de la maternité le cœur de l'identité féminine. Des menaces bien réelles selon E. Badinter pour l'émancipation des femmes qui peinent déjà à concilier travail et famille. Pas entonnant dès lors que de plus en plus de femmes décideraient de ne pas avoir d'enfants. Et si les Françaises parviennent à maintenir un fort taux d'activité professionnelle et le meilleur taux de natalité en Europe, c'est notamment grâce aux aides et aux dispositifs publics de garde des enfants en bas âge. Mais surtout, estime E. Badinter, les Françaises – pour l'heure – résisteraient mieux aux prescriptions qui les assaillent.

La journaliste américaine Judith Warner a bien vu la différence. Jeune mère, elle passe quelques années en France, où elle se sent épaulée, notamment grâce aux aides dont les femmes peuvent bénéficier : congé maternité, congé parental, gardes d'enfant de qualité pas trop onéreuses. Grâce aussi au discours ambiant qui valorise l'épanouissement des mères et le maintien de leur activité professionnelle. Le choc est rude quand elle rentre aux États-Unis. Elle perçoit alors un profond malaise chez les mères américaines et décide de mener l'enquête, interviewant près de 150 femmes, issues pour la plupart des classes moyennes ou classes moyennes supérieures. Dans *Mères au bord de la crise de nerfs* (Albin Michel, 2006), elle pointe en particulier la culpabilité des mères américaines engagées dans une folle course à la performance.

La peur des carences affectives

Culpabilité des mères qui travaillent et qui ont le sentiment d'abandonner leurs enfants. Culpabilité de celles qui se consacrent entièrement à leur foyer mais qui sont engagées dans un perfectionnisme qui les rend toujours insatisfaites. Si ces mères disent leur joie de se consacrer à leur famille, elles avouent aussi leur épuisement, leur frustration, leur manque de reconnaissance, le sentiment de n'être jamais à la hauteur. Passant leur temps à faire le taxi pour amener les marmots au base-ball, à la danse ou au cours de piano, à faire le ménage, à mitonner de bons petits plats faits maison, à organiser les goûters d'anniversaire ou les fêtes d'école, à favoriser l'éveil de leurs enfants et leur réussite scolaire... D'où la frustration de nombreuses mères qui ont renoncé à leur carrière. D'où l'absence des pères qui travaillent comme des fous pour nourrir seul le ménage dans un contexte économique difficile. Les causes sont multiples, mais J. Warner pointe notamment la vulgarisation, en particulier dans la presse féminine, de la théorie de l'attachement développée par John Bowlby. Les mères sont désormais culpabilisées car elles craignent de créer des « carences affectives ». Elles sont persuadées que l'avenir de leurs enfants est entre leurs mains et qu'à ce titre elles doivent tout faire pour eux, quoi qu'il leur en coûte.

Catherine Halpern, *Sciences humaines*, décembre 2011, n° 232.

« Nouveaux pères », peut mieux faire

Présents, affectueux, disponibles : les pères d'aujourd'hui se veulent très impliqués. Mais cela ne veut pas forcement dire qu'ils en font beaucoup...

« Le père est une mère comme les autres », assure Damien Lorton. Dans le livre auquel il a donné ce titre, cet ancien cadre financier raconte avec humour les deux années qu'il a passées en congé parental, voué aux soins quotidiens de ses trois filles, Manon (4 ans), Jeanne (2 ans) et Louise (3 mois). À lui les biberons au milieu de la nuit et la course à l'habillage du matin. Viennent ensuite, en fin d'après-midi, la tournée école – square – crèche et les immuables rituels du soir : bain, repas, dodo. Dans cette parentalité à fronts renversés, c'est la maman (Julie) qui se presse le soir en espérant arriver à temps pour assurer le « cérémonial du coucher ». Et lorsqu'ils sont invités à dîner, explique D. Lorton, « les mères et moi parlons de l'école, tandis que Julie, après avoir fait leur connaissance, cause boulot avec les pères ». Tout au plus concède-t-il quelques restes de virile maladresse : « Je ne sais pas faire de nattes ni choisir des vêtements, et encore moins en acheter. Je suis pris de vertige lorsque j'ouvre une armoire et serais bien incapable de couper des cheveux [...]. Selon la mystérieuse ligne de partage des tâches dans le couple, je ne coupe pas non plus les ongles. » Il est par ailleurs « tout à fait capable d'oublier de mettre une couche à Louise ». On lui pardonnera bien volontiers.

Bien sûr, tous les pères ne sont pas aussi héroïques. Néanmoins, ceux interviewés dans les (étonnamment) rares enquêtes qui leur sont consacrées font généralement preuve d'une certaine volonté de s'impliquer. Une recherche sur l'implication des pères à la naissance de leur enfant montre ainsi des hommes qui, s'ils pensent toujours devoir incarner la figure de l'autorité, n'entendent pas s'y laisser réduire. Cyril affirme sa volonté d'avoir aussi un rôle « de l'ordre de l'affectif, de la tendresse. Je n'ai pas envie de me priver de ça. » Rodolphe adore même les moments charnels avec son bébé : « Quand tu passes un quart d'heure et que le bébé se laisse faire parce qu'il est massé, parce qu'il est bien, parce qu'il pourrait presque ronronner comme un chat tellement il prend son pied, c'est génial. »

Une enquête comparative sur les pères en France et en Allemagne révèle les vertus hexagonales à cet égard. En Allemagne, la conception très traditionnelle des rôles parentaux freine certains hommes qui voudraient s'impliquer davantage : Jürgen juge par exemple important que « les deux parents soient là à parts égales », mais il part du principe « que sa future femme attendra de lui qu'il prenne en charge la famille » en se consacrant à son travail « et il s'y prépare ». En France, où la garde des enfants est pour une bonne part externalisée (crèches, assistantes maternelles) et le travail des mères largement accepté, les pères (futurs ou avérés) disent leur volonté d'être présents pour leurs enfants. « Le voir un petit peu le soir alors qu'il va bientôt se coucher, et un petit peu le matin avant d'aller travailler, ce n'est pas génial, c'est un peu léger, juge Benoît. Non, j'aimerais bien pouvoir m'en occuper. » Sammy, lui, se rêve en « papa poule », père au foyer « disponible tout en ayant un travail ».

Des discours... aux pratiques

Tant de bonne volonté émouvrait presque si, quittant le monde éthéré des discours, l'on n'allait jeter un œil à la froide réalité statistique. Un saut qui oblige à constater un sérieux décalage entre les discours et les pratiques. Moins de 4 % des congés parentaux, par exemple, sont aujourd'hui pris par les pères, soit environ 20 000 hommes au profil souvent atypique (salaire et diplômes inferieurs à ceux de la compagne, insatisfaction au travail...). Les tâches parentales restent également assurées par les femmes pour l'essentiel. Les pères ne sont certes pas totalement absents : ils s'impliquent de manière assez importante dans les loisirs des enfants (tâche partagée équitablement entre le père et la mère dans deux couples sur trois), et secondairement dans le coucher ou encore dans les trajets quotidiens (école, loisirs...). On sait par ailleurs qu'ils participent d'autant plus que leur compagne travaille et qu'elle a fait des études supérieures. Quoi qu'il en soit, la mère garde généralement « une quasi-exclusivité pour ce qui concerne la prise en charge des enfants malades, l'habillement et les devoirs ». On observe même, jusque dans les couples les plus égalitaires, qu'au fur et à mesure que les enfants grandissent, les pères se désengagent des quelques tâches qu'ils assuraient, soit que l'enfant les accomplit seul, soit qu'elles sont prises en charge par le grand frère ou la grande sœur (trajets jusqu'à l'école, par exemple). Quant aux enfants élevés par un père « en solo », ils n'étaient que 300 000 en 2006. Ce n'est certes pas négligeable, mais cela reste assez loin des presque 2 millions d'enfants vivant avec une mère isolée (sur un total de 13,5 millions de mineurs)[1].

Une paternité loisir

Les « nouveaux pères » seraient-ils donc de fieffés menteurs ? C'est plus complexe que cela, explique la sociologue Sara Brachet. Car en matière d'implication parentale, les pères ne se comparent pas aux mères et ne réfléchissent pas en termes d'égalité ou de partage des tâches. Ils disent vouloir, plus modestement, « avoir un rôle » dans la vie de l'enfant. Ce qui passe moins par une présence de tous les jours que par le partage de quelques moments choisis, généralement le week-end, où ils se consacrent entièrement à leurs petits, le temps d'une balade en forêt ou d'une partie de foot. D'où leur sentiment sincère d'être pleinement investis dans leur rôle paternel, malgré la faiblesse objective de leur participation aux tâches domestiques. Étienne contraste ainsi la manière dont ils s'occupent de ses deux enfants et celle de sa compagne, qui gère quasiment seule le quotidien : « Moi, je ne suis pas souvent là, mais j'essaie, quand je suis là, vraiment, de partager des moments qu'ils peuvent apprécier. [...] Ma petite femme, elle est terre à terre, elle fait autre chose pendant que les enfants jouent. Il y a ce manque de partage, un peu. »

Pour l'essentiel, la paternité reste donc envisagée comme un loisir, intense mais ponctuel. Elle n'entraîne que rarement une réorganisation de la vie professionnelle (partir plus tôt le soir pour pouvoir aller les chercher à l'école, par exemple). Seuls 6 % des hommes déclarent en effet avoir connu un changement dans leur travail (modification d'horaires, réduction ou arrêt de l'activité,

1. Émile Vivas, « 1,2 million d'enfants de moins de 18 ans vivent dans une famille recomposée », *Insee Première*, n° 1259, octobre 2009.

changement de poste...) lié à l'arrivée d'un enfant, contre près de 40 % des femmes et ce, quel que soit son rang de naissance. Il est vrai qu'ils n'y sont guère encouragés par un monde du travail qui commence à peine à réaliser que la conciliation entre vie familiale et vie professionnelle concerne aussi les hommes (*cf.* la proposition récente de Laurence Parisot, présidente du Medef, de rendre obligatoire le congé paternité de onze jours, qui n'est pris que par deux pères sur trois).

Surtout, ils ne s'attirent que très peu de reproches de leurs compagnes, qui approuvent assez largement cette vision asymétrique des rôles parentaux et se satisfont d'un investissement paternel limité à certaines tâches, plutôt agréables et valorisées. Pour beaucoup, le père reste avant tout celui qui incarne l'intransigeance : comme le dit Élise, il est surtout là « pour recadrer les choses, avoir une autorité peut-être plus forte, pour imposer certaines choses ». Les pères ont encore un bout de chemin à parcourir avant d'être tout à fait « nouveaux »...

Xavier Molénat, *Sciences humaines*, décembre 2011, n° 232.

Corrigé

Dans les deux textes proposés sur la fonction parentale, le premier évoque le rôle de la mère, le second celui du père.

Aujourd'hui, d'après la recherche bibliographique présentée, les mères se disent tiraillées entre leurs aspirations personnelles et le rôle de femme au foyer qu'elles doivent assumer. Dans les publications citées, les mères témoignent de leur épuisement, caractérisé par une fatigue physique et psychique liée à la lourdeur des tâches matérielles au quotidien. Toutes ces femmes s'estiment coincées par une responsabilité induite par la maternité : un heureux événement qui peut virer au cauchemar !

Ce conflit interne est, selon les auteurs, très culpabilisant. Ce sentiment de ne pas être une « bonne mère » est d'autant plus fort que les représentations sociales de « la mère dévouée » sont prégnantes.

Ainsi, pour beaucoup de mères, s'éloigner de ce modèle idéalisé en ne prodiguant pas des soins parfaits, peut mettre en danger l'avenir de leurs enfants.

Comparée à d'autre pays, la situation française présente des atouts favorables. Les dispositifs de politique sociale et les services publics de la petite enfance permettent une meilleure conciliation entre l'activité professionnelle et le rôle de mère. Reste cependant la question du partage des tâches au sein de la famille.

D'après certains auteurs, les pères s'impliquent beaucoup plus dans l'éducation de leurs enfants, mais dans la réalité les statistiques démontrent que cette pratique reste très minoritaire : les nouveaux pères seraient une exception.

Ainsi, contrairement aux mères, dans la majorité des cas, les pères s'investissent dans des moments très précis, souvent liés aux loisirs. Ce beau rôle, très valorisé socialement, est globalement approuvé par les compagnes. Dépositaire de l'autorité, le père devient donc un recours pour certaines tâches ou pour imposer des contraintes.

Aujourd'hui, on peut résumer ces deux textes par la phrase suivante : dans le couple, les femmes s'occupent au quotidien des tâches les moins valorisées et les hommes de ce qui ce voit, est agréable et reconnu.

Les progrès pour réduire cette asymétrie des rôles sont bien lents, les femmes devront encore patienter[1]. (332 mots)

1. D'après l'Observatoire des inégalités : les femmes consacrent 3 h 26 en moyenne par jour à faire le ménage, les courses et s'occuper des enfants, contre 2 heures pour les hommes. Les progrès sont donc bien lents. Au rythme actuel, il faudrait des décennies pour arriver à l'équilibre entre hommes et femmes au sein du couple.

Les épreuves écrites d'admission

DURÉE
de 2 à 3
heures

Méthodologie et conseils

Une majorité d'établissements de formation organise des épreuves écrites d'admission qui permettent de départager et de classer les candidats sur la liste des admis, puis sur la liste complémentaire. Ces épreuves écrites viennent confirmer les capacités d'expression du candidat et vérifient qu'il possède les acquis pour s'inscrire dans une formation. Cette épreuve écrite est aussi, dans certains établissements, l'occasion de présenter les motivations du candidat pour cette formation et pour le métier.

Ainsi l'épreuve écrite peut-elle comprendre un ou plusieurs travaux, ou durer de deux à trois heures, en fonction des règlements de sélection.

Les travaux écrits proposés peuvent être natures différentes :

- Un commentaire ou une discussion à partir d'un texte donné ou d'une citation.
- Un questionnaire de type QCM.
- Un écrit plus court (durée : 1 h) portant sur la description d'une situation rencontrée lors d'une activité professionnelle ou bénévole.
- Un résumé de texte.
- Un dossier de présentation. Certains établissements de formation peuvent aussi demander aux candidats de rédiger un dossier de motivation qui servira de support aux entretiens. Ce dossier se compose souvent d'une présentation exhaustive du candidat (situation personnelle et familiale) ; d'un exposé chronologique et commenté du parcours scolaire, professionnel ; d'une argumentation étayée des motivations du candidat à s'engager dans la formation et dans le métier de moniteur-éducateur (ME), d'une explicitation de ses représentations du métier, des lieux d'intervention. Ce document doit montrer les capacités du candidat à se présenter, à se positionner, mais aussi ses capacités d'écriture, de maîtrise de la syntaxe et de l'orthographe.

- Les tests : certains instituts de formation proposent encore des tests psychotechniques, dans le cadre de leurs épreuves d'admission. Les tests psychotechniques doivent permettre de mesurer l'ensemble des aptitudes du candidat (aptitudes verbale, numérique, de raisonnement logique, capacité d'attention et de concentration) aux moyens de questions psychologiques et psychophysiologiques. Ces tests demeurent encore très utilisés pour sélectionner des candidats dans beaucoup de secteurs professionnels. Ils se composent de différents types d'épreuves :

  – épreuves verbales sur les subtilités de la langue française ;

  – épreuves numériques sur les aptitudes à manier des données de façon méthodique et ordonnée ;

  – épreuves de raisonnement logique sur l'aptitude à établir des liens entre divers éléments et à comprendre les relations existantes au sein d'ensembles complexes.

Les tests psychotechniques sont toujours effectués en temps limité, défini dans les consignes de départ. Nous proposons dans le paragraphe suivant quelques exemples des tests les plus courants.

Pour approfondir la connaissance et la compréhension de ces tests, le candidat peut consulter la publication suivante : G. Benoist, S. Deschamps, *ASS, ES, EJE, ME – Tests psychotechniques*, Paris, Vuibert, 2011, collection « Admis/Je m'entraîne ».

Exercices d'entraînement

Entraînement n° 1 : Description d'une situation rencontrée

Question

Répondez à la question suivante en 20 à 25 lignes *(durée : 1 h 30)*.
Vous animez régulièrement une activité artistique avec un petit groupe d'enfants, dans lequel vous observez un petit garçon qui y participe très peu. Il semble montrer des signes de grande timidité (rougissements, bafouillage, maladresses, repli sur soi, etc.). Que faites-vous ?

Entraînement n° 2 : Commentaire

Questions

Durée : 2 heures

1. À partir du texte suivant, que pouvez-vous dire sur l'insertion par l'activité économique ?

Les Jardins d'Icare à Sentheim, où des maraîchers cultivent la solidarité

« Icare, c'est un cœur qui nous donne la chance de nous en sortir. Le matin, on arrive avec le sourire. Le soir, on repart avec le sourire », dit Isabelle. Elle est sortie du chômage et des difficultés personnelles après un parcours d'insertion aux Jardins d'Icare, où elle est désormais animatrice permanente. « Parfois, c'est dur. C'est très physique », explique un jeune homme, appuyé contre la camionnette pleine de salades et d'épinards. C'est la pause de dix heures : café et casse-croûte dans l'herbe humide de novembre. Plaisanteries, rigolades.

« Ce matin, on a cueilli les légumes pour les 180 paniers du mardi. Le jeudi, on en fait 160. Des tonnes de légumes chaque semaine. » C'est dur sous la pluie, sous le soleil, dans le vent. Accroupi pour semer, planter, désherber, cueillir. C'est dur parfois d'être à l'heure, d'être présent chaque jour. « C'est cool tout de même, on est dans la nature, au calme », convient un autre.

« Moi, je resterais bien ici jusqu'à 80 ans », dit une quinquagénaire travaillant à Icare depuis près de deux ans.

« Ici, le maraîchage n'est qu'un outil », explique Catherine Specklin, la directrice de ce chantier d'insertion. « Nous embauchons des personnes en rupture sociale, familiale, professionnelle, avec un contrat de travail de six mois renouvelable. » Point besoin de compétences horticoles. Elles s'acquièrent sur le terrain. L'essentiel consiste à retrouver confiance en soi, à respecter les règles de base de la vie sociale et professionnelle. À Icare, on est ouvrier-maraîcher polyvalent. Travail du sol, entretien des cultures, arrosage, récoltes, préparation des paniers de légumes pour les clients, participation à la cuisine du repas de midi pris ensemble, ménage, etc. : toutes les tâches sont partagées entre tous.

Du sens et du temps

Six professionnels, des maraîchers, des administratifs, des travailleurs sociaux, des gens solides et enthousiastes, les accompagnent dans ce parcours qui peut durer quelques mois, deux ans au plus. Le temps de trouver avec chacun la meilleure orientation. Le temps de se refaire une santé, de mettre en mots son mal-être, de retrouver un sens à sa vie.

« Travailler la terre et faire pousser des légumes en respectant la nature, c'est se respecter soi-même, c'est un tout », souligne Catherine Specklin.

Extrait de l'article « Insertion : ils prennent leur envot avec Icare. »,
Elisabeth Schulthess, *L'Alsace* n° 48, novembre 2010.

❷ Après avoir lu le texte ci-dessous sur la lutte contre la pauvreté et l'exclusion sociale, et défini les termes *exclusion* et *pauvreté*, vous direz quels sont, selon vous, les facteurs de l'exclusion en France.

2010, année européenne de lutte contre la pauvreté et l'exclusion sociale

Depuis le 18 février 2010, à la Cité internationale universitaire de Paris, la France a officiellement lancé l'année européenne de lutte contre la pauvreté et l'exclusion sociale. Un an pour faire avancer des projets concrets au service des citoyens de l'Union, pour les sensibiliser sur les questions de pauvreté et d'exclusion sociale, et pour renforcer les échanges entre les États membres en les associant aux acteurs publics et associatifs.

Cette initiative est soutenue par le Parlement européen […] La France a profité de cet événement pour renouveler les engagements pris à l'automne 2007 de « réduire d'un tiers la pauvreté en cinq ans ». Elle s'engage ainsi à renforcer sa contribution dans le champ social auprès des personnes défavorisées. L'ensemble des acteurs concernés par la lutte contre la pauvreté et l'exclusion a été largement associé sur le territoire à la préparation des actions mises en œuvre dans le cadre de cette année.

François Soulage, président du Secours catholique, a par ailleurs été désigné comme ambassadeur de cette année européenne. Il animera pendant un an le débat et contribuera à la promotion, auprès du grand public, de ces problématiques essentielles, etc.

Un des objectifs de cette année européenne est d'informer les citoyens sur les moyens mis en place pour lutter contre la pauvreté et l'exclusion sociale. Pour réaliser ce projet, le programme s'appuie sur trois thèmes : la gouvernance territoriale, les parcours d'insertion et la citoyenneté.

La crise économique et sociale que traversent le monde et l'Europe donne à cette année un relief et un sens tout particuliers. Des actions efficaces sont plus que jamais nécessaires pour assurer l'accès effectif des personnes aux droits fondamentaux reconnus par l'Union, et pour répondre à l'exigence de solidarité, partie intégrante des valeurs et de l'identité européenne, à la base du modèle social européen.

Au-delà de la volonté politique de s'inscrire dans cet engagement commun, les autorités françaises souhaitent donner à l'année européenne toute son ampleur, et développer ainsi les avancées qui ont pu être engagées dans le cadre de la Présidence française de l'Union européenne (UE). L'année européenne de lutte contre la pauvreté sera l'occasion de renforcer la cohésion sociale, qui constitue, avec le développement économique et le respect de l'environnement, l'un des trois piliers essentiels du développement durable de notre société.

Ces ambitions se traduisent sur l'ensemble du territoire de l'Union européenne, ainsi qu'en Islande et en Norvège, notamment par le financement de nombreux projets et l'organisation de nombreuses manifestations de sensibilisation et d'information sur la pauvreté, l'exclusion sociale et les stratégies de lutte soutenues par l'Union [...]

Extrait du site Internet : www.leurope-contre-la-pauvrete.gouv.fr,
« 2010, année européenne de lutte contre la pauvreté et l'exclusion sociale :
Faire reculer la pauvreté, c'est faire avancer la société »

3 En vous appuyant sur le texte qui suit, comment comprenez-vous les mouvements de foules et la place de l'individu dans la foule ?

« Faut-il avoir peur des supporters ?

Certains auteurs estiment que les supporters du football se comportent comme une meute, dans laquelle chacun est emporté par la foule, devient irrationnel et répond en état d'hypnose aux mots d'ordre des meneurs. Les effets de dépersonnalisation liés au comportement des supporters (déguisements, ports d'uniformes vestimentaires, densité de la foule) facilitent les prises de contrôle de l'individu par la foule. Les comportements dans les enceintes sportives seraient en fait un résidu d'archaïsme – les groupes se donnent souvent le nom de tribus – et le stade est un des rares espaces où l'on tolère le débordement des émotions collectives. Dans ces conditions, des phénomènes de foule entraîneraient automatiquement des violences physiques.

Le spectacle sportif a en outre plusieurs spécificités qui augmentent les risques de violence : participation active du public, nombre des spectateurs qui peut donner un sentiment d'impunité et spectacle dans lequel le bonheur des uns fait le malheur des autres.

Extrait du rapport d'information « Faut-il avoir peur des supporters ? », B. Murat et P. Martin, au nom de la Commission des affaires culturelles, 26 septembre 2007

4 À la lecture des deux textes suivants et en vous appuyant sur votre expérience, comment pouvez-vous qualifier la relation entre les grands-parents et les petits-enfants ?

Grands-parents, petits-enfants : une relation singulière

Une complicité à la mesure de leur différence d'âge témoigne du lien indéfectible qui les unit. Sans conflit ni rivalité, il est souvent un précieux repère affectif au cœur de familles souvent marquées par l'éclatement.

Beaucoup d'entre eux ont un surnom, « Papyboum », « Didi », etc. Chacun raconte une histoire pleine de douceur, de délicatesse et d'infinie tendresse. Des témoignages qui disent aussi comment les petits-enfants voient leurs grands-parents, qui rajeunissent aujourd'hui et sont plus complices que jamais.

Chaque histoire est singulière. La relation de Nicole et de sa petite-fille Louise est quasi maternelle. Elle est complice et ludique pour Yves et Louis, amicale et profonde pour Jacqueline et Alice, empreinte de pudeur et de sérénité pour Pierre et Nathalie et, entre Danielle et Simon, c'est une initiation réciproque…

Cette relation si particulière n'a, selon Claudine Attias-Donfut, sociologue et directrice de recherche à la Caisse nationale d'assurance-vieillesse, jamais été aussi forte : « Grands-parents et petits-enfants sont passés d'une relation hiérarchique à une relation de coopération et de communication profonde. » Ils sont devenus les piliers affectifs, des remparts devant la fragilité d'une famille contemporaine souvent déstructurée.

A.-L. Gannac, « Grands-parents, petits-enfants : une relation singulière », *Psychologies.com*

« Un soutien pour les jeunes »

Pour 82 % des grands-parents qui gardent plus ou moins régulièrement les petits-enfants, il s'agit plus d'un véritable choix que d'une contrainte économique, et les parents préfèrent cela à d'autres modes de garde. La participation affective devient très importante et se double d'un appui financier : les grands-parents d'aujourd'hui puisent dans leurs sources pour pallier aux besoins économiques des jeunes générations. Ils sont des atténuateurs de crise. Ce soutien se retrouve dans tous les milieux sociaux.

L. Hardy, « Grands-parents… Une génération qui cherche sa place », *Doc'Domicile*, n° 14, 2009

Entraînement n° 3 : Questions à réponse ouverte courte (QROC)

Questions

Durée : 1 heure 30

1. La liberté d'expression peut-elle avoir des limites ?
2. Qu'est-ce que le travail en équipe pluri-professionnelle ?
3. Pourquoi des règles dans la vie collective ?

Entraînement n° 4 : Résumé

Question

Durée : 1 heure 30

Résumez ce texte (267 mots) de P. Gaberan et P. Perrard, extrait de *Moniteur-éducateur, un professionnel du quotidien* (Érès, 2004). Le résumé du texte doit être rédigé en un quart de page, soit 80 mots maximum.

« Si aujourd'hui le territoire d'intervention du moniteur-éducateur s'agrandit, sa place demeure implicitement liée au travail en internat. Les temps de vie quotidienne prennent donc une place fondamentale dans la définition du rôle du moniteur-éducateur et de ce fait, cette spécificité renvoie à un type particulier de structures, du moins à une forme bien précise d'accueil des personnes concernées par un accompagnement éducatif. Il semble bien plus pertinent aujourd'hui de parler d'horaire d'internat, car si ce terme paraît toujours approprié pour des structures chargées d'accueillir des enfants ou des adolescents, construites et organisées peu ou prou sur le modèle scolaire (temps scolaire, temps non scolaire, retour en famille le week-end), il devient plus difficile d'utiliser le terme d'internat pour évoquer les foyers d'hébergement pour adultes. D'autant plus que ceux-ci constituent très souvent le lieu de vie de ces personnes. Néanmoins, et quelle que soit l'appellation donnée à ces structures, il s'agit, pour les moniteurs-éducateurs, d'accompagner les personnes en dehors du temps scolaire, du temps d'apprentissage ou du temps de travail, ainsi que lors des temps appelés « libres ».

Afin d'illustrer et d'identifier d'une manière plus concrète ce que recouvre cette notion « d'organisateur de la vie quotidienne » dans la réalité professionnelle du moniteur-éducateur, il est possible de dégager quatre grands aspects : les tâches quotidiennes, le partage de l'intimité, l'animation et les démarches extérieures. Ce découpage, certes arbitraire, présente une certaine pertinence. »

Extrait de P. Gaberan et P. Perrard, *Moniteur-éducateur, u n professionnel du quotidien*, Érès, 2004

Entraînement n° 5 : Questionnaire à choix multiples

Questions

Sujet n° 1 - Durée : 1 heure

❶ Martin Hirsch est l'initiateur :
❍ **a.** de l'Agence de service civique.
❍ **b.** du RSA.
❍ **c.** du Samu social.
❍ **d.** de la Banque alimentaire.

❷ Conformément à l'ordonnance du 2 février 1945 relative à l'enfance délinquante, à partir de quel âge les mineurs encourant une peine criminelle peuvent-ils être placés en détention provisoire ?
❍ **a.** 11 ans ❍ **b.** 13 ans ❍ **c.** 15 ans ❍ **d.** 16 ans

❸ La dernière loi-cadre pour l'égalité des droits et des chances, la participation et la citoyenneté des personnes handicapées a été votée :
❍ **a.** En 2000 ❍ **b.** En 2002 ❍ **c.** En 2005 ❍ **d.** En 2007

❹ Qui a été élu président du Conseil constitutionnel le 23 février 2007 ?
❍ **a.** Robert Badinter
❍ **b.** Dominique Baudis
❍ **c.** Jean-Louis Debré
❍ **d.** Bertrand Delanoë

❺ Tim Berners-Lee a inventé le Web :
❍ **a.** il y a douze ans, en mai 2002.
❍ **b.** il y a vingt-cinq, ans en mars 1989.
❍ **c.** il y a quatre ans, en juin 2010.

❻ Qu'est-ce que le RSA ?
❍ **a.** Une taxe
❍ **b.** Un impôt
❍ **c.** Un traité européen
❍ **d.** Un revenu

❼ Qu'est-ce que le LMB, également appelé BMD ?
❍ **a.** L'abréviation pour la nouvelle organisation des études universitaires
❍ **b.** L'abréviation pour une organisation non-gouvernementale
❍ **c.** L'abréviation d'une loi française
❍ **d.** L'abréviation d'un traité européen

❽ Michel Colucci est le fondateur des chiffonniers d'Emmaüs.
❍ **a.** Vrai ❍ **b.** Faux

❾ François Mitterrand est le seul président de gauche de la Vᵉ République française.
❍ **a.** Vrai ❍ **b.** Faux

❿ La gériatrie est une branche de la médecine qui concerne la petite enfance.
❍ **a.** Vrai ❍ **b.** Faux

⓫ Le juge des affaires familiales (JAF) est compétent dans le placement des enfants maltraités.
❍ **a.** Vrai ❍ **b.** Faux

⓬ Un ITEP est un établissement accueillant des enfants et adolescents déficients mentaux.
❍ **a.** Vrai ❍ **b.** Faux

⓭ Les expulsions locatives sont suspendues dans toute la France :
❍ **a.** Du 1er novembre au 15 mars
❍ **b.** Du 1er octobre au 28 février
❍ **c.** Du 15 septembre au 15 janvier
❍ **d.** Du 1er décembre au 1er avril

14 À quoi fait référence la « bande de Gaza » ?
- ❍ **a.** À un groupe de rap de Chicago dont le leader Aldo Gazales a été assassiné.
- ❍ **b.** À un territoire administré par l'autorité palestinienne, source de nombreux conflits.
- ❍ **c.** À la bande magnétique enregistrée par Jeff Gaza, dont la publication fut à l'origine du Watergate.
- ❍ **d.** À une secte de Philistins (origine du nom « Palestiniens ») conduit par le prophète juif Gahza en révolte contre le roi David.

15 Depuis le 10 novembre 2012, une course à la voile autour du monde en solitaire, sans escale et sans assistance sur des voiliers monocoques se poursuit. Quel est son nom ?
- ❍ **a.** Le Vent des globes
- ❍ **b.** La Route du Rhum
- ❍ **c.** Le Vendée Globe
- ❍ **d.** La Solitaire du Figaro

Sujet n° 2 - Durée : 1 heure

1 L'organisation internationale qui s'occupe des Droits de l'homme est :
- ❍ **a.** L'Armée du Salut
- ❍ **b.** Le Secours populaire
- ❍ **c.** Amnesty International
- ❍ **d.** L'Unesco

2 L'organisme chargé de recouvrir les cotisations sociales est :
- ❍ **a.** Le Medef
- ❍ **b.** L'Urssaf
- ❍ **c.** La CGT
- ❍ **d.** La Caf

3 La Sécurité sociale a été créée par ordonnance :
- ❍ **a.** En 1900
- ❍ **b.** En 1936
- ❍ **c.** En 1945
- ❍ **d.** En 1968

4 La loi Évin interdit :
- ❍ **a.** La distribution de préservatifs
- ❍ **b.** Le colportage à domicile
- ❍ **c.** La vente des cigarettes
- ❍ **d.** L'affichage publicitaire concernant l'alcool

5 Bill Gates est :
- ❍ **a.** Un homme politique des États-Unis
- ❍ **b.** Un acteur de cinéma
- ❍ **c.** Un inventeur de génie
- ❍ **d.** Le Premier ministre du Royaume-Uni

Entraînement n° 6 : Tests psychotechniques

Questions

Dominos

1. Trouvez le domino suivant.

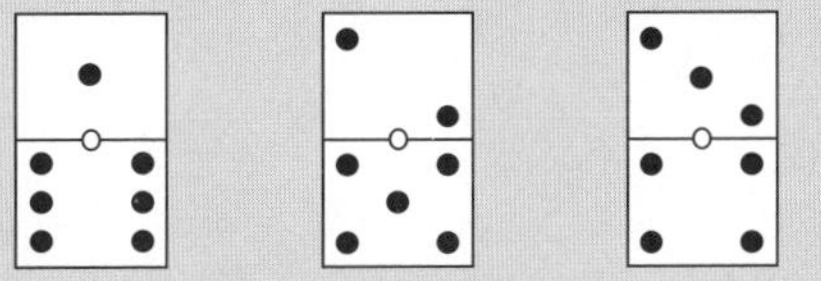

2. Trouvez le domino manquant.

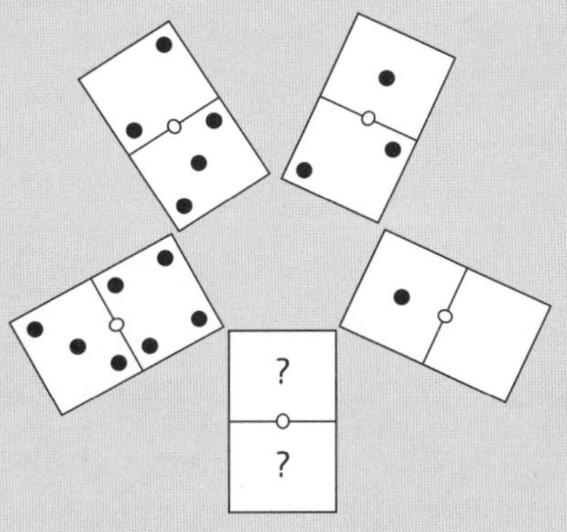

Cartes

3. Trouvez la carte suivante.

4. Trouvez la carte suivante.

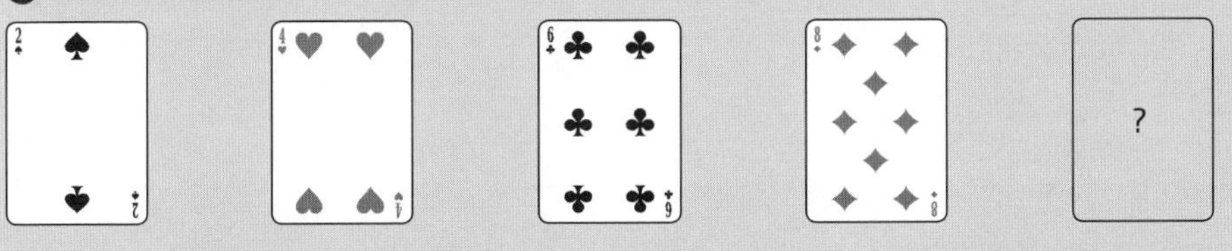

5. Trouvez la carte suivante.

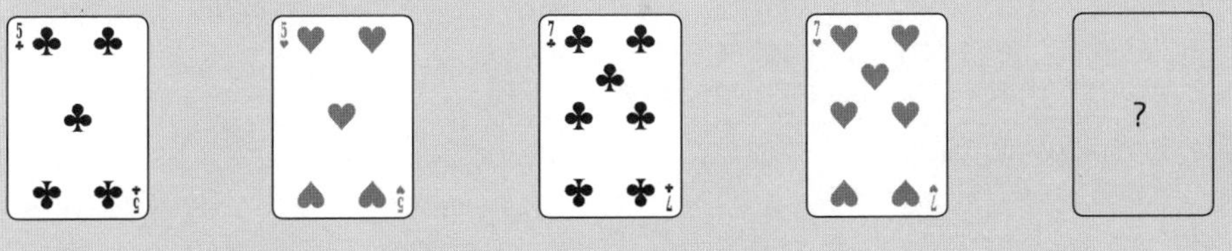

Tableau de suite

❻ Trouvez, en vous appuyant sur les trois premières lignes de ce tableau, la pièce suivante de la dernière ligne

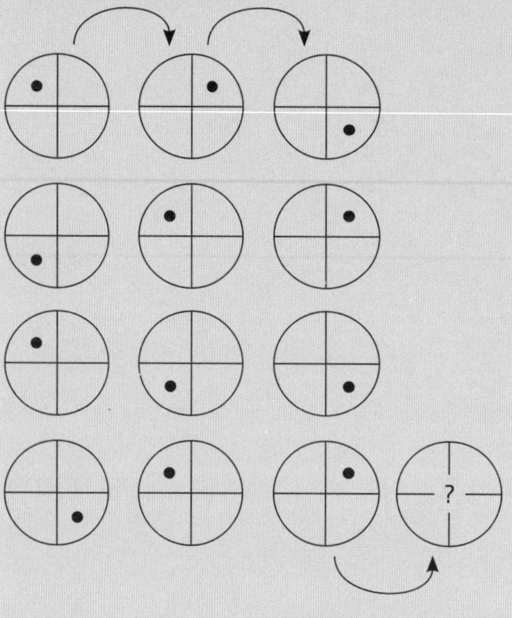

Suites numériques ou alphanumériques

❼ Trouver les nombres qui suivent :
8 - 13 - 18 - 23 - ? - ?

❽ Trouver les nombres qui suivent :
6 - 12 - 7 - 14 - 8 - 16 - 9 - ? - ?

❾ Trouver le nombre qui suit :
7 - 8 - 10 - 13 - 17 - 22 - ?

❿ Trouver le nombre qui suit:
8 - 2 - 6 - 4 - 7 - 3 - 5 - ?

⓫ Trouver le mot inopportun :
Bain - Moussant - Savon - Lait - Eau

⓬ Trouver le nombre qui suit :
Jours - Heures - Mois - 365 - 8 760 - ?

⓭ Trouver le mot manquant :
fort/faible - heureux/triste - gentil/?

⓮ Trouver l'animal qui ne convient pas dans cette suite :
Hamster - Cobaye - Chat - Lapin - Chinchilla - Furet

⓯ Trouver le chiffre qui suit :
huit4 - dix3 - un2 - quatre6 - neuf ?

Tests verbaux

⓰ Trouver dix mots commençant par « Aba »

⓱ Trouver dix mots commençant par « Cons »

⓲ Trouver le plus de noms de fleurs possible.

⓳ Répondre au questionnaire d'analogies verbales ci-dessous :

a. ... est à cambriolage ce que police est à...
❍ **1.** Voleur... arrestation ❍ **2.** Voler... rapt ❍ **3.** Bijoux... uniforme

b. ... est à manger ce que soif est à...
❍ **1.** Faim... boire ❍ **2.** Cuisiner... boisson ❍ **3.** Pain... potage

c. ... est à football ce que but est à...
❍ **1.** Ballon... marquer ❍ **2.** Arbitre... courir ❍ **3.** Tête... pied

d. ... est à cordonnier ce qu'aiguille est à...
❍ **1.** Cuir... tissus ❍ **2.** Chaussure... pantalon ❍ **3.** Alêne... couturière

e. ... est à vérité ce que faussaire est à...
❍ **1.** Franchise... faux ❍ **2.** Menteur... authenticité ❍ **3.** Illusion... vrai

f. ... est à poule ce que cacarde est à...
❍ **1.** Glousser... canard ❍ **2.** Glousser... oie ❍ **3.** Glousser... dindon

g. ... est à une vache ce que laine est à...
❍ **1.** lait... mouton ❍ **2.** docile... doux ❍ **3.** ferme... pull

h. ... est à précieuses ce qu'imaginaire est à...
❍ **1.** Ridicules... malade ❍ **2.** Pierres... image ❍ **3.** Toile... rêve

i. ... est à kangourou ce que reptile est à...
❍ **1.** Poche... poule ❍ **2.** Saut... vipère ❍ **3.** Bondir... loger

⓴ Chercher l'intrus dans les suites suivantes :

a. ❍ **1.** Maison ❍ **2.** Appartement
❍ **3.** Logement ❍ **4.** Cabane

b. ❍ **1.** Souvent ❍ **2.** Constamment
❍ **3.** Occasionnellement ❍ **4.** Fréquemment

c. ❍ **1.** Accomplir ❍ **2.** Interrompre
❍ **3.** Faire ❍ **4.** Agir

d. ❍ **1.** Bouffi ❍ **2.** Sec
❍ **3.** Pansu ❍ **4.** Empoté

e. ❍ **1.** Dépossédé ❍ **2.** Pourvoir
❍ **3.** Ôter ❍ **4.** Priver

f. ❍ **1.** Dilatation ❍ **2.** Constriction
❍ **3.** Expansion ❍ **4.** Distension

g. ❍ **1.** Affranchir ❍ **2.** Cacher
❍ **3.** Éclairer ❍ **4.** Éveiller

h. ❍ **1.** Absolution ❍ **2.** Récompense
❍ **3.** Punition ❍ **4.** Supplice

i. ❍ **1.** Abrogation ❍ **2.** Approbation
❍ **3.** Agrément ❍ **4.** Admission

Corrigé n° 1[1]

1. Introduction

L'encadrement d'une activité régulière nous conduit à bien repérer le mode de fonctionnement d'un enfant au sein du groupe ainsi constitué. Certains vont adhérer rapidement au projet en s'impliquant dans leur réalisation, d'autres vont rester plus en retrait.

L'animateur de l'activité devra adapter ses interventions en fonction des enfants, tout en étant bienveillant avec ceux plus en retrait ou hésitants.

2. Développement

Devant sa timidité ou son inhibition, je me rapproche de l'enfant pour essayer de discuter avec lui, afin de savoir s'il se sent bien dans le groupe, dans l'activité et avec moi. Le plus important pour lui et pour moi est de tisser un lien de confiance. C'est pourquoi j'essaie de lui dire que son avis est très important et que je le respecte.

J'essaie progressivement de faciliter l'interaction entre ce garçon et les autres en l'encourageant, autant que possible, à aller un peu plus à leur rencontre. Je l'accompagne physiquement en me tenant à ses côtés pour le rassurer. Je valorise son implication et ses efforts en le félicitant à chaque fois qu'il participe un peu plus à la vie du groupe.

Puis patiemment, selon son intégration dans le groupe, je commence à m'éloigner de lui, tout en gardant un regard attentif et soutenant. L'important est qu'il reprenne confiance en lui, dans ses capacités, qu'il ose s'impliquer dans le groupe, enfin, qu'il se prenne peu à peu en charge. L'essentiel dans ma démarche auprès de ce petit garçon est d'avoir conscience que chaque enfant est différent et que chacun grandit à son rythme. Tous n'ont pas les mêmes capacités, ni la même maturité à vivre en groupe, à accéder à l'altérité et à l'accepter. En effet, certains enfants peuvent manifester cette difficulté de socialisation soit par des comportements agressifs, soit au contraire par une timidité excessive. Les enfants ont parfois besoin d'une aide momentanée pour vivre des expériences positives, ceci afin d'acquérir les habiletés sociales pour établir des contacts et des échanges en toute quiétude. Le groupe peut être un bon support pour les apprentissages de la vie en collectivité.

3. Conclusion

Participer à une activité artistique régulière implique aussi une inscription dans une dynamique de groupe. Groupe où chacun aura une place active en lien avec les autres. Favoriser une ambiance rassurante, valorisante, où chacun se sent reconnu dans sa participation, est une des conditions qui favorisent l'expression et la créativité. C'est au détour d'une activité, d'un moment propice que les adultes peuvent accompagner un enfant à grandir en le sollicitant avec bienveillance.

Corrigé n° 2

❶ L'insertion par l'activité économique

1. Introduction

L'insertion par l'activité économique est définie par la loi du 29 juillet 1998 relative à la lutte contre les exclusions. Elle a pour objet de permettre à des personnes sans emploi, rencontrant des difficultés sociales et professionnelles, de bénéficier, pendant une période déterminée, dans des structures spécifiques, d'un contrat de travail et d'un accompagnement social et professionnel en vue de faciliter leur retour à l'emploi.

1. À partir de cette situation, il s'agit, pour le correcteur, de repérer comment les expériences (de vie, professionnelles et bénévoles) alimentent la réflexion du candidat sur ses motivations et son positionnement face au métier de moniteur-éducateur.

2. Développement

Notion apparue dans les années 1970, reconnue par la loi du 29 juillet 1998 contre les exclusions, l'insertion par l'activité économique constitue aujourd'hui un vecteur incontestable de réinsertion sociale, au même titre que l'aide au logement ou l'accès au soin pour les plus démunis.

Aujourd'hui, l'insertion par l'activité économique est une mission confiée à Pôle emploi, qui a la charge d'organiser les parcours d'insertion des demandeurs d'emploi à partir de structures spécifiques :

- les centres d'hébergement et de réinsertion sociale (CHRS), qui proposent des ateliers appelés « centre d'adaptation à la vie active ». Leur objectif est l'accompagnement des personnes très désocialisées, exclues du monde du travail, pour une requalification sociale et économique ;
- les chantiers d'insertion, qui offrent une situation de travail des personnes de faible qualification en s'appuyant sur des contrats spécifiques ;
- les associations intermédiaires, qui embauchent des personnes relevant de l'insertion par l'activité économique en les mettant à la disposition de particuliers (aide à la personne), d'associations, de collectivités ou d'entreprises ;
- les régies de quartier, associations regroupant des collectivités, des bailleurs sociaux et des habitants, pour la gestion de l'environnement local par des emplois d'insertion (ménage, nettoyage, petits travaux de réparation, etc.) ;
- les entreprises d'insertion, qui interviennent comme un tremplin permettant de préparer des personnes à des emplois durables.

3. Conclusion

Le texte proposé, « Les jardins d'Icare », témoigne, pour des personnes en grande difficulté, de l'intérêt de trouver un lieu qui donne du sens à leur vie.

Le rôle de ces structures d'insertion ne consiste pas uniquement à proposer un travail, mais elles utilisent ce support pour permettre aux personnes accueillies de se rendre utiles, de renouer des liens et de reprendre confiance en elles. C'est là la fonction première de ces structures, et cela n'a pas de prix.

❷ L'exclusion et la pauvreté

1. Définitions

L'exclusion est un ensemble de mécanismes de marginalisation. Ce processus est le résultat d'une perte d'emploi ou d'un logement. L'exclusion sociale concerne les personnes qui, dépourvues des moyens d'exercer leurs droits fondamentaux (logement, santé, formation, emploi, etc.), et donc leurs responsabilités sociales, se retrouvent en marge de la société. On distingue diverses formes d'exclusion : exclusion professionnelle, économique, culturelle, géographique, familiale, etc.

Malgré les mesures les plus récentes (lois contre les exclusions, revenu minimum d'insertion [RMI], RSA, couverture maladie universelle [CMU]), on peut encore parler aujourd'hui des difficultés d'accès aux soins, d'accès au logement ou à l'emploi pour certaines personnes.

La pauvreté ne se réduit pas au seul indicateur de ressources financières : elle concerne également des aspects du quotidien.

En France, 13 % de la population, soit 8 millions de personnes, vivaient en dessous du seuil de pauvreté en 2008. On peut distinguer trois niveaux de pauvreté : la pauvreté absolue (minimum vital pour subvenir aux besoins essentiels comme l'alimentation, l'habillement et le logement), la pauvreté relative (les ressources sont inférieures au niveau de vie médian, ce qui signifie l'exclusion des modes de vie habituels concernant la consommation, la culture ou encore les loisirs), et enfin la nouvelle pauvreté (ou « nouveaux pauvres »), correspondant à une frange de la population qui n'avait pas encore connu la misère, mais qui a progressivement cumulé des fragilités pouvant entraîner la perte du lien social et l'exclusion.

Les personnes victimes de pauvreté sont généralement des hommes seuls, des familles monoparentales, des jeunes de moins de 30 ans en rupture de liens familiaux. Le terme de « quart-monde » désigne les personnes souffrant de pauvreté absolue.

Les facteurs d'exclusion

1. Introduction

L'exclusion se fait donc par un cumul de facteurs dans la plupart des domaines de la vie sociale. Aujourd'hui, l'apparition de nouvelles formes de pauvreté ne permet plus d'envisager l'exclusion comme un phénomène marginal réservé aux « pauvres traditionnels » (personnes SDF, déracinées, etc.) Dans un contexte de crise et de dégradation de l'emploi, l'exclusion concerne de plus en plus de personnes.

2. Développement

Les facteurs

Dans la société, les échanges avec les collègues de travail, les relations intrafamiliales et les relations sociales conviviales créent des liens affectifs et sociaux. Au cours des dernières décennies, la crise de l'emploi, l'affaiblissement des solidarités familiales et le déclin de la participation sociale (syndicalisme, militantisme, religion) ont grandement affaibli les liens, créant peu à peu une fracture, un isolement. Les politiques de lutte contre l'exclusion tentent de recréer, à défaut d'une intégration par le travail, un certain nombre de réseaux de solidarité pour maintenir les liens entre les personnes en situation de grande précarité.

L'exclusion est le résultat d'un processus de « disqualification sociale », liée, entre autres, au chômage. *Dans Les Métamorphoses de la question sociale : une chronique du salariat* (Fayard, 1995), Robert Castel montre que l'on ne peut pas opposer une minorité d'exclus au reste de la société, car il existe toujours un risque pour tout un chacun de glisser dans une catégorie plus précaire, passant de la vulnérabilité à l'assistance, voire à l'exclusion (ce que Robert Castel nomme la « désaffiliation »).

Enfin, l'exclusion est une forme de relégation : elle a aussi une dimension urbaine. Les banlieues déshéritées sont souvent des lieux où sont regroupés les problèmes sociaux (chômage, échec scolaire, délinquance, etc.), conduisant à une véritable stigmatisation de ces quartiers, qui se sentent abandonnés.

3. Conclusion

La pauvreté et l'exclusion sont des préoccupations de notre société. Aujourd'hui, les élus semblent avoir pris conscience de la réalité de ce problème. Conformément à leur engagement lors de l'année européenne de lutte contre la pauvreté et l'exclusion, ils favorisent des actions pour permettre à des personnes de retrouver un certain niveau de vie ou de se sentir moins abandonnées par la société, renouant par là avec une certaine forme de solidarité.

❸ « Faut-il avoir peur des supporters ? »

1. Introduction

Le terme « foule » est utilisé en sociologie pour nommer un rassemblement provisoire, éphémère, momentané, sans finalité particulière.

Ce regroupement de supporters, lié à la durée d'un match, donne un sentiment collectif de toute-puissance, où tout est possible.

2. Développement

La foule est inconstante et changeante dans sa composition ; elle développe des attitudes spontanées où tout est simplifié, ritualisé, dépourvu d'esprit critique.

L'individu n'existe plus en tant qu'individualité. Il perd sa capacité de pensée, d'action, d'évaluation de la situation. Souvent, la foule facilite l'émergence de pulsions primitives.

« La foule sollicite les meneurs qui auraient une volonté de toute-puissance. »

Gustave Lebon, dans son ouvrage *Psychologie des foules* (Félix Alcan, 1905), montre comment le psychisme individuel régresse au contact d'une foule, sous l'effet de l'influence d'autres personnes ou du sentiment d'appartenance à cette entité groupale.

Dans une compétition, le supporter est porté par un élan de bonheur en cas de succès de son équipe, ou par un sentiment de grande frustration en cas de défaite. Sentiments qui engendrent, en toute impunité, des attitudes d'agressivité, de débordement, d'insultes, de dégradations.

3. Conclusion

Supporter une équipe, c'est participer à une rencontre sportive, et c'est aussi accepter la règle du jeu, selon laquelle le meilleur gagne. Mais ce regroupement peut aussi prendre des tournures négatives, et le sentiment de communion, d'appartenance laisse alors s'exprimer des attitudes incompréhensibles en société. Participer à une compétition n'entraîne pas forcément la perte de son libre arbitre. C'est au contraire s'associer à un exploit sportif pour son plaisir.

4 La relation grands-parents/petits-enfants

1. Introduction

Pour la première fois dans notre histoire, plusieurs générations coexistent. Il n'est pas rare aujourd'hui qu'un enfant ait des arrière-grands-parents. Cela modifie l'ensemble des rapports familiaux ; les liens se resserrent, et la solidarité entre générations se développe. Cependant, cette présentation semble un peu idyllique, ou associée à certains milieux : grands-parents aisés, en bonne santé, à proximité, soucieux du bien-être de leurs petits-enfants, ce qui n'est pas toujours le cas.

2. Développement

Historiquement, les grands-parents ont toujours eu un rôle de transmission auprès de leurs enfants et petits-enfants. Transmission d'une histoire (l'intérêt pour la généalogie en est une illustration), transmission d'une culture, d'une tradition ou de coutumes. Les fêtes de famille sont des occasions pour renouer ces liens intergénérationnels. Aujourd'hui, beaucoup de grands-parents sont disponibles et désireux d'accueillir leurs petits-enfants, dans un contexte choisi. Cette relation légitime leur statut de grands-parents en leur conférant une autre responsabilité d'adultes à l'écoute, plus coopérants, plus attentifs aux sentiments exprimés.

Cet accueil ou la garde des petits-enfants représente une aide matérielle non négligeable dans la situation économique pour les jeunes parents. Les horaires de travail, les difficultés pour trouver une place en crèche, le problème des enfants malades trouvent une solution lorsque les grands-parents peuvent assurer le relais éducatif.

Cependant, cette présentation harmonieuse nécessite beaucoup de conditions : une bonne entente au niveau familial, un sentiment de confiance réciproque, une attitude des grands-parents respectueuse des choix des parents, un comportement éducatif qui permet à l'enfant de trouver un accueil à la fois bienveillant et structurant.

Par ce positionnement éclairé, les grands-parents pourront devenir des « piliers affectifs », mais surtout des repères dans une société complexe.

Les enfants, pour leur part, trouveront d'autres modes d'apprentissage qui viendront renforcer ceux de leurs parents.

Cette relation affective devient alors un atout supplémentaire.

Mais elle peut être fragile : des divergences idéologiques, des attitudes non appropriées (grands-parents trop laxistes ou trop envahissants, voire usurpant la place des parents[1]) sont source de conflit pouvant entraver ce lien entre grands-parents et petits-enfants, nécessitant parfois un recours à la loi devant les tribunaux.

3. Conclusion

La situation dans laquelle les grands-parents assument et assurent une certaine complicité avec leurs petits-enfants et un soutien pour les jeunes est idéale.

Elle favorise alors l'épanouissement de l'enfant et atténue également les effets de la crise économique par une solidarité intergénérationnelle.

1. Les publications sur la relation grands-parents/petits-enfants sont nombreuses. Si certains auteurs évoquent l'art d'être grands-parents, d'autres traitent les difficultés de cette relation (Gisèle Halimi, *Histoire d'une passion*, éditions Plon, 2011).

Dans une société inégalitaire où les repères sociaux sont mis à mal, beaucoup de petits-enfants n'ont pas cette chance de grandir auprès de grands-parents aussi bienveillants et solidaires. Les parents devront trouver un substitut à cette relation auprès d'autres personnes.

Corrigé n° 3

❶ La liberté d'expression

Dans une démocratie, la liberté est un droit légitime, celui de l'homme dans son rapport aux autres.

La liberté d'expression est un droit fondamental cité à l'article 19 de la Déclaration universelle des droits de l'homme :

« Tout individu a droit à la liberté d'opinion et d'expression, ce qui implique le droit de ne pas être inquiété pour ses opinions et celui de chercher, de recevoir et de répandre, sans considérations de frontières, les informations et les idées par quelque moyen d'expression que ce soit. »

Cependant, les Nations unies restreignent cette liberté en interdisant certains propos, particulièrement les propos incitant à la haine raciale, nationale ou religieuse et relevant de l'appel au meurtre, qui sont des délits interdits par la loi. Ce texte répond en partie à la question suivante : la liberté d'expression peut-elle avoir de limites ?

Cependant, la liberté d'expression est aussi une question d'ordre philosophique, les penseurs cherchant à apporter une réponse en fonction de leur propre représentation du monde. La maxime : « La liberté des uns s'arrête là où commence celle des autres » nous rappelle qu'en société, nous devons restreindre notre liberté afin de garantir aux autres la jouissance de ce même droit.

Cette citation reprend les idées des philosophes du XVIIIe siècle (siècle des Lumières), elle nous met en garde contre les abus de pouvoir en affirmant que « la liberté consiste à faire tout ce qui ne nuit pas à autrui ».

Chaque homme est un être social, inscrit dans une société construite sur un ensemble de règles qui définissent les conditions d'un « vivre ensemble » (socialisation). Ce principe peut nous guider pour répondre à la question sur les limites de la liberté d'expression : respecter la dignité humaine et rechercher une vérité.

De plus, la liberté d'expression est garantie par des textes de loi.

Concernant les enfants, la Convention internationale des droits de l'enfant propose une définition à l'article 13 :

« L'enfant a droit à la liberté d'expression. Ce droit comprend la liberté de rechercher, de recevoir et de répandre des informations et des idées de toute espèce, sans considération de frontière, sous une forme orale, écrite, imprimée ou artistique, ou par tout autre moyen du choix de l'enfant.

L'exercice de ce droit ne peut faire l'objet que des seules restrictions qui sont prescrites par la loi et qui sont nécessaires :

- au respect des droits ou de la réputation d'autrui ;
- à la sauvegarde de la sécurité nationale, de l'ordre public, de la santé ou de la moralité publique ».

❷ Le travail d'équipe

Depuis plusieurs décennies, les entreprises favorisent en général le travail en équipe en regroupant des salariés pour réaliser une tâche, l'objectif étant une plus grande efficacité dans la production.

Dans le secteur social et médico-social, pour mener à bien leurs objectifs et leurs missions, les établissements ont aussi mobilisé l'ensemble du personnel. Tous ces acteurs œuvrent en fonction de leur spécificité, dans l'intérêt et les besoins des usagers, à partir d'un projet individualisé élaboré en commun. Ce travail collectif réalisé en équipe pluriprofessionnelle est essentiel pour mener à bien les projets.

Dans le secteur social et médico-social, il s'agira d'une équipe qui regroupe médecins, psychologues, rééducateurs, éducateurs et pédagogues.

Cette implication ne va pas de soi, il peut être difficile pour chaque professionnel de trouver une place reconnue au sein d'une équipe.

Des conditions doivent être respectées pour que le travail collectif soit opérant.

Ainsi, par exemple, chaque professionnel doit être reconnu dans ses compétences, son statut et doit par ailleurs adhérer aux missions et aux valeurs de l'institution.

La mise en œuvre de ces conditions facilite une dynamique de travail d'équipe.

Enfin, l'équipe pluridisciplinaire doit pouvoir se réunir régulièrement pour échanger des informations et définir des objectifs communs mais également pour évaluer ses actions. Actions ou interventions qui dépendent de l'adhésion de chaque membre d'une équipe au projet en cours.

❸ Les règles dans la vie collective

La vie collective implique nécessairement des règles pour garantir à chacun de pouvoir évoluer le plus sereinement possible en lien avec les autres. Les règles sont définies pour un groupe donné. On parle alors de règles de vie, de règlement intérieur, du respect du cadre. Pour chaque personne d'un groupe, la règle pose des limites claires : c'est un repère qui s'impose à tous.

Sur le plan éducatif, avec un collectif d'enfants par exemple, le règlement intérieur est un outil pour aborder le rapport à la loi, à l'interdit, à la frustration, à la transgression ; c'est un bon support d'apprentissage et de socialisation.

En général, le règlement intérieur permet de définir un cadre de régulation sécurisant et contenant, rappelant les droits et les devoirs de chacun. L'élaboration du règlement favorise l'appartenance à un groupe et sa cohésion.

Corrigé n° 4

Malgré l'évolution du secteur éducatif, la spécificité du moniteur-éducateur reste, selon les auteurs, l'accompagnement des personnes en internat. L'internat regroupe l'accueil d'enfants et d'adultes dans des structures spécialisées.

Le moniteur-éducateur encadre la vie quotidienne, en dehors des temps scolaires, d'apprentissage ou de travail. Il organise, partage et anime le quotidien des personnes qu'il accompagne dans leur lieu de vie. Ce mode d'intervention répond aux besoins des usagers ; il offre une certaine pertinence. *(79 mots)*

Corrigé n° 5

Sujet n° 1

❶ a et **b. ❷ b. ❸ c. ❹ c. ❺ b. ❻ d. ❼ a.** ❽ Faux. ❾ Faux. ❿ Faux. ⓫ Faux. ⓬ Faux. **⓭ a. ⓮ b. ⓯ c.**

Sujet n° 2

❶ c. ❷ b. ❸ c. ❹ d. ❺ c.

Corrigé n° 6

❶

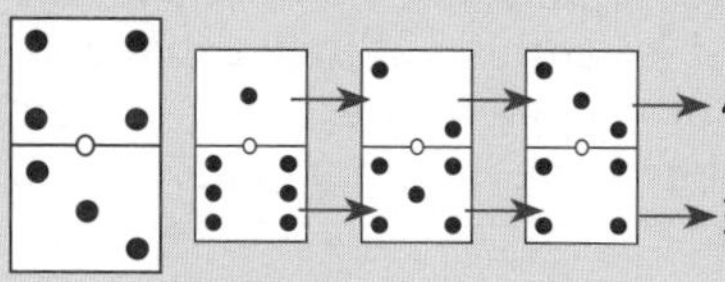

❷

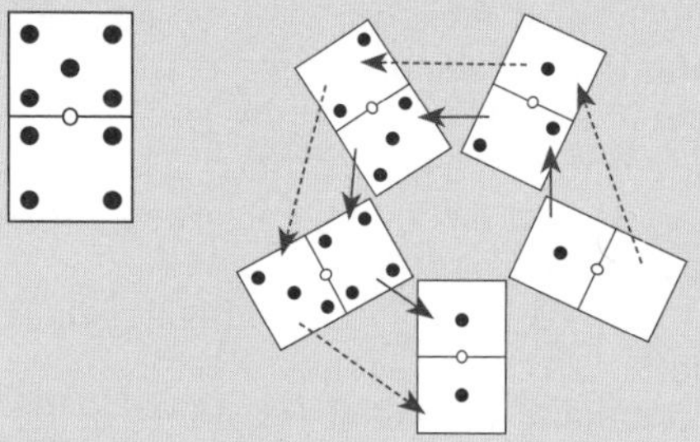

❸

La réponse à cette suite est l'as de cœur, la suite étant : Roi de trèfle, puis As de pique, puis de nouveau un roi, le roi de carreau, la suite logique est alors un as, d'une autre couleur, en l'occurrence l'as de cœur.

❹

La réponse à cette suite est le 10 de pique, la suite allant de deux en deux en changeant de couleur à chaque carte soit : 2 de pique, puis 4 de cœur, puis 6 de trèfle, puis 8 de carreau, donc la suite logique est 10 pique.

❺

La réponse à cette suite est le 9 de trèfle, la suite étant : deux chiffres identiques de suite mais de couleurs différentes, puis les deux cartes suivantes (5 + 2) avec les mêmes couleurs ; la suite logique est alors un 9 (7 + 2) et obligatoirement en trèfle.

❻

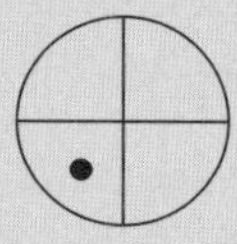

La réponse à cette suite est l'étoile dans le quartier gauche en bas du cercle.

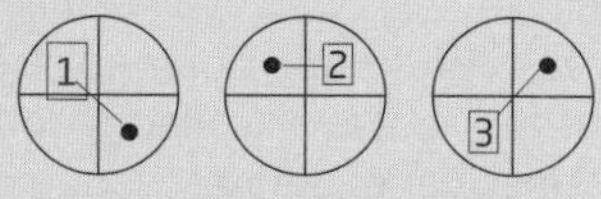

❼ 28 - 33. La progression est de + 5 entre chaque nombre.

❽ 10 - 18. La progression est de + 1 à partir du premier chiffre (de deux en deux) et + 2 à partir du deuxième nombre (idem, de deux en deux).

❾ 28. La progression est de + 1, + 2, + 3, + 4, + 5, donc + 6.

❿ 5. Le total de chaque paire fait 10 : 8 + 2, 6 + 4, 7 + 3.

⓫ Eau. Seul ce mot contient un « e ».

⓬ La suite se compose des jours, heures et mois de l'année ; 12 est le nombre de mois dans une année (65 = nombre de jours et 8 760 = nombre d'heures).

⓭ Méchant. Il s'agit d'une suite d'antonymes.

⓮ Le chat, qui n'est pas un rongeur.

⓯ 4, qui correspond au nombre de lettres dans chaque mot.

⓰ Abaissant - Abandon - Abasourdi - Abattu - Abattant - Abâtardi - Abatteur - Abat - Abat-jour - Abattage

⓱ Consacrer - Consister - Consolider - Consortium - Conspirateur - Consonne - Consommer - Consoler -Concilier - Consigner

⓲ Anémone - Achillée - Aigremoine - Balsamine - Bruyère - Campanules - Colchique - Coquelicot - Coucou - Daphné - Edelweiss - Églantine - Genêt-Gentiane - Géranium - Glaïeul - Immortel - Iris - Jacinthe - Jonquille - Lavande - Myosotis - Muguet - Narcisse - Œillets - Orchidée - Orchis -

Pensée - Perce-neige - Pervenche - Pissenlit - Primevères - Renoncules - Rose - Sauge - Silène - Soucis - Tulipe - Violette

19 **a. 1** ; **b. 1** ; **c. 1** ; **d. 1** ; **e. 2** ; **f.** 2 ; **g. 1** ; **h. 1** ; **i. 2**.

20 **a. 4** ; **b. 2** ; **c. 2** ; **d. 2** ; **e.** 2 ; **f. 2** ; **g. 2** ; **h. 2** ; **i. 1**.

Pour conclure

Après les épreuves d'admissibilité (épreuves écrites de niveau), la plupart des établissements de formation proposent une nouvelle épreuve écrite spécifique, dont les modalités sont présentées dans le règlement d'admission.

Les sujets proposés sont le plus souvent orientés sur des questions d'actualités ou sur des thèmes de société, thèmes qui permettent d'apprécier les connaissances du candidat, ainsi que ses capacités à mener un travail de réflexion argumentée.

Notre proposition de réaliser une revue de presse à partir de quotidiens ou d'hebdomadaires en ciblant plus particulièrement les questions sociales ou les grands thèmes de société devrait permettre aux candidats une meilleure implication dans les sujets proposés.

De plus, la lecture de plusieurs livres proposés en bibliographie devrait nourrir un travail de réflexion et d'analyse.

Le candidat pourra ainsi s'appuyer sur des auteurs afin d'étayer son argumentation.

La réalisation de plusieurs fiches de lecture[1] sera un bon support pour valoriser vos connaissances et prendre ainsi une certaine distance avec la problématique abordée.

Enfin, quelques instituts de formation proposent toujours des tests psychotechniques. Ces épreuves sont aujourd'hui largement connues et diffusées : elles sont surtout utilisées pour départager les candidats sur la liste principale.

Tableau récapitulatif des différentes épreuves proposées

Type d'épreuves	Proposées par le centre de formation
Commentaire à partir d'un texte ou d'une citation	Oui – Non
Résumé d'un texte	Oui – Non
QCM	Oui – Non
Description d'une situation rencontrée	Oui – Non
Dossier de présentation (cursus scolaire, professionnel, CV) servant souvent de support à l'oral	Oui – Non
Dossier de motivation (présentation du choix professionnel) servant souvent de support à l'oral	Oui – Non
Tests psychotechniques	Oui – Non

1. Une fiche de lecture sur un roman (œuvre souvent abordée dans le cadre scolaire), une sur un témoignage de personne en situation de handicap ou victime de problèmes familiaux, une fiche sur une question de société.

Les épreuves orales

DURÉE

30

minutes à

1

heure

Méthodologie et conseils

RAPPEL

L'article 2 de l'arrêté du 20 juin 2007 relatif au diplôme d'État de moniteur-éducateur (DEME) énonce que : « L'épreuve orale d'admission permet à l'établissement de formation d'apprécier l'aptitude et la motivation des candidats à l'exercice de la profession, compte tenu des publics pris en charge et du contexte de l'intervention, ainsi que son adhésion au projet pédagogique de l'établissement. »

1. Les différentes épreuves

A. Les entretiens

Les épreuves orales constituent la seconde partie de l'examen d'admission à la formation.

Comme pour les épreuves écrites, chaque établissement de formation est autonome dans le déroulement et le contenu de ses épreuves orales. Il existe des différences tangibles entre instituts de formation.

Néanmoins, il s'agit généralement d'entretiens d'une demi-heure à une heure, de face-à-face entre le candidat et le ou les membres des jurys de sélection.

Les entretiens peuvent ainsi être menés par une ou deux personnes (psychologue, éducateur, formateur).

Dans tous les cas de figure, l'entretien avec le psychologue porte plus particulièrement sur les motivations personnelles, la maturité, le contrôle de soi et les qualités relationnelles.

L'entretien avec le professionnel s'axe plus largement sur les motivations en termes d'engagement, de connaissance du métier, du contenu de formation, du contexte d'intervention. Le professionnel cherche à repérer chez le candidat sa capacité à parler de ses expériences, à se situer dans une situation éducative, à se questionner, à se remettre en question, et son aptitude à travailler en équipe, à s'adapter, à s'organiser.

On retrouve les mêmes attentes pour chacun des membres d'un jury, regroupant ensemble psychologue et professionnel éducatif.

Lors de cette ou ces épreuves orales, le candidat doit proposer un discours adapté par une attitude d'écoute active aux questions posées. Il ne s'agit pas d'apprendre puis de réciter des réponses stéréotypées que souvent les membres du jury auront vite repérées et demanderont parfois d'arrêter, mais d'être dans un échange qui laisse apparaître sa personnalité, sa réflexion et un positionnement personnel.

Pour bien préparer les épreuves orales, le candidat doit tout d'abord identifier ses connaissances sur le métier, en termes d'expérience, de contextes d'intervention, de problématiques sociales abordées.

Ensuite, il s'agit de cerner les motivations, en essayant de repérer, dans les situations éducatives ou relationnelles présentées, les besoins de formation.

La notation de ces entretiens peut être éliminatoire en fonction des règlements d'admission des établissements de formation.

B. Les épreuves collectives

Certains établissements de formation organisent des épreuves orales de groupe ou des productions collectives basées sur le concept de tests projectifs groupaux.

Ces épreuves ont pour but d'apporter aux membres du jury une évaluation plus explicite sur les capacités du candidat à travailler en équipe, à se positionner dans un groupe et à manifester ses aptitudes relationnelles.

Il s'agit alors, pour le candidat, de prendre une place constructive, d'être à l'écoute, d'être bienveillant et de ne pas monopoliser la parole ou l'attention.

Les groupes constitués sont souvent composés d'une dizaine de candidats. Ils doivent répondre, dans une durée déterminée, à une consigne du type : « échanger, discuter », sur un thème libre ou imposé. Le thème peut prendre toute forme d'énoncé : « Doit-on tout dire ? » ou « Faut-il tout attendre de la loi ? »

Pour les productions groupales, il peut être demandé aux groupes de réaliser une construction, une fresque, une sculpture, une affiche, etc., dans un temps limité, avec l'aide de matériaux fournis.

Ces groupes supervisés par des examinateurs sont souvent suivis d'un entretien individuel pendant lequel le candidat s'exprime sur ce qu'il a vécu, sur le fonctionnement du groupe, ou sur la place qu'il y a occupée.

2. Préparer les entretiens

Ces entretiens d'admission doivent être préparés. Arthur Ashe, célèbre joueur de tennis américain, déclarait dans les années 1970 : « Une des clés du succès est la confiance en soi. Une des clés de la confiance en soi est la préparation. »

Se préparer :

- c'est revenir sur son parcours scolaire et professionnel, pour être capable de le présenter en analysant son déroulement, et en pointant les liens possibles avec ce nouveau projet de formation ;
- c'est être en capacité de rendre compte d'une expérience professionnelle, et plus précisément une situation relationnelle qui a questionné ou marqué ;

- c'est essayer de comprendre ses motivations pour ce choix professionnel (rencontres déterminantes, expériences pertinentes), afin de présenter des arguments personnels expliquant cette orientation vers le métier de moniteur-éducateur ;
- c'est s'informer sur la profession de moniteur-éducateur, sur son contexte d'intervention, c'est connaître le déroulement et le contenu de la formation (la réforme des diplômes avec la mise en place des référentiels de compétences et de certifications, la durée et la nature des stages, etc.) ; c'est aussi s'informer sur le projet pédagogique de l'établissement de formation choisi,
- c'est avoir réfléchi aux contraintes matérielles et étudié les moyens pour répondre à un engagement financier (formation en voie directe ou en situation d'emploi) ;
- c'est travailler son expression orale : structurer sa pensée, répondre de façon pertinente, étayer son discours par des exemples concrets ;
- c'est enfin et surtout connaître les qualités et prérequis attendus d'un moniteur-éducateur pour comprendre sa démarche.

Points à travailler pour se préparer aux entretiens oraux

Points à travailler	Contenu	Attentes du jury
Présentation physique et orale	– Vêtements adaptés – Langage adapté – Expression claire – Écoute active – Regard en direction du jury – Ouverture d'esprit – Contrôle de soi	– Adaptation à une situation d'examen – Maturité affective – Capacité à se positionner – Capacités relationnelles – Contrôle de soi – Ouverture d'esprit – Capacité d'écoute – Capacité de remise en question
Connaissance générale du métier	Réflexion sur : – « le cœur du métier » – les activités principales – les attendus du métier – les qualités et les prérequis – la place du ME dans un travail d'équipe	– Intérêts réels pour le métier – Conscience des tâches et activités attendues – Représentation du travail éducatif
Connaissance du contexte d'intervention	Les différents établissements d'accueil en internat ou externat dans le secteur social et le secteur médico-social (horaires, tâches, responsabilités, etc.)	– Représentation du contexte d'intervention – Connaissances des différents établissements d'intervention du ME
Connaissance des publics accueillis	– Enfants – Adolescents – Adultes – Cadre d'accueils – Types de placement	Intérêts réels pour le métier par : – la connaissance des publics accueillis – la représentation de ces publics – l'accompagnement proposé

Retour sur le parcours scolaire et professionnel	– Cohérence de la présentation – Clarté et analyse de la chronologie du parcours (évoquer les étapes importantes)	Capacité à : – expliciter avec précision son parcours – à se situer – à rendre compte de ses éléments constitutifs
Réflexion sur les motivations pour le métier de moniteur-éducateur	– Les liens avec le parcours scolaire – Les expériences professionnelles ou bénévoles – Les événements déterminants à l'origine du choix du métier, (pourquoi ce métier ?)	Capacité à rendre compte, de manière authentique et raisonnée, de ses motivations
Réflexion sur la motivation à entrer en formation	Les besoins de connaissances repérés lors des expériences antérieures et la recherche de qualification	Capacité à rendre compte de la nécessité d'une formation pour exercer le métier
Capacité à expliciter une situation relationnelle (professionnelle ou personnelle)	– Clarté des propos, pertinence de la situation choisie – Évocation des ressentis, des questions soulevées	– Capacité d'auto-évaluation – Maturité affective
Retour sur sa personnalité	– Capacité à se présenter – Qualités – Savoirs – Compétences acquises – Besoins repérés – Maturité – Difficultés – Facilité, etc.	Capacité à : – parler de soi – se remettre en question – s'auto-évaluer
Connaissances de la formation	– Réforme de 2007 (référentiels, logique de compétences, etc.) – Durée de la formation – Déroulé – Contenu théorique – Stages – Alternance – Financement de la formation	– Intérêts réels pour la formation – Capacité d'anticipation et d'organisation
Connaissance du projet pédagogique de l'établissement de formation	– Projet pédagogique de l'établissement de formation choisi – Les références fortes	Capacité à se positionner au regard d'un projet d'établissement
Choix du dispositif de formation	– Voie directe : quel financement personnel de sa formation pendant deux ans ? – En situation d'emploi (apprentissage ou en contrat de professionnalisation) : accord de l'employeur	– Anticipation – Organisation – Responsabilisation – Lucidité

Projection dans l'avenir	– Autres projets envisagés – Si admission : - les appréhensions, - les efforts demandés - les aménagements consentis, - l'engagement professionnel dans la durée	Capacité à s'inscrire dans la durée d'un projet professionnel – Anticipation – Adaptation – Capacité à fournir les efforts nécessaires

3. Préparer les épreuves orales collectives

Pour les épreuves groupales de créativité et de débat, nous conseillons au candidat de rester serein, d'éviter trop d'originalité dans les attitudes et les propositions, de respecter les autres candidats, d'occuper l'espace sans l'envahir, d'échanger, d'écouter, d'aider et de participer activement à la réalisation demandée.

Ces épreuves permettent aux examinateurs d'évaluer les aptitudes des candidats à interagir dans un groupe, mais aussi de repérer ce qui, dans leur comportement, reflète une maturité sociale, une posture équilibrée entre l'émotionnel et le rationnel.

Points à travailler pour se préparer aux épreuves collectives

Points à travailler	Contenu	Attentes du jury
Présentation physique et orale	– Vêtements adaptés – Langage adapté – Expression claire – Écoute active – Ouverture d'esprit – Contrôle de soi	– Adaptation à une situation d'examen – Capacité à se positionner – Capacités relationnelles
Capacités relationnelles et place dans un groupe	– Capacité à travailler en groupe – Participation orale – Écoute – Échange – Coopération – Positionnement, empathie	– Équilibre du positionnement dans le groupe – Prise de parole – Argumentation des positions – Respect de l'autre – Capacité à : - s'intégrer - se remettre en question et à ne pas juger - à faire des concessions
Connaissances de culture générale	– Connaissance et intérêt pour les faits d'actualité – Capacité de réflexion et de questionnement – Capacité d'explicitation	– Intelligence de situation, – Aptitude à se questionner sur : - l'actualité, - le monde - l'existence humaine

Créativité	Engagement dans une production ou un débat collectif	– Capacité à : - proposer des idées, des solutions - produire un objet ou une réponse originale ou adaptée à la situation – Ouverture d'esprit

Résumé

Les modalités des épreuves orales sont spécifiques à chaque établissement. Elles sont organisées dans un but sélectif, afin d'identifier, parmi les candidats, les plus motivés par une perspective de formation, et les plus déterminés pour ce choix professionnel.

Pour identifier votre épreuve orale d'admission, nous vous proposons le tableau récapitulatif ci-dessous.

Type d'épreuve	Proposée par l'établissement de formation
Oral avec un examinateur (un éducateur professionnel ou un psychologue ou un formateur)	Oui – Non
Oral avec deux examinateurs (un professionnel et un formateur) (un professionnel et un psychologue)	Oui – Non
Oral collectif à partir d'un thème (débat)	Oui – Non
Oral collectif à partir d'une réalisation (création, production)	Oui – Non
Oral individuel avec un examinateur suite à l'épreuve collective	Oui – Non

Beaucoup de candidats appréhendent les épreuves orales, le face-à-face avec un examinateur ou un jury, et adoptent une attitude très conformiste, souvent liée au type de préparation au concours.

En réalité, l'épreuve orale est l'occasion pour les candidats de valoriser la richesse de leurs expériences, d'argumenter leur choix professionnel à partir d'une position personnelle.

En fait, il s'agit surtout d'intéresser le ou les membres du jury en leur faisant partager votre projet élaboré à partir d'un besoin de formation et d'un désir d'implication auprès d'un public.

Pour les examinateurs, il s'agit avant tout d'apprécier auprès des candidats leur dynamisme, leur maturité et leurs capacités à s'engager personnellement dans un projet professionnel ; engagement exprimé de façon claire et en cohérence avec une expérience, des connaissances et des capacités personnelles.

Identifier votre parcours de sélection

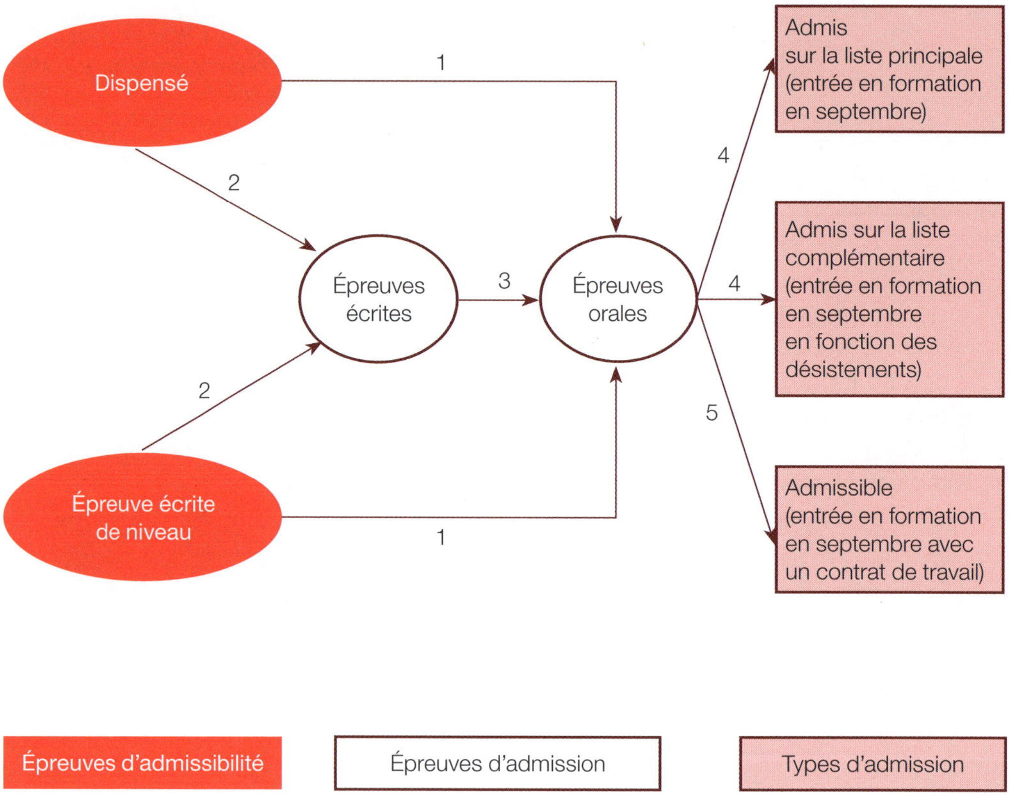

---

1. Certains centres de formation n'organisent pas d'épreuves écrites d'admission et convoquent aux oraux tous les candidats admissibles.
2. Candidats convoqués aux épreuves écrites par le centre de formation.
3. Candidats convoqués aux épreuves orales par le centre de formation.
4. Candidats admis.
5. Candidats admissibles (plus de 10 de moyenne aux épreuves).

PARTIE 2

Le cours

Le cours

Vous trouverez dans cette partie toutes les connaissances indispensables pour bien préparer votre sélection. Les points 1 à 13 évoquent des questions de société. Le point 14 présente tout ce qu'il vous faut connaître sur le métier de moniteur-éducateur. Enfin, le point 16 propose une présentation de la formation et le point 17 présente ce qu'il est indispensable de connaître avant de rentrer en formation.

1 | La France, l'Europe

1. L'administration de la France

Le territoire français est administré par des collectivités gérées par des conseils élus au suffrage universel.

Par l'élection, le citoyen participe aux grandes décisions politiques qui engagent l'avenir de chaque collectivité.

La France possède quatre niveaux de décision.

A. La commune

Collectivité de proximité, elle gère le patrimoine communal et elle exerce des compétences déléguées par l'État (urbanisme, enseignement maternel et primaire, action culturelle municipale, soutien à l'activité économique locale).

L'aide ou l'action sociale destinée aux différents publics (enfants, adultes, personnes âgées) est assurée au niveau de la commune par le centre communal d'action sociale (CCAS), structure publique présidée par le maire. Le CCAS gère les équipements, crèches, centres aérés, maisons de retraite, colonies de vacances, et développe, en fonction des orientations municipales, des aides ou les accompagnements nécessaires.

Pour améliorer leur gestion, les communes ont la possibilité de se regrouper en communauté urbaine, en communauté d'agglomérations ou de communes.

B. Le département

Collectivité territoriale, il gère le domaine départemental (patrimoine, enseignement secondaire, action culturelle, soutien aux activités économiques, réseau routier et surtout, depuis les lois sur la décentralisation de l'État, action sanitaire et sociale). Cette compétence, désormais confiée au département, représente plus de 40 % des dépenses. Elle permet d'assurer toute forme d'aide aux plus démunis.

C. La région

Collectivité territoriale, elle a pour mission le développement économique, social et culturel, ainsi que l'aménagement de son territoire, transports, environnement, grands projets, etc.

En matière d'enseignement, la région est responsable des lycées (construction et entretien des bâtiments) et de la formation professionnelle.

D. L'État

La France est un État républicain, laïque et démocratique, géré par un exécutif (président de la République et gouvernement), sous le contrôle du pouvoir législatif (Assemblée nationale, Sénat) qui vote les lois et le budget, conformément à la constitution de 1958 et aux directives européennes.

L'État est garant de l'unité nationale, assure la sécurité de la population, est responsable de la politique économique et de la solidarité nationale. Il dispose d'un budget voté par le Parlement et d'une administration pour exécuter toutes les tâches qui lui incombent.

L'élaboration du budget dans ses choix, impôts, dépenses, emprunts, ainsi que dans son exécution (priorités données dans les dépenses), s'établissent en fonction des orientations politiques du gouvernement.

La France est membre de l'Union européenne (UE). Le président de la République siège au Conseil européen en vue d'impulser une politique communautaire. Les ministres du gouvernement siègent au Conseil, selon l'ordre du jour, pour délibérer sur la politique commune.

Les États membres de l'Union sont censés mettre en application les décisions du Conseil.

Collectivité	Pouvoir	Compétences sociales
État	Exécutif : le gouvernement et le président de la République Législatif : les députés et les sénateurs L'État est représenté au niveau de la région et des départements par des préfets	Ministère de la Santé, des Affaires sociales et politiques de la ville, Cohésion sociale
Région	Exécutif : le président du conseil régional Instance délibérative : le conseil régional Les conseillers régionaux sont élus tous les six ans. Une réforme est en cours pour 2014.[1] Le préfet de région représente les intérêts de l'État.	

1. Le 9 décembre 2010, le conseil constitutionnel a validé le texte de loi réformant les collectivités territoriales et la création du conseiller territorial. À partir de mars 2014, les conseillers régionaux et généraux disparaissent et seront remplacés par un nouvel élu qui siègera à la fois au conseil général et au conseil régional.

Département	Exécutif : le président du conseil général Instance délibérative : le conseil général Les conseillers généraux sont élus[1] tous les six ans (réforme en cours). Le préfet représente les intérêts de l'État au niveau du département.	Protection maternelle et infantile (PMI), aide sociale à l'enfance (ASE), prévention spécialisée, maison du handicap, accueil des personnes âgées, etc.
Commune	Exécutif : le maire Instance délibérative : le conseil municipal Les conseillers municipaux sont élus tous les six ans. Le maire, agent de l'État, est officier de l'État civil et officier de police judiciaire (OPJ).	Centre communal d'action sociale (CCAS)

2. L'organisation des pouvoirs politiques en France

Conformément à la Constitution, la France est une République indivisible, laïque, démocratique et sociale.

Ce texte fondamental définit aussi l'organisation et le fonctionnement des institutions, et les différents pouvoirs.

Il distingue :

- le **pouvoir exécutif**, assuré par le président de la République et le gouvernement.

  Ainsi, le président de la République promulgue les lois, signe les ordonnances et décrets, négocie et ratifie les traités ; le gouvernement exécute les lois ;
- le **pouvoir législatif**, détenu par les députés et les sénateurs.

  Le Parlement, constitué des deux assemblées (Assemblée nationale, Sénat), vote les lois, le budget de la nation et contrôle l'action du gouvernement ;
- le **pouvoir judiciaire**, assumé par les magistrats.

La Constitution garantit l'indépendance de la justice. La justice est rendue au nom du peuple français ; elle est publique[2] et gratuite. L'autorité judiciaire est gardienne des libertés individuelles. Toute personne mise en examen a droit à une défense ; elle est présumée innocente tant qu'elle n'a pas été condamnée par un tribunal. Enfin, toute personne qui s'estime lésée par une décision de justice a droit au recours.

1. Les dernières élections cantonales de mars 2011 ont été marquées par un fort taux d'abstention (56 % au niveau national et 80 % des 18-24 ans). Ce désintérêt interroge un des fondements de notre démocratie, basé sur le sens civique : la capacité donnée à tout citoyen d'exprimer ses choix par le vote et de peser ainsi sur la destinée de son environnement local ou national.

2. Toute personne peut assister aux débats, mais, dans certaines affaires, le président du tribunal peu prononcer le huis clos. Le tribunal pour enfant siège toujours à huis clos.

3. L'Union européenne (UE)

Fondée par la République fédérale allemande, la Belgique, l'Italie, les Pays-Bas, le Luxembourg et la France, la Communauté européenne se transforme en Union en 1992, par le traité de Maastricht. Aujourd'hui, l'UE regroupe 28 États membres qui, par une politique commune, harmonisent les législations nationales, les impôts et taxes, gèrent les excédents agricoles, préservent la reproduction de la pêche, etc., tout en facilitant la circulation des personnes et des capitaux.

Les institutions européennes

Instance	Composition	Fonction
Conseil européen	Réunion des chefs d'États de l'UE	Impulsion d'une politique communautaire
Le Conseil	Composé des ministres réunis en fonction de l'ordre du jour : finances, agriculture, transports, politique étrangère, politique industrielle	Organe de décision, définition des orientations politiques[1]
La Commission	Réunion des 28 commissaires nommés par les États membres. Organe gestionnaire, elle emploie plus de 37 000 fonctionnaires	Exécute les décisions et veille à l'application du droit communautaire
Le Parlement européen	Élu au suffrage universel pour cinq ans, composé de 736 députés, le Parlement est une instance de délibération qui participe à l'élaboration d'une politique commune	Valide les règlements ou directives, vote le budget, contrôle le travail de la Commission
La Cour de justice	Cour composée de 28 juges et de huit avocats généraux désignés par les États membres	Contrôle le respect du droit européen
Les instances économiques européennes	– Le Conseil économique et social – La Cour des comptes – La Banque centrale européenne (BCE)	– Donne son avis sur les propositions – Contrôle le budget responsable de la politique monétaire

4. Question d'actualité : la loi sur les retraites du 10 novembre 2010

A. Le vote d'une loi

Le Premier ministre, au moyen d'un projet de loi, ou un membre du Parlement, au moyen d'une proposition de loi, peuvent initier une nouvelle loi.

Le texte du projet ou proposition de loi, comportant un exposé des motifs, doit être approuvé par le Conseil des ministres, après avis du Conseil d'État.

1. Aujourd'hui, l'UE forme un partenariat politique, économique et social entre 28 pays. Facteur de paix, de stabilité, l'UE s'engage à lutter contre le changement climatique et à renforcer la libre circulation des personnes. Les États membres sont censés mettre en application les décisions du Conseil.

Il est ensuite déposé auprès d'une des deux assemblées (Sénat ou Assemblée nationale), pour étude par une commission comportant un rapporteur.

Ce projet ou proposition de loi amendé devra être voté par une assemblée avant d'être transmis à l'autre en vue d'une nouvelle approbation.

La loi votée par les deux assemblées est promulguée par le président de la République. Elle entrera en vigueur dès sa publication au *Journal officiel* (JO), en fonction de la parution des arrêtés et des décrets d'application.

B. La loi sur les retraites du 10 novembre 2010

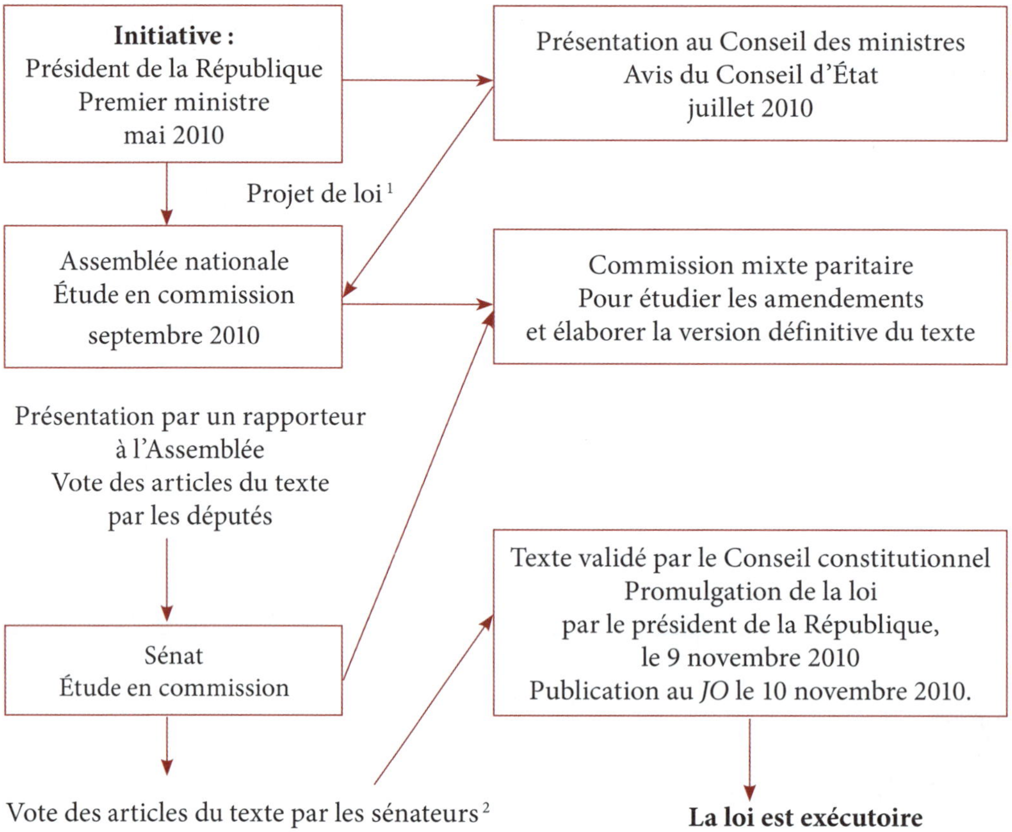

1. Réforme des retraites qui prévoit une série de mesures visant à assurer l'équilibre du système. L'essentiel des efforts est assuré par les salariés.
2. Les amendements votés : pénibilité, mesure en faveur des parents d'enfants handicapés et des personnes handicapées, carrières longues.

C. Les grands points de la réforme

- L'âge légal de départ à la retraite passe de 60 à 62 ans en 2018.
- Le nombre d'années cotisées passe à 41 ans et un trimestre en 2013, pour bénéficier d'une retraite de base à taux plein.
- L'âge de l'annulation de la décote passe à 67 ans, progressivement de 2016 à 2023.
- Les exemptions : les salariés reconnus avec un taux d'incapacité physique pourront partir à la retraite à 60 ans (cf. la notion de pénibilité).
- Les parents d'enfants lourdement handicapés pourront partir à la retraite à 65 ans sans décote.
- Le dispositif sur les carrières longues est reconduit.

D. Débats

« La présentation progressive des décrets d'application de la loi du 9 novembre 2010 montre que le gouvernement défend une conception de la pénibilité plus réparatrice que préventive. Initialement, le projet de loi réformant les retraites prévoyait la possibilité d'un départ anticipé à 60 ans et à taux plein pour les salariés justifiant d'une incapacité de plus de 20 %. Le ministère du Travail avait évalué à 10 000 personnes par an le nombre de bénéficiaires de cette disposition. En septembre 2010, après le succès inédit de la manifestation intersyndicale de la rentrée, la mesure avait été élargie aux salariés justifiant d'un taux d'incapacité permanente de 10 %. Ce nouveau droit permettait de faire bénéficier les salariés souffrant de troubles musculaires squelettiques une catégorie en pleine expansion, soit 20 000 personnes de plus par an. Un décret adopté en janvier a ajouté une condition supplémentaire : ces mêmes salariés devront également justifier de 17 ans d'exposition à au moins un facteur de pénibilité… Plusieurs textes réglementaires sont encore attendus d'ici à la fin du mois de juin 2011. Ils entreront en application le 1er janvier 2012. Les syndicats, convaincus que le gouvernement fait le minimum, n'espèrent pas grand chose de ces textes en cours sur la pénibilité. »

C. Guélaud, *Le Monde*, 4 mai 2011

E. Le retour partiel à 60 ans de l'âge légal de départ à la retraite

Un décret adopté en juin 2012 pour une application au 1er novembre permettra à tous ceux qui ont commencé à travailler à partir de 18 ans, ou à partir de 19 ans, de faire valoir leurs droits à la retraite à 60 ans. Ces personnes devront avoir cotisé la durée minimale ouvrant droit à une retraite à taux plein, soit 41 années.

Ce décret est une modification du dispositif existant intitulé « Carrières longues ». De plus, le gouvernement a rajouté la possibilité de valider des trimestres supplémentaires pour obtenir les 41 années de cotisation : 2 trimestres de plus pour la maternité, 2 trimestres pour le chômage. Cette mesure va permettre à 110 000 personnes de partir à la retraite en 2013, ce qui représente 20 % des départs annuels.

2 | Le développement durable et l'économie solidaire

1. Le développement durable

« Le développement durable, c'est la gestion rationnelle des ressources humaines, naturelles et économiques qui vise à satisfaire les besoins fondamentaux de l'humanité. Le développement durable implique plusieurs conditions : la conservation de l'équilibre général, le respect de l'environnement, la prévention de l'épuisement des ressources naturelles, la diminution de la production des déchets et enfin la rationalisation de la production et la consommation d'énergie [...]. Ce concept est né de deux constats : la fracture Nord/Sud et la recherche d'un développement humain, ainsi que de la crise écologique accompagnée de l'urgence de sauvegarder l'environnement. »

Extrait du site Internet : www.developpementdurable.org

Le développement durable est un développement qui permet de satisfaire les besoins des générations présentes, sans compromettre la possibilité pour les générations à venir de satisfaire leurs propres besoins.

Il n'est pas synonyme de protection de l'environnement ; il concerne les actions à long terme sur :

- l'environnement, en ce qui concerne l'écologie, la lutte contre les pollutions, contre la désertification, contre la couche ozone, la biodiversité, la protection des forêts, de l'eau et du climat, l'énergie renouvelable, etc. ;
- l'économie, en ce qui concerne la recherche d'une meilleure régulation économique, du commerce mondial et d'une meilleure répartition des richesses ;
- le social et la ressource humaine, en ce qui concerne le droit de chaque personne (nourriture, habitation, travail, famille, enfants, etc.).

Le développement durable concerne trois niveaux : l'international, le national et le local.

2. L'économie solidaire

« L'économie solidaire est un mouvement qui regroupe des milliers d'initiatives locales pour produire, consommer, employer, épargner et décider autrement. Elles assurent des services collectifs pour mieux vivre ensemble. Elles sont soutenues par des ressources mixtes : paiement par des clients, aides nationales et locales, engagements bénévoles. Certaines activités de l'économie solidaire sont bien connues : logement des exclus, éducation populaire, aide aux personnes, recyclage, protection de l'environnement. L'insertion par l'activité économique, qui remet au travail des chômeurs de longue durée, emploie désormais entre 250 000 et 300 000 personnes. Le commerce équitable vient soutenir les petits producteurs du tiers-monde. L'économie solidaire est présente partout où l'on promeut la recherche du bien commun. Elle est fille de deux longues traditions, celle du mouvement ouvrier et celle de l'économie sociale (mutuelles, coopératives, associations) aspirant en commun à une société d'hommes libres et égaux en droits [...] »

Manifeste de l'économie solidaire
10 octobre 2006, extrait du site Internet : www.amisdelaterre.org

L'économie solidaire se veut être une alternative à la dérégulation du marché en proposant une autre logique dans les échanges des biens et des services.

Elle a pour finalité la lutte contre l'exclusion, la prise en compte des besoins peu ou pas satisfaits par le marché. Ses valeurs sont fondées sur la solidarité, la réciprocité, l'équité, la citoyenneté et sur le respect de l'environnement et des êtres humains.

L'économie solidaire comporte plusieurs réalisations.

A. L'épargne solidaire

À côté de l'épargne classique basée sur la spéculation, se développe depuis plusieurs années une nouvelle forme d'épargne, appelée épargne solidaire ou épargne éthique, à l'initiative de personnes qui souhaitent orienter des placements sur des projets utiles socialement, comme par exemple les jardins sociaux, les garages autogérés, ou des circuits marchands favorisant la personne et l'intégration sociale.

B. Les réseaux d'échange de services réciproques (RESR)

Les RESR sont des réseaux au travers desquels des personnes échangent leurs savoirs et leurs savoir-faire. L'échange est réciproque et non marchand ; il repose sur le volontariat, le bénévolat et la solidarité.

C. Les systèmes d'échanges locaux (SEL)

Les SEL sont des structures souvent associatives qui organisent des échanges entre leurs adhérents sur une base non marchande. Ces échanges concernent, comme pour les RESR, des savoirs, des savoir-faire, mais également des biens. Les échanges sont quantifiés par une sorte de monnaie dont l'unité est propre à chaque SEL. Ces expériences créent de l'échange de proximité, de la réciprocité, du lien social et valorisent les potentialités.

D. Le commerce équitable

Les promoteurs du commerce équitable souhaitent construire un commerce plus juste entre le Nord et le Sud. Des associations passent des conventions avec des groupements de producteurs, en général des pays du Sud. Elles achètent des produits en fonction des prix de revient, moyennant quoi les producteurs, de leur côté, s'engagent à produire en respectant les droits fondamentaux des salariés ainsi que l'environnement.

3. Question d'actualité : l'insertion par l'activité économique

« L'insertion par l'activité économique consiste à mener un projet économique dont la finalité est la réinsertion des personnes les plus exclues du marché du travail. Née dans les années 1980, elle a pour finalité de permettre aux personnes les plus exclues (allocataire du RSA, chômeurs de longue durée, etc.) de retrouver un emploi par un parcours d'insertion adapté. Elle ne peut fonctionner que grâce à des entrepreneurs sociaux qui décident de monter une entreprise ou une association dont la vocation est autant économique que sociale. »

Extrait du site Internet : www.alternatives-economiques.fr

L'insertion par l'activité économique est définie par la loi d'orientation relative à la lutte contre les exclusions du 29 juillet 1998.

Elle a pour objet de permettre à des personnes sans emploi relevant des missions locales de bénéficier, pendant une période déterminée, d'un contrat de travail et d'un accompagnement professionnel en vue de faciliter l'accès au marché du travail.

Plusieurs types de structures proposent des activités économiques :

- les centres d'adaptation à la vie active (Cava) : leur objectif est l'accompagnement des personnes très désocialisées, exclues professionnellement, pour une « requalification sociale » ;
- les chantiers d'insertion sont destinés à des personnes de faible qualification, sans emploi, rencontrant des difficultés. Conventionnées par l'État, ces structures proposent différents types de contrats de travail (contrat d'avenir ou un contrat d'accompagnement dans l'emploi) ;
- les associations intermédiaires se proposent de faciliter l'insertion professionnelle des personnes, en les mettant à disposition de particuliers, d'associations, de collectivités locales ou d'entreprises ;
- les régies de quartier, associations regroupant collectivités locales, bailleurs sociaux et militants d'un même quartier, ont pour mission de favoriser l'insertion sociale et professionnelle d'habitants ;
- les entreprises d'insertion, véritables entreprises, sont exonérées des cotisations patronales de la sécurité sociale, et indemnisées pour l'embauche des personnes orientées par Pôle emploi.

3 | Le chômage et la pauvreté

1. Le chômage

A. Définitions

L'Institut national de la statistique et des études économiques (Insee) définit le chômage comme « l'ensemble des personnes de 15 ans et plus, privées d'emploi et en recherchant un. » Un chômeur est donc une personne n'exerçant aucun emploi rémunéré et qui s'engage à en rechercher un.

En France, la complexité du calcul du taux chômage s'appuie sur de nombreuses variantes et laisse souvent place à de multiples interprétations et polémiques.

Il existe deux sources statistiques du chômage :

- les statistiques mensuelles du ministère du Travail qui déterminent le nombre de demandeurs d'emploi enregistrés par Pôle emploi ;
- l'enquête emploi de l'Insee mesurant le chômage à partir de la définition qu'en fait le Bureau international du travail à Genève : « Est chômeur une personne en âge de travailler, 16 ans ou plus qui est sans emploi, à la recherche active d'un emploi et disponible dans les 15 jours ».

Pôle emploi propose sa propre définition du chômage sur laquelle le gouvernement s'appuie pour communiquer les chiffres officiels : « Est un demandeur d'emploi, un chômeur qui est inscrit à Pôle emploi. »

Ces définitions, ou approches du chômage, expliquent la controverse sur le calcul du taux et sur le recensement du nombre de chômeurs.

Pôle emploi distingue plusieurs catégories d'inscrits en fonction de critères précis, tels que la démarche de recherche active d'emploi, ou non active dans les cas de stage, de formation, de maladie ou de contrat aidés, etc., et les demandeurs d'emploi de longue durée.

Selon Eurostat (direction générale de la Commission européenne chargée de l'information statistique à l'échelle communautaire), le taux de chômage en France au 1er avril 2011 est de 9,6 % de la population active.

B. Le traitement du chômage en France

En France, il y a deux régimes d'indemnités : le régime d'assurance-chômage géré par Pôle emploi (né de la fusion des associations pour l'emploi dans l'industrie et le commerce [Assedic] et de l'Agence nationale pour l'emploi [ANPE]) et le régime de solidarité, financé par l'État.

L'ANPE, établissement public administratif crée en 1967, était chargée de centraliser les offres et les demandes d'emploi, d'effectuer des statistiques sur le nombre de demandeurs d'emploi et de gérer des centres de ressources pour aider les chercheurs d'emploi dans leurs démarches et leur parcours. L'Union nationale interprofessionnelle pour l'emploi dans l'industrie et le commerce (Unedic) avait la charge de la gestion de l'assurance-chômage. Ces deux organismes ont fusionné en décembre 2008 pour constituer un seul guichet public de l'emploi sous le nom de Pôle emploi.

a. Le régime d'assurance-chômage

L'assurance-chômage est financée par les contributions des employeurs et des salariés. Ces contributions sont reversées, sous forme d'indemnités, aux salariés qui se trouvent privés d'emploi. Une partie des fonds collectés est également affectée à des dépenses ayant pour objectif de faciliter un retour à l'emploi.

Le régime de solidarité est financé par l'État. Il prend le relais du régime d'assurance-chômage lorsque celui-ci n'intervient pas ou n'intervient plus. Le régime de solidarité traduit une idée de solidarité nationale avec un financement par le biais des impôts. Il prend en charge des situations particulières, comme les détenus libérés ou les chômeurs de longue durée. Ce régime est géré par Pôle emploi.

b. Les accompagnements à l'emploi

De nombreuses mesures existent pour permettre de favoriser l'insertion professionnelle des jeunes ou des seniors et pour développer les formations qualifiantes.

Parmi toutes ces mesures, on trouve l'accompagnement personnalisé et le projet personnalisé d'accès à l'emploi, l'aide aux chômeurs créateurs ou repreneurs d'une entreprise (Accre), le contrat de professionnalisation ou le contrat d'apprentissage, le nouvel accompagnement pour la création et la reprise d'entreprise (Nacre), ou encore la validation des acquis de l'expérience (VAE).

C. Le chômage, un symptôme

Le chômage révèle les multiples maux de la société actuelle : pessimisme et inquiétude face aux délocalisations, aux discriminations, aux inégalités de sexes, d'âges, de catégories sociales, etc.

Le texte suivant, extrait de *L'État des inégalités en France* [1], illustre bien ce symptôme:

« Le manque d'emploi frappe lourdement la société française. Hormis les fonctionnaires titulaires, rares sont ceux qui sont à l'abri de se retrouver sans emploi, parfois de manière très rapide. Mais toutes les catégories ne sont pas touchées de la même façon. Le taux de chômage s'élève à 11 % chez les femmes, contre 9 % chez les hommes. Ouvriers et employés sont deux fois plus souvent au chômage que les cadres et les professions intermédiaires. Le taux de chômage grimpe aussi chez les jeunes et les étrangers, pour lesquels il atteint parfois 40 %. Les inégalités se cumulent sur le marché du travail : si l'homme européen diplômé de 40 ans connaît une situation de quasi plein emploi, la situation est désastreuse pour les jeunes femmes d'origine africaines non qualifiées… De plus,

1. L. Maurin et P. Savidan (dir.), L'État des inégalités en France, Paris, Belin/Observatoire des inégalités, 2007, p. 35.

de nombreux salariés, près de 12 %, subissent la précarité du monde du travail. Des entreprises du secteur privé […] proposent de plus en plus souvent des contrats de travail à temps partiel et à durée déterminée, des missions d'intérim voire des stages peu gratifiés […]. »

2. La pauvreté

La pauvreté est l'état d'une personne, d'une famille ou d'un groupe, qui dispose de très faibles ressources. La pauvreté ne se réduit pas au seul indicateur monétaire ; elle concerne également des aspects du quotidien tels que les conditions de logement, l'accès à la santé, l'obtention d'un travail.

On peut distinguer trois niveaux de pauvreté :

- la pauvreté absolue, dans laquelle les ressources nécessaires pour subvenir aux besoins essentiels comme l'alimentation, l'habillement ou le logement sont indisponibles ;
- la pauvreté relative, dans laquelle les ressources sont inférieures de 50 % au revenu médian, signifie déjà l'exclusion des modes de vie habituels concernant la consommation, la culture ou les loisirs ;
- la nouvelle pauvreté correspond à une frange de la population qui n'avait pas encore connu la misère, mais qui cumule des fragilités pouvant les entraîner vers la dépendance des services sociaux, la perte du lien social et l'exclusion. Les personnes touchées par la nouvelle pauvreté sont généralement des hommes seuls, des familles monoparentales, ou des jeunes de moins de 25 ans en rupture de liens familiaux.

Le terme « quart-monde » a été inventé par le Père Vresinski, en 1969, pour désigner les personnes souffrant de pauvreté absolue dans un pays riche.

La pauvreté se transforme en exclusion lorsque le niveau de ressources est trop faible pour que l'individu ou le ménage participe réellement à la société. La pauvreté apparaît alors comme une mise à l'écart qui a toujours un caractère multidimensionnel. L'exclusion se fait par le cumul situations : perte d'emploi, emploi précaire, difficultés d'insertion professionnelle, problèmes de santé, de logement, problèmes familiaux graves, échec scolaire, surendettement, etc.

Dans la société, l'intégration des individus se fait par l'accès à l'emploi et à la protection sociale, mais aussi par rapport aux autres groupes d'appartenances (familles, politiques, professionnels, groupes sociaux, etc.).

Les échanges qui naissent du travail en commun, des relations intrafamiliales et des relations sociales créent ce que l'on nomme le lien social. L'exclusion est une rupture de ce lien social.

Au cours des deux dernières décennies, la crise de l'emploi, l'affaiblissement des solidarités familiales et le déclin de la participation sociale (syndicalisme, militantisme, religion, etc.) ont grandement affaibli le lien social, engendrant peu à peu isolement et exclusion.

L'exclusion est donc le résultat d'un processus de « disqualification sociale ».

Robert Castel montre, dans son ouvrage *Les Métamorphoses de la question sociale* (Gallimard, 1999), comment on ne peut pas opposer une minorité d'exclus au reste de la société. Rien n'est réellement figé dans la société actuelle, il existe toujours un risque, pour tout un chacun, de glisser de la précarité à la vulnérabilité, et de l'assistance à l'exclusion, à la désaffiliation.

3. Débats

Comme en Espagne, en Belgique, au Portugal ou en Italie, l'une des maximes de la France pourrait être « étudiée d'abord, travaillée ensuite ». C'est l'un des constats que dresse le Centre d'analyse stratégique[1] (CAS), qui publie une étude sur l'emploi et le chômage des jeunes. La baisse du nombre des jeunes actifs français de 2,1 millions en 30 ans est liée à la démographie, mais aussi à l'allongement constant de la durée des études. Sauf que les diplômes ne protègent pas toujours du chômage, des emplois précaires et des bas salaires.

Le taux de chômage des moins de 25 ans est de 23,2 % en France contre 20,6 % dans l'Union européenne (UE).

Pour le CAS, « les mesures prises par les pouvoirs publics : l'alternance, les contrats aidés destinés à des publics précis ou encore une réduction du coût du travail, pourraient être améliorées pour mieux remplir leurs objectifs. »

Des solutions pour les jeunes « décrocheurs »

Comment restreindre le nombre des jeunes qui quittent le système éducatif sans diplômes ni qualifications ? C'est l'un des principaux enjeux des politiques en faveur de l'emploi des jeunes. L'Éducation nationale estime à 180 000 le nombre des « décrocheurs ». Pour y remédier, le CAS préconise plutôt de développer l'apprentissage pour éviter les sorties de route. Il invite aussi à poursuivre les « écoles de la deuxième chance », les contrats d'insertion dans la vie sociale ou les contrats d'autonomie. Tous ces systèmes permettent aux jeunes de poursuivre volontairement leurs études hors des parcours classiques, tout en évitant un relèvement de l'âge de la scolarité obligatoire, jugé « inadapté » au cas français.

L'alternance à tous les niveaux...

Fin 2010, près de 600 000 jeunes suivaient des formations en alternance : 173 000 en contrats de professionnalisation et 414 000 en apprentissage. Dans son nouveau plan pour l'emploi, le gouvernement table sur un objectif de 800 000 alternants en 2015. Mais cet objectif « pourrait se heurter au manque de capacités d'accueil à la fois dans les entreprises et dans les centres de formation », prévient le Centre d'analyse stratégique.

Une meilleure utilisation des contrats aidés

Dans le secteur marchand, les contrats uniques d'insertion ou contrats uniques emploi permettent, « à titre temporaire », de réduire le coût du travail pour

1. Le Centre d'analyse stratégique est une institution d'expertise et d'aide à la décision placée auprès du Premier ministre.

encourager les embauches des jeunes en difficulté. Ils provoquent aussi, selon le CAS, des effets d'aubaines importants et le « développement d'emplois de faible qualité ». « Ces critiques plaident pour utiliser surtout ces contrats dans les périodes de mauvaise conjoncture, qui frappent en priorité les jeunes et en particulier les moins qualifiés», estime le CAS.

Extrait de *L'Express*, publié le 16 mai 2011.

4 | Handicap et société

Le terme « handicap » vient de l'expression anglaise *hand in cap* qui signifie « la main dans le chapeau ». Au XIXᵉ siècle, le *hand in cap* était un jeu anglais consistant à mettre dans plusieurs chapeaux des objets de valeurs différentes, puis de les tirer au hasard. Chacun avait ainsi sa chance. Puis le terme a progressivement été utilisé pour les courses hippiques, dans lesquelles il s'agissait d'égaliser les chances de tous les concurrents en imposant des difficultés supplémentaires aux plus forts.

Aujourd'hui encore, on parle de handicap en hippisme, lorsque les chevaux portent des poids différents devant permettre à chacun d'eux de gagner.

Selon Guy Dréano, le mot handicap s'est progressivement imposé en France, après avoir remplacé les termes « infirme » ou « invalide de guerre ou civil », pour évoquer « l'incapacité[1] pour cause de déficience[2] d'une fonction motrice, sensorielle ou mentale entraînant, pour la personne, un désavantage[3] pour l'exercice de sa vie[4] ».

Guy Dréano ajoute que « très curieusement, alors qu'à l'origine, il s'agissait de charger, pour le ralentir, celui qui paraissait trop avantagé dans une course ou un jeu, le concept s'est renversé puisqu'il convient aujourd'hui d'alléger la charge de celui qui est déclaré handicapé, en lui apportant une aide pour faciliter ses apprentissages et ses évolutions[5] ».

La loi 2005-102 du 11 février 2005 portant sur l'égalité des droits et des chances, la participation et la citoyenneté des personnes handicapées apporte une nouvelle définition du handicap : « Constitue un handicap, au sens de la présente loi, toute limitation d'activité ou restriction de participation à la vie en société subie dans son environnement par une personne en raison d'une altération substantielle, durable ou définitive d'une ou plusieurs fonctions physiques, sensorielles, mentales, cognitives ou psychiques, d'un polyhandicap ou d'un trouble de santé invalidant. »

On peut distinguer trois types de situations de handicap :

- le handicap mental : « Tout ce qui tend à réduire les différentes facultés qui permettent d'acquérir, de conserver et exploiter les connaissances de manière adaptée[6]. » ;
- le handicap moteur ou handicap physique, définissant « toute atteinte corporelle qui réduit ou interdit les mouvements[7] » ;

---

1. L'incapacité et la restriction d'absence d'aptitude (pouvant résulter d'une déficience) à exécuter une activité de la manière considérée comme normale.
2. La déficience est une perte ou anomalie psychologique, physiologique, ou anatomique.
3. Préjudice qui résulte de la déficience ou de l'incapacité.
4. G. Dréano, *Guide de l'éducation spécialisée : acteurs et usagers, institutions et cadre réglementaire, pratiques professionnelles*, Paris, Dunod, 2006.
5. *Ibid.*
6. *Ibid.*
7. *Ibid.*

- le handicap sensoriel, qui définit « l'atteinte partielle ou totale d'un ou plusieurs organes des sens (principalement la vue et l'ouïe) et ayant des répercussions sur le langage[1] ».

Les situations de handicap peuvent être innées ou acquises, et peuvent résulter de causes multiples (suite d'un accident, d'une maladie, d'un traumatisme psychique ou physique, d'une anomalie génétique ou organique, des conséquences du vieillissement, etc.)

1. La création de maisons départementales des personnes handicapées (MDPH)

Elles sont sous la tutelle administrative et financière des départements. Elles ont pour missions :

- l'accueil, l'information, l'accompagnement et le conseil des familles ;
- une sensibilisation de tous les citoyens ;
- la gestion d'un fonds de compensation du handicap ;
- l'organisation du fonctionnement de l'équipe pluridisciplinaire de la Commission des droits et de l'autonomie des personnes handicapées (CDAPH).

Les MDPH apportent un accès unique aux droits et prestations, en ce qui concerne l'accès à la formation, à l'emploi et à l'orientation vers des établissements et services, et facilite les démarches des personnes handicapées et de leurs familles.

Elles ont donc une fonction de « guichet unique » pour les personnes handicapées et leur famille.

2. La création de la Commission des droits et de l'autonomie des personnes handicapées (CDAPH)

La CDAPH est compétente pour prendre des décisions d'orientations scolaire, professionnelle ou sociale (orientation des personnes en situation de handicap, enfants ou adultes vers les établissements spécialisés adaptés (instituts médico-éducatifs [IME], instituts éducatifs, thérapeutiques et pédagogiques [Itep], instituts médico-professionnels [Impro], maisons d'accueil spécialisées [MAS], foyers de vie, hébergement, services d'accompagnement à la vie sociale [SAVS], services d'accompagnement médico-social pour adultes handicapés [Samsah], etc.), pour apprécier si l'état ou le taux d'incapacité justifient l'attribution des allocations (allocations aux adultes handicapées [AAH], allocations d'éducation de l'enfant handicapé [AEEH], allocation de compensation), de la carte d'invalidité, pour l'attribution de

1. *Ibid.*

l'AEEH (remplaçant l'AES) et de l'AAH et la prestation de compensation, et enfin pour reconnaître la qualité de travailleur handicapé.

3. La création d'un droit à compensation (à partir d'un plan de compensation)

Cette nouvelle « prestation de compensation » est destinée à financer le coût des aides techniques, humaines et des aides spécifiques ou exceptionnelles (aide financières, au logement, au déménagement, animalières, etc.)

4. Question d'actualité : l'intégration professionnelle des personnes en situation de handicap et l'inclusion des enfants handicapés à l'école

A. La scolarisation des enfants

La loi de 2005-102 du 11 février 2005 énonce un principe d'intégration pour les personnes en situation de handicap. Il s'agit, au nom du principe d'égalité, de reconnaître le droit à la compensation du handicap dans cette situation, afin de rétablir l'« égalité des chances ». La loi impose de nombreuses directives en termes de politique de traitement des situations de handicap, par la création des maisons départementales des personnes handicapées, par les mesures de compensation du handicap et par la mise en œuvre de l'accessibilité des espaces urbains publics, par la scolarisation des enfants en situation de handicap, par l'accès favorisé à l'emploi pour les adultes.

Pour les enfants et adolescents, la loi de 2005-102 du 11 février 2005 définit l'inclusion[1] comme le droit d'inscription dans une école ordinaire de l'Éducation nationale, soit sur la base d'une scolarisation dans une classe avec éventuellement une aide spécifique, soit sur la base d'une scolarisation dans une classe adaptée avec un enseignement personnalisé.

En 2005, plus de 16 000 auxiliaires de vie scolaire (AVS) accompagnent 160 000 élèves en situation de handicap. Cent dix mille élèves sont scolarisés dans le premier degré, 52 350 dans le second degré.

La proportion d'enfants scolarisés dans des établissements scolaires est de 80 % à six ans, 59 % à 12 ans, 46 % à 15 ans et 30 % à 19-20 ans. Vingt mille enfants et adolescents ne seraient toujours pas scolarisés [...]. »

1. Selon C. Hamonet dans *Handicap : des mots pour le dire, des idées pour agir* (Paris, Éditions Broché, 2005), l'« inclusion » vient remplacer, dans le vocabulaire international, les mots « intégration », jugé contraignant, et « insertion », jugé peu explicite, par opposition à « exclusion ».

En ce qui concerne la scolarisation des enfants et adolescents handicapés, la loi impose le principe d'un établissement de référence pour chaque enfant et d'un « parcours de formation ».

L'enfant et l'adolescent font l'objet « d'un projet personnalisé de scolarisation » avec, dès que cela est possible, un projet de scolarité en milieu scolaire ordinaire.

Le projet de formation s'inscrit dans un « plan personnalisé de compensation du handicap » élaboré par une équipe pluridisciplinaire de la MDPH (après avoir entendu la famille et l'enfant, si cela est possible).

B. L'emploi des adultes

Pour les adultes en situation de handicap, la loi de 2005-102 du 11 février 2005 renforce les mesures en faveur de l'emploi, prévues par la loi de juillet 1987, qui avait institué une obligation d'emploi de 6 % du personnel dans les entreprises de plus de 20 salariés. La loi impose une sanction plus sévère pour les entreprises qui ne respectent pas cette obligation en augmentant le montant de la contribution.

Les entreprises qui emploient des personnes lourdement handicapées bénéficient d'une aide à l'emploi.

La loi réforme aussi le travail en milieu protégé.

5. Débats

A. Intervention d'Arnaud de Broca, secrétaire général de la Fédération nationale des accidentés du travail et des handicapés (FNATH), lors de la deuxième conférence nationale du handicap (8 juin 2011)

Malheureusement peu connue du grand public, la loi du 11 février 2005 sur la participation et la citoyenneté des personnes handicapées constitue une des grandes lois que la République ait adoptée ces dernières années. Une année de débat au Parlement avait été nécessaire pour adopter ce texte de compromis, comportant de profondes avancées pour les personnes handicapées mais, au-delà, pour tous les citoyens. Force est de constater que cette loi s'est heurtée, de plein fouet, aux conservatismes de notre société et aux lobbies de tout poil ! Et voilà l'industrie du tourisme qui nous assure de la ruine économique, si le principe généralisé d'accessibilité devait s'appliquer réellement au secteur. Et voici l'Éducation nationale qui, au prétexte d'assurer une partie du financement des auxiliaires de vie scolaire, refuse de payer sa contribution au fonds d'insertion des personnes handicapées. Bref, au lieu de chercher les moyens de faire avancer l'égalité réelle, on a laissé prospérer et se multiplier les attaques en règle, la remise en cause de l'obligation d'accessibilité, en une vision purement comptable de l'attribution de l'allocation aux adultes handicapés, désengagement de l'État dans la politique d'emploi des travailleurs handicapés… Aujourd'hui (6 juin 2011), la politique nationale du handicap ne parvient pas à sortir la majorité des personnes handicapées de leur statut de « citoyens de seconde zone ». Si le handicap fait peut-être moins peur, il n'en reste pas moins que le quotidien des personnes handicapées ne s'est globalement pas amélioré. Des milliers d'enfants handicapés restent exclus des écoles publiques de leur quartier. Discriminées, les personnes handicapées le sont aussi pour accéder à un emploi, le taux de chômage (19,3 %) étant de manière constante deux fois supérieur à celui du reste de la population. Un accident ou une maladie en cours de carrière professionnelle se traduit encore trop souvent par un licenciement pour inaptitude et la spirale de l'exclusion ; sans oublier tous ceux qui, ne pouvant travailler du fait de leur handicap ou de leur état de santé, perçoivent une allocation de 730 €. Même revalorisée, elle les confine sous le seuil de pauvreté (900 €).

B. L'intégration des personnes handicapées

L'intégration ne se cantonne pas au triptyque « ressources, éducation, emploi » mais englobe la vie sociale donc la culture [...] Ma première préoccupation est bien sûr celle de l'accessibilité à tous types de manifestations culturelles, quel que soit le handicap physique, sensoriel, mental ou psychique [...]. Des expériences d'intégration doivent avoir valeur d'exemple, elles doivent encourager d'autres musées, expositions, établissements culturels, et les convaincre qu'ils doivent aller vers les personnes handicapées et s'adapter à leur handicap pour que des échanges se fassent [...]. Si on veut montrer, enseigner, sensibiliser, convaincre, séduire, il faut se mettre à la portée de [...] tous les publics [...]. Le texte de 1975 avait déjà fait de l'accessibilité des personnes handicapées aux sports, aux loisirs et à la culture une obligation nationale. Cette obligation sera précisée, affinée dans la nouvelle loi [loi 2005-102]. Espérons surtout que grâce à l'évolution des mentalités et aux efforts de chacun, les personnes handicapées seront de moins en moins conduites à faire des choix de spectacles par défaut [...]. Mais la personne handicapée ne doit pas être réduite au seul rôle de consommateur. Il faut lui permettre une pratique artistique, ce sera mon second point [...]. Cette pratique, sous une forme ou sous une autre, est bénéfique pour chacun de nous, elle l'est particulièrement pour les personnes handicapées, permettez-moi d'insister et de dire particulièrement pour les personnes handicapées mentales [...]. Je pense à ce jeune autiste qui a réalisé de superbes aquarelles de sa ville et qui dit « le dessin est pour moi un mode d'expression. Quand je vaque à mes dessins, je peux un moment oublier ma différence ». Je pense à ces acteurs sublimant totalement leur handicap mental dans une répétition de Phèdre. Je pense à cette classe spéciale au sein d'une école de musique municipale et à ces concerts mixtes en fin d'année où on ne sait pas qui est qui [...]. Mais ces initiatives ont du mal, pour des raisons qu'il convient d'identifier, à sortir de la confidentialité [...]. Il me paraît par ailleurs nécessaire de développer une authentique pratique artistique dans les institutions accueillant des personnes handicapées, de mieux intégrer la dimension culturelle dans leur projet de vie, à l'image de ce qui se fait dans un certain nombre d'établissements de santé. [...]

– J'en ai assez de te voir cogner sur un caillou, dit le pape.

Et Michel-Ange de répondre :

– Tu n'as rien compris, tu ne vois pas que je suis en train de libérer l'ange qui est prisonnier à l'intérieur !

C'est à nous maintenant de jouer, pardon de vivre et d'aider à vivre dignement.

Extrait du discours du 5 mai 2003 de Marie-Thérèse Boisseau, secrétaire d'État aux personnes handicapées

C. Le sport, une école de la vie

« Ah il ferait un bon pilier », sourit Jean-Pierre, son père. Hadrien, sept ans, est effectivement un solide gaillard, mais Hadrien est un enfant autiste, différent forcément. Avec tout ce que cela comporte comme obstacles dans la vie de tous les jours. Pour lui comme pour son entourage, dans une société qui n'en finit plus de fermer les yeux sur ces enfants qui ne viennent pourtant pas d'une autre planète.

Il y a encore deux ans, il ne supportait pas le contact physique. Un des symptômes de l'autisme. Même pas un baiser de sa mère. Mais Hadrien, malgré son handicap, avait une véritable chance. Celle de fréquenter normalement l'école maternelle Pablo-Neruda de Nanterre, où un instituteur passionné de ballon ovale avait fait de l'activité de rugby un outil de socialisation et de développement pour tous les enfants. Une initiation au rugby adaptée à ses très jeunes élèves. *A priori*, le profil d'Hadrien, complètement enfermé dans sa bulle, lui barrait l'accès à ce type d'activité. Mais l'instituteur accepta le défi proposé par ses parents. Et Hadrien prit ainsi la direction du parc de Nanterre, pendant deux ans. « Le résultat a dépassé toutes nos espérances », dit aujourd'hui Abla, sa mère.

Pour beaucoup de médecins, un autiste est incapable de pratiquer un sport collectif. Notre expérience a prouvé le contraire, le rugby a fait voler en éclats son enfermement. La première année a été très difficile, Hadrien s'est retrouvé en situation d'échec. Il hurlait, se bouchait les oreilles, se roulait par terre. Puis, peu à peu, à force de patience, il a commencé à accepter le contact, avec les partenaires comme avec les adversaires. Et puis, un jour, il a accepté un bisou, et puis un jour il s'est mis à parler. Le premier baiser sera pour sa mère, les premiers mots pour son éducateur.

Hadrien était heureux, il prenait du plaisir à jouer au rugby. Et ce plaisir faisait tomber naturellement ses barrières autistiques. Pas guéri. On ne guérit jamais quand on est autiste. On apprend progressivement à trouver sa place parmi les autres, à comprendre et se faire comprendre, voire dans le meilleur des cas, à devenir autonome.

Extrait de l'article « L'éveil par le rugby », Julien Schramm, *L'Équipe*, février 2002

D. Témoignage

« Lors de l'envoi de mes lettres de motivation et de CV, je n'ai pas voulu occulter que je vivais une situation de handicap physique. Autre temps, autres attitudes ? Lors de la douzaine d'entretiens consécutifs à cette démarche, j'ai vite perçu, à l'instant de l'accueil, la surprise, le trouble de mes interlocuteurs [...].

Ces responsables d'équipe éducative n'étaient pas prêts à conduire un entretien avec un candidat porteur de moignon… Déficit qui, très visiblement, semblait leur interdire de concevoir que je puisse être apte à engager des accompagnements éducatifs auprès des publics variés, pris en charge dans leur établissement [...]. Notons que les institutions relevant de l'éducation spécialisée sont supposées relayer concrètement les idées d'intégration des lois de 2002 et 2005. Ces textes, leur philosophie sur la reconnaissance de la place de chacun, semblent cependant bien en décalage avec les réflexes des professionnels décrits plus haut ! »

Extrait de « Tribulations d'un moniteur-éducateur handicapés à la recherche d'un emploi… »[1], écrit par un moniteur-éducateur diplômé d'État en 2007, porteur d'un handicap physique

1. « Tribulations d'un moniteur-éducateur handicapés à la recherche d'un emploi… », *Lien social*, 15 janvier 2009, p. 23.

5 | La politique de la ville

Émergence d'une politique

Depuis les années 1970 et pendant des décennies, les politiques sociales ont été développées afin de mieux répondre aux besoins spécifiques de personnes en difficulté ou en situation de handicap.

Les dispositifs proposés, présentés dans le Code de l'action sociale et des familles (CASF), visent à faciliter l'insertion sociale de la personne aidée, sous forme de prestations ou d'accompagnement individualisé.

Dans les années 1980, la montée des phénomènes de précarité, de chômage, de scolarisation, de ségrégation urbaine, d'intégration sociale a nécessité la mise en place d'une nouvelle politique intitulée « politique de la ville », pour aborder les difficultés vécues par les habitants, sur un territoire ou quartier.

La politique de la ville est donc née de ce constat de carence des dispositifs en place, pour faire face aux problèmes rencontrés dans les quartiers défavorisés, ainsi que d'une volonté de l'État de renforcer les moyens pour renouer avec une population délaissée.

1. La politique de la ville

La politique de la ville est issue de trois rapports :

- le rapport de B. Schwartz, *L'Insertion professionnelle et sociale des jeunes*, Paris, La Documentation française, 1981 ;
- le rapport de H. Dubedout, *Ensemble, refaire la ville*, Paris, La Documentation française, 1983 ;
- le rapport de G. Bonnemaison, *Face à la délinquance*, Paris, La Documentation française, 1983.

Elle a comporté plusieurs étapes de mise en œuvre : création des missions locales, des zones d'éducation prioritaire (ZEP), du développement social des quartiers (DSQ), développement social urbain (DSU), des contrats urbains de cohésion sociale, et des zones franches.

La politique de la ville est donc une politique interministérielle avec des objectifs et des moyens définis.

Cette volonté de mobiliser tous les ministères sous la responsabilité d'un ministre délégué à la Ville, a favorisé des actions dans différents domaines : l'éducation, la culture, le sport, la santé, l'urbanisme, la prévention de la délinquance, l'insertion professionnelle, etc., dans le but d'enrayer les processus d'exclusion et de réduire les inégalités sociales.

Ainsi la politique de la ville a-t-elle apporté des modifications importantes en matière d'éducation, à travers les ZEP ou réseaux d'éducation prioritaire (REP), en matière d'insertion professionnelle, à travers les missions locales, les entreprises d'insertion ou régies de quartier, en matière de prévention de la délinquance, à travers les conseils locaux de sécurité et de prévention de la délinquance (CLSPD) et enfin dans le domaine de la réhabilitation des logements et de l'habitat urbain.

Cette politique élaborée à partir du territoire, considérée comme prioritaire au vu des critères sociaux, associe, sous forme de contrats, différents partenaires : l'État, la région, le département, les agglomérations, la Caisse des dépôts, la caisse d'allocation familiale (Caf), etc. Elle prend appui sur la volonté des habitants d'améliorer leurs conditions de vie par une participation citoyenne.

2. Les contrats urbains de cohésion sociale

A. Les objectifs

Ces contrats élaborés en partenariat visent à favoriser la mixité sociale, à développer la gestion sociale de proximité et à étendre l'accès aux services publics sur un territoire, en associant les habitants.

B. Les thématiques abordées

- L'amélioration du cadre de vie
- La réussite des parcours éducatifs
- Le renforcement de la lutte contre les discriminations
- L'accès aux soins
- La participation des habitants
- L'accès à l'emploi
- Le développement micro-économique local
- La prévention de la sécurité publique
- Le développement des pratiques culturelles

C. Quelques projets mis en œuvre

- L'entretien des immeubles par des régies de quartier
- L'accompagnement scolaire individuel des enfants et des adolescents les plus en difficulté
- La mise en œuvre de chantiers d'insertion
- La mise en œuvre d'actions collectives de médiation pour prévenir la récidive et aider les victimes
- L'accès au spectacle culturel pour les personnes les plus défavorisées

3. Question d'actualité : la crise des banlieues

En 2005, soit 15 ans après les premières émeutes de Vaulx-en-Velin, de nouvelles émeutes à Clichy-sous-Bois nous rappelent que la question des banlieues n'est toujours pas réglée et que la situation des habitants des cités dites « sensibles » reste encore explosive.

Malgré l'énergie développée dans le cadre de la politique de la ville, à travers des plans, projets, et dispositifs, les banlieues regroupent toujours des populations en grande difficulté sociale. Cette forme de ségrégation ou de relégation entraîne un sentiment d'abandon ou de frustration. Sentiment d'autant plus développé que la politique de la ville a fait naître des espoirs et beaucoup de déceptions.

Le rapport de l'Observatoire des zones urbaines, dont les conclusions ont été publiées dans le journal *Le Monde* du 16 décembre 2010, insiste sur l'ampleur de la tâche à accomplir pour tenter d'améliorer la situation de ces 751 quartiers sensibles recensés en France.

En effet, les chiffres sont impressionnants. Fin juin 2009, dans ces zones urbaines, 43 % des jeunes hommes actifs et 37 % des jeunes femmes étaient au chômage.

Les conséquences de ce chômage massif entraînent des situations de précarité accrue.

Par comparaison avec l'ensemble du territoire, le rapport constate dans ces quartiers deux fois plus de personnes vivant au-dessous du seuil de pauvreté, deux fois plus de personnes dépendant du RMI ou du RSA, trois fois plus de bénéficiaires de la couverture maladie universelle (CMU).

Les foyers monoparentaux dépassent 25 % des familles. Concernant les actes de délinquance, le rapport montre une augmentation significative des faits, une hausse de 17 % des incendies (voitures, poubelles, etc.), une hausse de 7 % des atteintes aux personnes.

Seul le maintien des moyens dans les ZEP a contribué à améliorer sensiblement le taux de réussite scolaire.

4. Débats

La banlieue, un concentré des tensions françaises

Les banlieues françaises continuent de cristalliser les difficultés de la société française. Cinq après les émeutes de l'automne 2005 qui avaient brutalement fait éclater l'immense décalage entre les promesses républicaines et leur réalisation, la situation des quartiers sensibles reste toujours aussi problématique, ce qui ne cesse d'intriguer les autres pays occidentaux [...]. Les rapports officiels se suivent les uns après les autres, décrivant la profondeur du fossé entre les zones urbaines sensibles et le reste du territoire [...]. Vingt ans après les promesses de la politique de la ville, les difficultés ne sont pas résorbées [...]. Certes, comme le relèvent les responsables de la politique de la ville, la situation serait probablement bien pire sans les 3 à 4 milliards d'euros investis par l'État chaque année, dans les quartiers sensibles, à travers les programmes d'éducation prioritaire, de rénovation urbaine, ou de soutien aux associations.

Cette incapacité des pouvoirs publics à freiner la dérive des quartiers et à réduire la fracture urbaine devrait nous alerter. Aujourd'hui, les réponses ne devraient plus être abordées uniquement sous l'angle beaucoup trop technique de la politique de la ville, mais « sous l'angle du vivre ensemble, qu'il s'agisse des problèmes de laïcité, de violence à l'école, de délinquance et de communautarisme.

Alors que la situation de ces quartiers continue de se dégrader, les promesses non tenues ont contribué à exacerber une population qui se sent non considérée par la République. Cette difficulté des pouvoirs à faire face à une certaine ghettoïsation des quartiers est sans équivalent en Europe.

Extraits de l'article de L. Bronner, *Le Monde*,
16 décembre 2010

6 | Le système judiciaire français

1. Les grands principes fondamentaux de la justice

- Constitutionnellement, la justice est indépendante (le président de la République en est le garant).
- Tous les citoyens sont égaux devant la loi, la justice est rendue au nom du peuple français et nul n'est censé ignorer la loi.
- Tout citoyen peut assister à une audience, la justice étant publique, sauf pour le tribunal pour enfants (TPE).
- Toute personne a le droit de solliciter la justice ; l'accès libre à la justice et sa gratuité constituent un des droits fondamentaux. Une aide juridictionnelle est prévue pour prendre en charge les frais de procédure en fonction des ressources des usagers.
- L'autorité judiciaire est gardienne des libertés individuelles. Toute personne mise en examen a droit à un avocat pour l'assister (il peut être commis d'office, ce qui est souvent le cas lors de la poursuite pénale de mineurs).
- Toute personne mise en examen est présumée innocente tant qu'un tribunal ne l'a pas déclarée coupable et condamnée.
- Enfin, toute personne a droit de contester une décision d'un tribunal civil, pénal ou administratif, et donc de faire appel.

2. Les juridictions judiciaires

L'ordre judiciaire comprend les juridictions civiles, chargées de juger des différends d'ordre privé (Code civil), et les juridictions pénales, chargées de réprimer les auteurs d'une infraction (Code pénal) et de défendre la société.

A. Les tribunaux civils

Ces tribunaux sont chargés de régler les litiges entre particuliers ; certaines de ces juridictions sont spécialisées en fonction de la nature du conflit : le conseil des Prud'hommes, par exemple, est compétent pour régler des conflits entre employeur et employé.

Les deux juridictions – tribunal d'instance (TI), tribunal de grande instance (TGI) – sont compétentes pour juger des affaires en fonction de leur montant ou de leur nature (problèmes familiaux, etc.).

Les dossiers dont l'enjeu ne dépasse pas une certaine somme sont confiés au juge de proximité.

B. Les tribunaux pénaux

Ces tribunaux sont chargés de juger des infractions retenues par le procureur de la République.

Les auteurs, en fonction de la gravité de la transgression – infraction, délit, crime – pourront être sanctionnés par un tribunal compétent – tribunal de police, tribunal correctionnel, cour d'assises – à une peine allant de l'amende à l'emprisonnement.

Cette responsabilité pénale est engagée par tout individu ayant commis une infraction prévue par une loi.

Elle prévoit des clauses d'aggravation ou d'atténuation de la responsabilité (excuses, légitime défense, etc.).

Les mineurs de moins de 13 ans, ou les personnes adultes protégées par la loi, ne sont pas déclarées responsables.

C. La justice des mineurs

Le juge des enfants (JE, créé en 1945) est un magistrat spécialisé qui peut juger une affaire qu'il a instruite.

Il exerce également les fonctions de juge d'application des peines pour les mineurs.

Depuis 1958, le JE exerce une compétence de droit auprès des enfants en danger. Il a donc une double compétence civile et pénale.

a. La protection de l'enfance en danger (civil)

L'intervention judiciaire dans ce domaine concerne les cas caractérisés par une situation de danger (art. 375 du Code civil).

Le juge des enfants saisi peut prononcer des mesures d'assistance éducative par une ordonnance de placement provisoire (OPP), ou par une mesure d'aide éducative en milieu ouvert (AEMO).

Cette intervention judiciaire, si elle doit recueillir l'adhésion des parents, peut porter atteinte à l'exercice de l'autorité parentale (droit de visite réglementé).

Le but de la décision est de protéger l'enfant et d'apporter une aide ou des conseils à la famille, afin de remédier aux difficultés qui compromettent l'épanouissement d'un mineur.

b. La délinquance des mineurs

Le traitement judiciaire d'un mineur auteur d'une infraction pénale relève du JE. Le jugement est prononcé au cours d'une audience de cabinet, ou par le TPE.

La quasi-totalité des dispositions concernant la délinquance juvénile est regroupée dans l'ordonnance du Code pénal du 2 février 1945.

Ainsi, selon l'article 8, si le mineur est coupable, le JE peut prononcer une dispense de peine, une admonestation, une remise aux parents, une mise sous protection judiciaire, un placement dans un établissement habilité, une mesure de liberté surveillée, une mesure de réparation, un travail d'intérêt général, ou un stage de citoyenneté.

Ce texte de 1945 qui propose des réponses éducatives plutôt que des sanctions, est en cours de discussion au niveau parlementaire.

Plusieurs principes de ce texte sont remis en question par le développement des sanctions dites « éducatives » (centre éducatif fermé) et par les mesures contre la récidive.

3. Schéma de l'organisation judiciaire

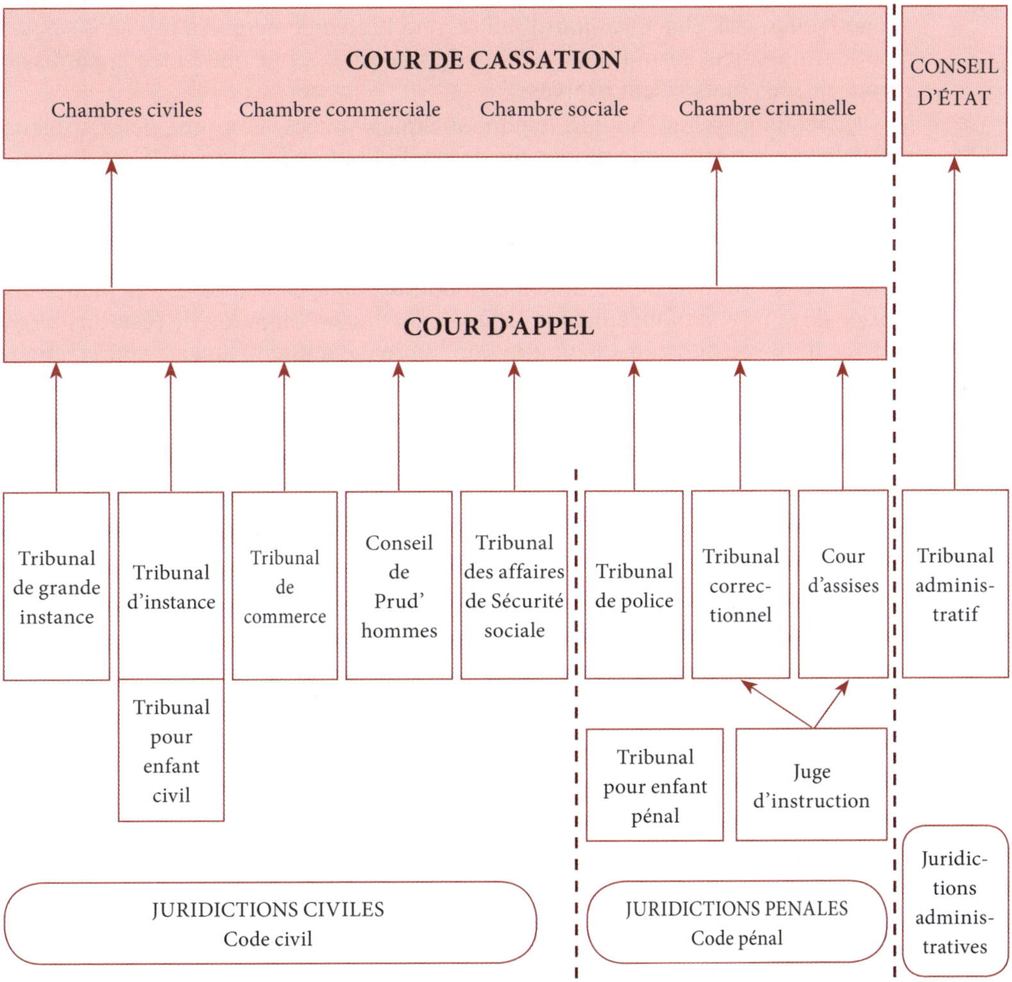

4. Témoignage

Serge Portelli, vice-président du tribunal de grande instance de Paris, est l'auteur de plusieurs publications sur son métier de magistrat. Dans son ouvrage intitulé *Juger*, (Édition de l'atelier, 2011), Serge Portelli a souhaité nous faire partager sa conception de son métier qualifié « d'improbable », et nous alerter sur les dérives possibles.

Son approche historique permet d'étayer son propos en nous montrant les enjeux d'une justice trop dépendante du pouvoir. La période de Vichy (1940-1944) est une illustration exemplaire du métier de magistrat inféodé au pouvoir. « La justice de Vichy, cette justice-là, ressemble furieusement au régime qu'elle servait. » L'attitude des magistrats pendant cette période permet de mieux cerner la problématique des juges et la question de leur dépendance.

En démocratie, le juge est théoriquement le garant des droits et des libertés. Le sens du métier de juge est fondé sur des grands principes : une procédure équitable, la présomption d'innocence, la garantie des droits des victimes.

Aujourd'hui, les droits de l'homme sont entrés dans la pratique judicaire, « petit ou grand, chacun aujourd'hui ressent le changement, il a fallu des siècles pour simplement formuler ces droits de l'homme, pour que l'idée apparaisse, pour que les mots soient trouvés ».

Cependant, selon l'auteur, depuis quelques années, le mythe de la sécurité absolue a remplacé cette utopie des droits de l'homme. La sécurité est devenue un thème majeur. Avec ses slogans sur la tolérance zéro, elle annonce le retour à plus de sévérité.

Cette manipulation de l'opinion publique à partir de chiffres, de reportages, laisse se développer un sentiment d'impunité. Dans ce contexte, « la justice est priée de suivre le mouvement ». Les juges ont une obligation de résultats : tout crime d'un récidiviste ne peut être que la preuve d'une mauvaise appréciation, une mauvaise décision.

Face à ce constat, Serge Portelli propose une nouvelle approche du métier de juger, inscrite dans une démarche humaine et citoyenne, ou le magistrat juge un homme et non un dossier, ou les valeurs fondamentales d'une société sont respectées.

Comprendre n'est pas absoudre, mais c'est essayer d'appréhender un acte dans son contexte[1].

Par ce témoignage sur les coulisses d'un procès[2], par ce plaidoyer pour une justice plus humaine qui se veut respectueuse des personnes coupables qualifiées de délinquantes ou de « monstres », l'auteur souhaite réhabiliter le magistrat dans son rôle, dans son métier.

La justice est rendue au nom du peuple, c'est encore un des rares lieux d'exercice de la démocratie.

Juger, Serge Portelli

---

1. Dans son livre, Serge Portelli s'appuie sur l'affaire d'Outreau, qui restera un cas d'école sur le dysfonctionnement de la justice. Le lecteur devra, dans le cadre de son travail préparatoire, sélectionner un exemple plus récent pour actualiser son propos.
2. L'auteur conseille aux citoyens d'assister à un procès. Par cette présence, il verra qu'une audience est avant tout un temps de parole et d'écoute. Pour les candidats, cette démarche sera bénéfique et appréciée lors des différentes épreuves.

5. Question d'actualité : la délinquance des mineurs

A. Le rapport sur la délinquance des mineurs

Le dernier rapport[1] remis au Premier ministre le 10 février 2011, reconnaît les limites des politiques publiques en matière de délinquance menées depuis 25 ans.

La politique du « tout sécuritaire » repose sur l'alourdissement et l'automaticité de la sanction (atténuation de l'excuse de minorité, condamnation en cas de récidive). Ces modifications de l'ordonnance de 1945 s'avèrent inefficaces.

Le nombre de mineurs impliqués dans des affaires pénales est passé de 75 000 en 1970 à 218 000 en 2009, et de 2008 à 2009, en une année, l'augmentation a été de plus de 3 %.

Ce rapport souligne que les actes commis sont de plus en plus violents et que l'âge des mineurs concernés est de plus en plus précoce.

Face à ce constat, le rapport réaffirme la nécessité d'un travail d'éducation, de soutien aux familles et de lutte contre les exclusions sociales afin de prévenir les actes de délinquance par des approches plus globales.

Ces propositions se démarquent de la tonalité ambiante à visée plus répressive, en affirmant que « la place des enfants n'est pas en prison ».

B. La réforme de la justice des mineurs en 2011

Souhaité par l'ancien président de la République Nicolas Sarkozy pour « durcir la justice des mineurs », ce texte faisait suite aux lois du 5 mars 2007 sur la prévention de la délinquance et à la loi d'orientation et de programmation pour la performance de la sécurité intérieure 2 (loi Loppsi 2) votée le 15 mars 2011, et dont le conseil constitutionnel a contesté le bien-fondé d'un article, en réaffirmant le principe de l'atténuation de la responsabilité pénale des mineurs en fonction de l'âge (principe reconnu par les lois de la République depuis le début du XXe siècle).

Ce texte présenté au Conseil des ministres comprend plusieurs volets : l'introduction de jurys populaires, la réforme de la garde-à-vue, la motivation des verdicts en cour d'assises, la délinquance des mineurs.

Concernant la délinquance des mineurs, ce nouveau texte visait, une fois de plus, à dénaturer l'ordonnance de 1945 fondée sur le principe de la primauté des mesures éducatives sur les peines, et d'une responsabilité pénale graduée en fonction de l'âge.

Le souhait du ministre de la Justice de l'époque de faire juger les récidivistes de 16 à 18 ans par un tribunal correctionnel rapprochait la justice des mineurs de celle des adultes et venait de fait, sous prétexte que les jeunes ont changé, baisser sans l'avouer l'âge de la majorité pénale.

Ces textes de loi proposés visaient plus à rassurer un électorat insécurisé par des mesures populistes qu'à prendre réellement en compte un phénomène de société.

1. Rapport de J.-A. Bénisti (mission confiée par le Premier ministre 25 juin-25 décembre 2010).

C. La réforme des mineurs en 2013

Le chef d'État F. Hollande a annoncé, le 18 janvier 2013, une réforme de la justice des mineurs au cours de l'année. Une nouvelle loi devra réaffirmer le rôle spécifique du juge des enfants en supprimant le tribunal correctionnel pour mineurs, en diversifiant les solutions offertes à ce magistrat pour se prononcer rapidement sur la culpabilité du mineur et pour trouver une réponse individualisée à chaque situation[1] (famille d'accueil, foyer éducatif, centre éducatif renforcé). Le recours aux peines plancher pour les récidivistes ne sera plus systématique et sera réservé, comme l'incarcération, aux situations qui l'exigent strictement.

D. Le rapport du défenseur des enfants

Dans son denier rapport, le défenseur des enfants[2] parle de dégradation de la situation des enfants, du recul de leurs droits, du manque de moyens, etc. Aujourd'hui, 2 millions d'enfants vivent sous le seuil de pauvreté en France, entraînant une inflation de placements par l'aide sociale des départements.

Concernant la justice des mineurs, le défenseur des enfants dénonce « la volonté de traiter les enfants comme des adultes ». Cette « évolution régressive » met à mal la priorité éducative dont bénéficie un mineur au profit de la répression et de la sanction.

La France, qui a signé la convention internationale des droits de l'enfant (traité qui stipule que les mineurs bénéficient d'un statut de droits et de protection), va à l'encontre de ses engagements internationaux.

« En qualifiant l'enfant difficile de futur délinquant, on oublie qu'il est le citoyen de demain. »

Par cette stigmatisation, le mineur est réduit à un phénomène social, à la délinquance, et ce à des fins politiques ou démagogiques aggravant les manquements aux droits fondamentaux des enfants.

E. Droit des enfants

Par la signature et la ratification de la Convention internationale des droits de l'enfant, la France s'est engagée à protéger, à pourvoir au besoin et à favoriser l'épanouissement harmonieux de l'enfant, en lui reconnaissant un statut et des droits associés (droit à une famille, à l'éducation, aux soins, à la liberté d'expression).

Concernant la justice des mineurs et la question de la délinquance, « l'enfant, en raison de son manque de maturité physique et intellectuelle, a besoin d'une protection juridique appropriée. »

Cette mission est confiée à un JE (magistrat spécialisé) dont le rôle d'appréciation des situations, en fonction de l'âge des enfants, se retrouve aujourd'hui, de fait,

1. La justice des mineurs concerne les mineurs en danger (dans le cadre de la justice civile, art. 375 du code civil), ainsi que les mineurs ayant commis des actes de délinquance (dans le cadre de la justice pénale, ordonnance du 2 février 1945, modifiée à plusieurs reprises). Dans ces deux domaines, les enfants relèvent de la compétence du juge des enfants. Cela représente chaque année plus de 383 000 mineurs.
2. Bilan de fin de mandat présenté par D. Versini, défenseur des enfants, le 26 avril 2001.

remis en question par les nouvelles décisions ministérielles et contraires à l'article 1 des droits de l'enfant, qui stipulent que : « Un enfant s'entend de tout être humain âgé de moins de 18 ans. »

Article 40 des droits de l'enfant

1. Les « États parties » reconnaissent à tout enfant suspecté, accusé ou convaincu d'infraction à la loi pénale le droit à un traitement qui soit de nature à favoriser son sens de la dignité et de la valeur personnelle, qui renforce son respect pour les Droits de l'homme et les libertés fondamentales d'autrui, et qui tienne compte de son âge, ainsi que de la nécessité de faciliter sa réintégration dans la société et de lui faire assumer un rôle constructif au sein de celle-ci.

2. À cette fin, et compte tenu des dispositions pertinentes des instruments internationaux, les « États parties » veillent en particulier :

a) À ce qu'aucun enfant ne soit suspecté, accusé ou convaincu d'infraction à la loi pénale en raison d'actions ou d'omissions qui n'étaient pas interdites par le droit national ou international, au moment où elles ont été commises.

b) À ce que tout enfant suspecté ou accusé d'infraction à la loi pénale ait au moins le droit aux garanties suivantes :

– être présumé innocent jusqu'à ce que sa culpabilité ait été légalement établie ;

– être informé, dans le plus court délai et directement, des accusations portées contre lui, ou, le cas échéant, par l'intermédiaire de ses parents ou représentants légaux, et bénéficier d'une assistance juridique ou de toute autre assistance appropriée pour la préparation et la présentation de sa défense ;

– que sa cause soit entendue sans retard par une autorité ou une instance judiciaire compétente, indépendante et impartiale, selon une procédure équitable aux termes de la loi, en présence de son conseil juridique ou autre et, à moins que cela ne soit jugé contraire à l'intérêt supérieur de l'enfant, en raison notamment de son âge ou de sa situation, en présence de ses parents ou représentants légaux ;

– ne pas être contraint de témoigner ou de s'avouer coupable ; interroger, ou faire interroger, les témoins à charge et obtenir la comparution et l'interrogatoire des témoins à décharge dans des conditions d'égalité ;

– s'il est reconnu avoir enfreint la loi pénale, faire appel de cette décision et de toute mesure arrêtée en conséquence devant une autorité ou une instance judiciaire supérieure compétente, indépendante et impartiale, conformément à la loi ;

– se faire assister gratuitement d'un interprète, s'il ne comprend ou ne parle pas la langue utilisée ;

– que sa vie privée soit pleinement respectée à tous les stades de la procédure.

3. Les « États parties » s'efforcent de promouvoir l'adoption de lois, de procédures, la mise en place d'autorités et d'institutions spécialement conçues pour les enfants suspectés, accusés ou convaincus d'infraction à la loi pénale, et en particulier :

a) D'établir un âge minimum au-dessous duquel les enfants seront présumés n'avoir pas la capacité d'enfreindre la loi pénale.

b) De prendre des mesures, chaque fois que cela est possible et souhaitable, pour traiter ces enfants sans recourir à la procédure judiciaire, étant cependant entendu que les Droits de l'homme et les garanties légales doivent être pleinement respectés.

4. Toute une gamme de dispositions, relatives notamment aux soins, à l'orientation et à la supervision, aux conseils, à la probation, au placement familial, aux programmes d'éducation générale et professionnelle et aux solutions autres qu'institutionnelles, seront prévues en vue d'assurer aux enfants un traitement conforme à leur bien-être et proportionné à leur situation et à l'infraction.

6. Débats

A. Extrait de l'éditorial du journal *Le Monde* du 18 mai 2011

Le droit français est attaché à un sain principe : on ne juge pas des mineurs comme des majeurs. Affaire de bon sens et d'humanité.

Ce principe est attaqué par un texte élégamment appelé Projet de loi sur la participation des citoyens au fonctionnement de la justice pénale et le jugement des mineurs.

Ce texte porte, en sa deuxième partie, une réforme en profondeur de la justice des mineurs.

« Un peu d'histoire, ici. Au sortir de la Seconde Guerre mondiale, le général de Gaulle n'avait pas attendu la fin des combats pour signer une ordonnance sur la justice des mineurs. Il jugeait l'affaire suffisamment importante pour la traiter avant même que la France fut entièrement libérée. Et cette ordonnance de 1945, censée être toujours le texte de référence en la matière, instituait le principe et les modalités d'une justice différente pour les mineurs. C'était l'esprit du programme du conseil national de la Résistance, confirmé par le Conseil constitutionnel, qui, dans sa décision du 29 août 2002, en avait fait un « principe fondamental » de la République.

C'est cette spécificité que le projet de loi érode sérieusement [...] »

L'ordonnance de 1945 a été modifiée 33 fois, dont neuf fois depuis 2002. Ce durcissement du droit pénal n'a en rien réglé la question de la sécurité et de la délinquance.

Le lecteur trouvera des données complémentaires pour alimenter ce débat de société, dans le livre de N. Dollé, *Faut-il enfermer les mineurs ?*, Paris, Larousse, 2010.

B. Les mesures de réparation, une peine adaptée aux mineurs

Les juges des enfants se sont très largement emparés des mesures de réparation instaurées par la loi du 4 janvier 1993, car elles incarnent une réponse pertinente de la justice.

Éducatives, facile à comprendre, elles sont bien acceptées par les mineurs et leur famille. Elles mobilisent la société civile, ce qui est rassurant pour eux. Leur principe est simple : on donne son temps, on travaille pour compenser le préjudice qu'on a causé.

Ces mesures ont aussi une autre utilité. Elles permettent aux jeunes concernés de se restaurer, puisque le juge qui les a ordonnées dispose ensuite de rapports mettant en valeur des aspects positifs de sa personnalité. Ainsi, le jeune n'est plus seulement jugé pour l'infraction qu'il a commise, mais aussi pour sa capacité à s'amender.

Texte tiré d'un entretien avec Mme Hourcade,
vice-présidente du TPE de Paris.

7 | Économie et société Les grands thèmes

1. Le vieillissement de la population

Le vieillissement de la population en France, une réalité et des conséquences

Selon Isabelle Robert-Bobée (division Enquêtes et études démographiques, Insee), le vieillissement de la population française devrait continuer à progresser dans les décennies à venir, provoquant ainsi, pour le pays, de nombreuses conséquences structurelles au niveau socio-économique. Dans son article Projections de population pour la France métropolitaine à l'horizon 2050, Isabelle Robert-Bobée écrit : « Au 1er janvier 2050, en supposant que les tendances démographiques récentes se maintiennent, la France métropolitaine compterait 70,0 millions d'habitants, soit 9,3 millions de plus qu'en 2005. La population augmenterait sur toute la période, mais à un rythme de moins en moins rapide. En 2050, un habitant sur trois serait âgé de 60 ans ou plus, contre un sur cinq en 2005. La part des jeunes diminuerait, ainsi que celle des personnes d'âge actif. »

Pour définir la notion de « vieillissement de la population », nous pouvons dire qu'il s'agit de l'augmentation du nombre de personnes âgées dans la population totale d'un pays.

Ce vieillissement résulte, d'une part d'un maintien ou d'une baisse du taux de natalité, mais surtout, aujourd'hui, de l'augmentation de l'espérance de vie. Ce phénomène a des répercussions importantes en termes socio-économiques, notamment sur les financements des retraites et de la protection sociale.

Les conséquences du vieillissement de la population

1. Dans une dimension économique, nous assistons à :

- un ralentissement de la consommation courante, les personnes âgées consomment en effet moins, soit parce qu'elles ont accumulé un certain nombre de biens, soit parce que leurs revenus ne leur permettent pas ou plus d'accéder à ce type de consommation ;
- une augmentation sensible des soins médicaux et des aides et accompagnements spécifiques (maintien et aide à domicile, maisons d'accueil et de retraite, allocations diverses…) ;

- une augmentation des coûts pour l'État et les collectivités territoriales (aide personnalisée d'autonomie).

2. Dans une dimension sociale, nous assistons à :

- une espérance de vie plus longue qui provoque un changement dans le rapport actif/inactif et dans les rapports intergénérationnels ;
- des phénomènes de grande dépendance liés au « quatrième âge » ;
- la création de nouveaux besoins (services à domicile, aides financières, formation de nouveaux personnels spécialisés dans la grande dépendance, par exemple…) ;
- le développement de la gérontologie et des structures spécialisées.

2. Les dispositifs de la protection sociale en France

A. Le système d'assurance sociale

Le système d'assurance sociale repose sur des cotisations professionnelles obligatoires. Celles-ci sont définies en fonction du salaire et sont acquittées par l'employeur et le salarié. Les droits sociaux découlent donc de l'exercice d'une activité professionnelle.

Ils regroupent :

- le régime d'indemnisation du chômage ;
- le régime général de l'assurance-maladie de la Sécurité sociale ;
- l'assurance vieillesse pour le versement des retraites du régime de base ;
- les prestations familiales des Caisses d'allocations familiales.

B. Le système national d'assistance

Le système national d'assistance repose sur la solidarité entre les citoyens. Il est financé par l'impôt (sur le modèle de l'État-providence). Les droits sociaux découlent d'une volonté politique.

Tout citoyen, indépendamment de sa situation professionnelle, est protégé contre les « risques sociaux » et chacun perçoit les aides en fonction de ses besoins.

Ils regroupent :

- l'aide sociale, et notamment l'aide sociale à l'enfance ;
- la partie solidarité de l'indemnisation chômage ;
- les différentes allocations (logement, familiales, pour adultes handicapés…) ;
- le Revenu de solidarité active (RSA) ;
- la Couverture maladie universelle (CMU).

3. Le système de redistribution pour pallier les problèmes d'inégalités en France

Le financement de la redistribution s'appuie sur les impôts et les cotisations.

Les impôts directs : il s'agit de l'impôt sur le revenu des personnes physiques.

Les impôts indirects : il s'agit de la taxe sur la valeur ajoutée (TVA), qui frappe certaines opérations économiques. La TVA porte surtout sur la consommation.

Les cotisations sociales : ce sont des prélèvements sur les salaires. Elles réunissent les cotisations sociales salariales et les cotisations sociales employeurs. Elles sont déduites du salaire brut de chaque salarié de l'entreprise. Elles servent à financer, dans un principe de solidarité, les grands « risques » que sont le chômage, la vieillesse, la famille, la maladie et les accidents du travail, ou encore les maladies professionnelles.

Le transfert opéré par l'État permet, sous forme d'allocations pour les personnes ou pour les ménages, de subventions pour les entreprises, de bourses versées aux étudiants, d'indemnités, de revenus de type RSA, d'assurer des besoins sociaux ou économiques repérés.

Ce transfert permet aussi de répondre à « l'effort de la nation » pour l'insertion des personnes en situation de handicap.

4. Le marché du travail ou de l'emploi

A. Les grandes caractéristiques

La population active se « tertiarise » progressivement.

Il s'agit du secteur qui produit des **services**. À l'heure actuelle en effet, le tertiaire est le seul secteur qui crée encore des emplois. Cette tertiarisation de la population active est liée à l'élévation du niveau de vie, à la diminution du temps de travail, qui engendre un développement des loisirs, aux gains de productivité, nécessitant moins de main-d'œuvre.

B. La question du chômage

Actuellement, en France, on observe une augmentation du chômage. Les personnes en recherche d'emploi sont des personnes sans qualification, des jeunes à qui il est reproché leur manque d'expérience ou de formation, et des « seniors » à partir de 45 ans. Les femmes sont également plus touchées par le chômage, ainsi que les personnes issues de l'immigration.

C. Le fonctionnement du marché du travail et les approches traditionnelles

Pour les libéraux, le marché du travail repose sur l'offre et la demande.

Cependant, le marché du travail ne dépend pas uniquement de l'offre et de la demande, ni du salaire. Le travail dépend de la quantité de production et de la consommation. L'embauche dépend donc du potentiel de production du pays.

D. Le fonctionnement du marché du travail et les nouvelles approches

Pour les économistes modernes, il n'y a pas un marché, mais des marchés du travail, en fonction des métiers.

Le travail se définit en deux types de marché : le marché primaire, qui aurait tous les avantages en termes de possibilités de promotion, de sécurité de l'emploi et de salaire, et le marché secondaire, où les avantages sociaux seraient moindres : emplois précaires, travail à temps partiel.

5. La production au niveau international et au niveau européen

A. La mondialisation ou globalisation

Il s'agit d'un processus par lequel les échanges économiques tendent à se libérer des contraintes imposées par les frontières et les réglementations nationales. Au départ, la mondialisation était économique et financière, ne concernant que la circulation de produits et des mouvements de capitaux. Aujourd'hui, on parle aussi de mondialisation culturelle, sociale et politique.

B. La mondialisation et ses enjeux

La mondialisation comporte plusieurs facteurs dominants :

- la mise en avant du mode de vie imposé par les pays riches ;
- la perte, voire la destruction à moyen terme, des spécificités nationales et locales ;
- l'appauvrissement culturel, économique et écologique ;
- le non-respect des règles environnementales et du droit du travail ;
- la mondialisation comporte aussi des risques sociaux : les délocalisations renforcent les inégalités et les exclusions.

C. Les instances de régulation de la mondialisation

- l'Organisation mondiale du commerce (OMC), qui réglemente les échanges internationaux et contrôle les accords de libre-échange ;
- l'Organisation de coopération et de développement économique (OCDE), qui aide au développement économique des pays pauvres et émergeants ;
- le G8, puis le G20, qui est un groupe créé en 1999, après la succession de crises financières dans les années 1990. Il vise à favoriser la concertation internationale, en intégrant le principe d'un dialogue élargi
- le Fond monétaire international (FMI), dont le rôle est de promouvoir la coopération monétaire internationale, de garantir la stabilité financière, de faciliter les échanges internationaux, de contribuer à un niveau élevé d'emploi, à la stabilité économique et de faire reculer la pauvreté.

D. L'Union européenne

La Communauté économique européenne a été créée en 1951 pour mener une intégration économique et un **marché unique** entre l'**Allemagne**, la **Belgique**, la **France**, l'**Italie**, le **Luxembourg**, et les **Pays-Bas**.

Le champ économique est le pivot de la construction de l'Union européenne. Le traité de Maastricht réaffirme cette orientation économique par le développement d'une politique agricole commune, une union douanière, un marché intérieur et une monnaie unique, l'euro.

E. Des alternatives à la mondialisation

a. Le mouvement antimondialiste

Il s'agit d'un mouvement hostile à la mondialisation. Il s'est organisé en 1989 à Seattle, aux États-Unis.

Depuis, des manifestations antimondialistes accompagnent toutes les rencontres des organisations internationales. En réponse au Forum économique mondial de Davos en Suisse, les groupes antimondialistes ont organisé le premier Forum social mondial à Porto Alegre au Brésil en 2001. Ce forum est désormais un rendez-vous annuel.

b. Le mouvement d'altermondialisation

L'altermondialisation prend acte de l'irréversibilité du processus de mondialisation, et s'efforce de proposer des alternatives. L'Association pour la taxation des transactions financières et pour l'action citoyenne (Attac) propose, par exemple, l'instauration de la taxe Tobin (taxation des transactions monétaires internationales).

6. La consommation

Consommer, c'est acheter des biens et des services pour satisfaire des besoins. Pour les économistes, un bien est consommé à partir du moment où il est acheté.

Certains économistes modernes pensent que la consommation guide la production. D'autres, comme Ford (industriel et économiste américain), pensent que c'est la production qui guide la consommation.

A. Le revenu disponible du consommateur

Il existe un lien direct entre revenu et consommation. Ainsi, lorsque le revenu augmente, la part des dépenses alimentaires baisse, et la part consacrée au logement et à l'habillement augmente dans les mêmes proportions. De même pour les dépenses consacrées aux loisirs et à la culture.

B. Plusieurs facteurs influent sur la consommation :

- les taux d'intérêt ;
- l'inflation,
- la politique de relance de l'État par une augmentation du pouvoir d'achat ;
- le chômage ;
- la politique fiscale ;
- l'âge de la population ;
- la taille des ménages ;
- le lieu géographique.

7. Les catégories socioprofessionnelles

La nomenclature des professions et catégories socioprofessionnelles (PCS) a été conçue par l'Insee. L'objectif était de classer les individus selon leur situation professionnelle en tenant compte de plusieurs critères : métier ou activité économique, qualification, position hiérarchique et statut.

A. Les professions et catégories socioprofessionnelles (PCS)

1. agriculteurs, exploitants ;
2. artisans, commerçants et chefs d'entreprise ;
3. cadres et professions supérieures ;
4. professions intermédiaires ;
5. employés ;

6. ouvriers ;
7. retraités ;
8. personnes sans activité professionnelle.

B. Les classes sociales

Pour certains sociologues, les classes sociales comportent :

1. la bourgeoisie : grands commerçants, industriels, banquiers… ;
2. la classe moyenne : professions libérales, ingénieurs, professions intermédiaires… ;
3. la classe ouvrière : ouvriers et employés… ;
4. la classe paysanne ;

ou encore :

1. la classe dirigeante ;
2. la classe moyenne ;
3. la classe populaire.

Le terme « mobilité sociale » exprime la tendance naturelle à changer de groupe social ou de catégorie professionnelle.

8 | Approche de la personne en difficulté ou en situation de handicap

1. Autisme et psychose

a. Les personnes autistes

Le terme « autisme » a été utilisé pour la première fois en 1911 par Bleuer pour désigner la perte de contact avec la réalité, entraînant une impossibilité, ou une grande difficulté à communiquer avec autrui. Pour Bleuer, la personne autiste est une personne qui n'arrive pas à entrer en relation. Kanner parle d'une « solitude retranchée », existant de façon aiguë dès le départ de la vie.

Les causes de l'autisme restent encore incomprises. Les recherches se concentrent aujourd'hui sur les atteintes de type génétiques.

La personne autiste se caractérise par « une altération marquée dans l'utilisation, pour réguler les interactions sociales, de comportements non verbaux multiples, comme le contact oculaire, la mimique faciale, les postures corporelles, les gestes. Chez les sujets maîtrisant assez le langage, on repère une incapacité marquée à engager ou soutenir une conversation avec autrui, un usage stéréotypé et répétitif du langage ».

Les personnes autistes n'ont pas de relation avec le monde extérieur, elles communiquent peu et semblent ne pas voir l'autre.

Les personnes autistes se réfugient souvent dans des rituels stéréotypés et répétitifs. Elles sont souvent indifférentes à leur image dans le miroir.

b. Les personnes psychotiques

La psychose se caractérise par des troubles de la personnalité temporaires ou permanents, résultant d'une perte de lien et de sens avec la réalité. Les symptômes de la psychose sont de type « délires, hallucinations, apathie, atonie, impassibilité, inhibition, mutisme… ». Les psychoses englobent la schizophrénie et l'ensemble des psychoses délirantes.

Les personnes psychotiques présentent souvent les mêmes signes comportementaux que les personnes autistes, même si leurs troubles de la personnalité sont moins profonds. Les personnes psychotiques n'arrivent pas à tirer d'enseignements de leur expérience, restant ainsi dans la répétition.

La psychose infantile est définie par un certain nombre d'affections mentales caractérisées par la perte de contact avec le réel et l'altération du lien relationnel. La psychose infantile regroupe :

– les psychoses infantiles précoces (avant l'âge de 6 ans),

– les psychoses de la seconde enfance, qui apparaissent entre 5 et 12 ans. À cet âge, les manifestations psychotiques sont caractérisées par des conduites régressives par rapport aux acquis antérieures de l'enfant.

2 Déficience/incapacité/handicap

La loi n° 2005-102 du 11 février 2005 pour l'égalité des droits et des chances, la participation et la citoyenneté des personnes handicapées a apporté, dans son article 2, une nouvelle définition du handicap : « Constitue un handicap, au sens de la présente loi, toute limitation d'activité ou restriction de participation à la vie en société subie dans son environnement par une personne en raison d'une altération substantielle, durable ou définitive d'une ou plusieurs fonctions physiques, sensorielles, mentales, cognitives ou psychiques, d'un polyhandicap ou d'un trouble de santé invalidant. »

Les éducateurs et soignants accompagnant les personnes en situation de handicap sont souvent confrontés à des notions qu'il est important de préciser.

- **La déficience :** il s'agit d'une ou de plusieurs anomalie(s) chez un individu, d'une structure ou d'une fonction psychologique, physiologique ou anatomique.
- **L'incapacité :** il s'agit d'une restriction ou d'une absence d'aptitude (pouvant résulter d'une déficience) à exécuter une activité de la manière considérée comme normale.
- **Les fonctions cognitives :** il s'agit de l'ensemble des activités intellectuelles permettant l'acquisition, la compréhension et l'intégration des informations reçues, la mémorisation et l'apprentissage, le raisonnement et le jugement, les activités d'expression, les prises d'initiatives, les capacités de symbolisation et d'abstraction.
- **L'infirmité motrice cérébrale :** il s'agit d'une atteinte prénatale (avant la naissance) ou néonatale ou périnatale (pendant la naissance) qui provoque, chez le nourrisson, des lésions cérébrales irréversibles. L'infirmité motrice cérébrale engendre des problèmes de motricité.
- **Les handicaps sensoriels :** ils regroupent les déficiences visuelles et auditives.
- **La déficience motrice ou le handicap moteur:** il s'agit d'une atteinte des fonctions motrices qui assurent les mouvements du corps. Les personnes porteuses d'une déficience motrice utilisent des appareillages (fauteuil roulant ou automatique) afin de se mouvoir.
- **Le polyhandicap :** C'est « un handicap grave à expression multiple, associant déficience motrice et déficience mentale sévère ou profonde, entraînant une restriction extrême de l'autonomie et des possibilités de perception, d'expression et de relations […] Le polyhandicap ne doit pas être confondu avec le plurihandicap, qui associe plusieurs atteintes motrices et/ou sensorielles, sans déficience intellectuelle. »
- **Les déficiences harmoniques :** il s'agit de déficiences caractérisées par un fonctionnement intellectuel et des apprentissages pauvres.

- **Les déficiences dysharmoniques :** elles concernent les personnes touchées par un déficit intellectuel qui s'accompagne de troubles de la personnalité.
- **La déficience mentale :** c'est une déficience intellectuelle classée selon sa gravité (déficience légère, moyenne ou profonde).
- **Les troubles organiques entraînant une déficience mentale :**
  – les atteintes prénatales (avant la naissance), d'origine génétique et de type géniques, sont des atteintes héréditaires dues à la déficience spécifique des gènes ;
  – les atteintes de type chromosomique sont dues à un accident dans la division cellulaire qui se fait dès les premières heures de la conception (trisomie 21) ;
  – les maladies acquises intra-utérines durant les trois premiers mois de la grossesse et touchant l'embryon :
- la rubéole, contractée par la mère enceinte, peut provoquer une déficience mentale,
- la toxoplasmose, peut apporter des malformations du fœtus ;
  – les atteintes néonatales peuvent provoquer des risques de déficience mentale souvent due à un manque de ventilation cérébrale.

3. Les troubles du comportement[1]

Les différentes classifications diagnostiques internationales et françaises tendent à classer les multiples troubles que présentent ces enfants. La notion de « troubles du comportement » regroupe 15 sortes de troubles différents correspondant aux TCC[2], et « il est rare qu'on rencontre des cas coïncidant suffisamment avec tel ou tel tableau type pour que la classification recherchée soit possible ; la plupart du temps, l'enfant présente des symptômes qu'il faut emprunter à plusieurs, et qui le rendent inclassable ».

Les échelles de classification restent des outils essentiels dans la démarche de diagnostic en pédopsychiatrie ; elles définissent les critères d'admission dans les établissements spécialisés.

Elles semblent mettre en avant la partie la plus visible du comportement, souvent au détriment des aspects plus structurels (organisation de la personnalité, dynamique individuelle et familiale).

De ce fait, toute « tentative scientifique » d'une définition s'avérerait globalement réductrice et souvent stigmatisante.

La notion de « trouble du comportement » reste donc une notion très large, parfois même familière et banalisée, pouvant s'appliquer à de nombreuses situations qualifiées de psychopathologiques, ou parfois l'expression d'une « crise transitoire beaucoup moins inquiétante ».

Les enfants dit « TCC » peuvent donc présenter :

- des troubles relationnels ;

1. Tiré du site : http://un.educ.en.itep.free.fr-EricFurstos-2006.
2. Troubles du comportement et de la conduite.

- des comportements agressifs, composés de violences, de colères, d'oppositions (active et passive), de troubles du caractère, d'intolérances à la frustration… ;
- des mensonges (utilitaire ou compensatoire, appelés aussi « névrotiques ») ;
- des vols ;
- l'inhibition, le mutisme, ou l'instabilité motrice et/ou affective ;
- des troubles sphinctériens (énurésie nocturne et diurne, encoprésie) ;
- des troubles alimentaires (maniérisme et dégoûts électifs, anorexie, boulimie) ;
- des troubles du sommeil et de l'endormissement ;
- des angoisses, de l'anxiété, de la déprime.

À ces troubles du comportement peuvent venir s'ajouter, tour à tour et dans une interdépendance (un processus de cause à effet) :

- des difficultés cognitives importantes ;
- des phobies scolaires ;
- des troubles du langage (dyslexie, dysorthographie, retard de langage…) ;
- des troubles psychomoteurs, des troubles de l'organisation spatio-temporelle… ;
- des troubles de l'attention, des troubles de mémorisation ;
- un diagnostic d'hyperactivité.

Les enfants TCC ne présentent pas de réelles déficiences intellectuelles. Ils sont plutôt des enfants « qui présentent des difficultés psychologiques dont l'expression, notamment l'intensité des troubles du comportement, perturbe gravement la socialisation et l'accès aux apprentissages. Ces enfants […] se trouvent, malgré des potentialités intellectuelles et cognitives préservées, engagés dans un processus handicapant qui nécessite le recours à des actions conjuguées et un accompagnement personnalisé… » (décret du 6 janvier 2005).

Ainsi nous pouvons définir « simplement » les troubles du comportement comme des symptômes qui mettraient en cause les relations de ces enfants avec leur entourage (famille, groupes sociaux, école…).

Ces troubles du comportement seraient alors souvent, soit à l'origine, soit la résultante de retards importants dans les apprentissages scolaires, ainsi que dans les actes de la vie quotidienne.

9 | Notions professionnelles Les grands thèmes

1. Les représentations sociales

Une représentation sociale est une façon de voir partagée entre des individus ; c'est aussi une forme de connaissance prenant valeur de vérité pour la communauté.

La représentation est le produit d'un processus par lequel un individu ou un groupe reconstitue le réel auquel il est confronté et lui attribue une signification spécifique. C'est une vision de la réalité. Toute réalité est représentée, reconstruite en fonction des caractéristiques du sujet (histoire, éducation, valeurs, modèles…) et de son appartenance sociale.

Les fonctions des représentations sociales :

- **interpréter** tel ou tel aspect de la réalité ;
- **maîtriser** l'environnement social ;
- **guider** les conduites, les comportements, les pratiques.

En instaurant un discours **commun et partagé**, les représentations sociales orientent l'interprétation, les comportements et les conduites induites par l'appartenance à un groupe.

2. La responsabilité de l'éducateur et de l'établissement

L'éducateur, impliqué au quotidien avec les usagers, est amené à prendre des initiatives, à innover, à avoir des réactions immédiates qui supposent une prise de risque nécessaire à l'acte éducatif.

A. La responsabilité civile

Elle impose de réparer le dommage causé à autrui.

La responsabilité civile engage la responsabilité personnelle et la responsabilité du fait d'autrui (de l'usager pris en charge, par exemple).

La responsabilité civile de l'éducateur entraîne celle de l'établissement.

Il faut trois conditions pour engager sa responsabilité civile :

- la présence d'un préjudice ou d'un dommage ;
- l'existence d'un fait générateur ;
- un lien de causalité.

La responsabilité civile est engagée :

– du fait de choses (à partir du moment où l'on a la garde d'une chose, on en est responsable si elle cause un dommage),

– du fait d'autrui (l'établissement est responsable si un dommage a été causé par un usager).

B. La responsabilité pénale

Il s'agit ici de réparer le tort causé à la société (dans le cadre d'une infraction, d'un délit, d'un crime).

La notion de discernement est ici importante.

L'âge et la vulnérabilité des personnes sont pris en compte.

La responsabilité pénale de l'éducateur est engagée s'il a commis une faute pénale (volontaire ou pas).

La responsabilité pénale (contrairement à la civile) est engagée pour un « fait personnel » (exemple : non-assistance à personne en danger par faute de signalement).

C. Les différences entre responsabilité civile et responsabilité pénale pour l'éducateur

Au civil : la responsabilité de l'éducateur est engagée, mais le dédommagement de la victime est assuré par l'établissement.

Au pénal : la responsabilité de l'éducateur est entière.

Il pourra être poursuivi en tant que personne (pour une infraction, un délit ou un crime).

Toute sanction pénale entraîne une réparation au titre civil et peut occasionner une sanction disciplinaire.

3. Les travailleurs sociaux et le secret professionnel

A. Le secret

Le secret, c'est tout ce qui ne peut être révélé. Le secret est un savoir caché aux autres.

B. Le secret professionnel

C'est l'interdiction faite à certains professionnels de révéler ce qu'ils ont appris dans le cadre leur profession.

Le secret professionnel est défini dans le nouveau Code pénal par l'article 226-13 du 1er mars 1994 : « La révélation d'une information à caractère secret par une personne qui en est dépositaire, soit par état ou par profession, soit en raison d'une fonction ou d'une mission temporaire, est punie d'un an d'emprisonnement et de 150 000 euros d'amende. »

Le secret professionnel a pour objectif d'assurer une relation de confiance qui s'impose à l'exercice de certaines professions. La violation de la confidentialité suppose alors une trahison de la confiance accordée. Le secret professionnel représente donc une contrainte pour ceux qui y sont astreints.

Les professionnels soumis au secret professionnel :

– les médecins et ministres du culte,

– les assistants sociaux, les avocats, les officiers ministériels (huissiers, notaires), les magistrats, les banquiers, les officiers de police judiciaire, les infirmiers, les sages-femmes, les kinésithérapeutes.

N'entrent pas dans cette catégorie les instituteurs et enseignants, les psychologues et les éducateurs.

Les éducateurs ne sont pas tenus au secret professionnel au sens strict de la loi, mais ils sont tenus à une obligation de discrétion. Les éducateurs, quels que soient leurs champs d'intervention, sont amenés à recevoir des confidences. Ils sont alors tenus, comme tout citoyen, à un devoir de discrétion et une obligation de ne pas porter atteinte à la vie privée (article 9 du Code civil).

Ainsi le secret professionnel vise à garantir la confidence. Il protège l'intimité de l'usager.

C. Le secret professionnel pour les éducateurs de l'ASE

L'article L-221-6 du Code de l'action sociale et des familles dispose :

« Toute personne participant aux missions de service de l'aide sociale à l'enfance est tenue au secret professionnel sous les peines et dans les conditions prévues par les articles 226-13 et 226-14 du Code pénal. »

Dans le cadre de leurs missions de l'ASE, les éducateurs (travailleurs sociaux de circonscription, en foyers, œuvrant dans le cadre de placements familiaux…) sont donc tenus au secret professionnel.

Les peines encourues

La violation du secret professionnel est un délit pénalement sanctionné.

« Seul l'intéressé concerné par le secret peut le révéler. Le professionnel ne peut divulguer, même à la demande l'intéressé, les informations à caractère secret. » La violation du secret professionnel est réprimée par un an de prison et 15 000 euros d'amende, des dommages et intérêts, si la révélation cause un préjudice, ainsi que des sanctions disciplinaires.

L'obligation de révéler

Le Code pénal autorise la révélation lorsqu'il s'agit de prévenir des dangers graves, et notamment en matière de santé publique.

Article L.221-6 du Code de l'action sociale et des familles : « Toute personne participant aux missions de l'ASE est tenue au secret professionnel », mais cette même personne est tenue de transmettre sans délai au PCG[1] ou au responsable désigné par lui toute information nécessaire pour déterminer les mesures dont les mineurs et leur famille peuvent bénéficier et notamment toute information sur les mineurs objet de mauvais traitements ou de privation.

4. L'individu, la foule

La foule est un état provisoire, nouveau. Cette entité possède un sentiment collectif de toute-puissance, où tout est possible.

La foule est inconstante et changeante. Au sein d'une foule, l'individu est dépourvu d'esprit critique par manque de recul sur l'événement.

L'individu n'existe plus en tant que personne. Il perd ses moyens de penser, ses capacités d'évaluation, sa liberté. L'individu, par son comportement, devient une autre personne, perdue dans le collectif, entraînée par ses pulsions.

La foule sollicite un « meneur » qui aura une volonté puissante. Au contact d'une foule, sous l'effet de la suggestion, sous l'influence d'autres personnes, l'individu régresse.

Les foules sont souvent stigmatisées et perçues de manière négative. On peut constater des dérapages lors de manifestations, même pacifistes, où chacun participe de manière pensée et volontaire. Il en est de même pour les supporters dans un stade, où les mouvements de foule créent une excitation collective, entraînant beaucoup de débordements.

5. La rumeur

Dans une société, la rumeur arrive toujours dans des moments de fragilité, de crise, de doute.

La rumeur, c'est la diffusion rapide d'une information erronée. L'individu pourra alors se satisfaire d'explications simplistes, trouvant par là une explication à la situation de crise. La rumeur se fonde sur la rapidité de diffusion d'une information non vérifiée et sur sa vraisemblance.

Dans son ouvrage *La Rumeur d'Orléans*, Edgar Morin distingue le bruit et la rumeur. Le bruit ne dispose pas de la puissance de diffusion caractéristique de la rumeur. Il demeure localisé à un groupe ou un espace. L'étude des rumeurs renseigne sur l'état moral d'un pays ou d'un groupe dans lequel elles ont pris naissance et circulent.

Les exemples sont nombreux dans lesquels la rumeur produit une angoisse, en désignant un coupable qui n'en est pas un, en s'appuyant sur des préjugés. Elle vient souvent soulager, dans l'inconscient collectif, une angoisse collective.

1. Président du Conseil général.

6. Les types de pouvoir

Le pouvoir est une autorité constituée (pouvoir législatif, pouvoir exécutif, pouvoir politique, pouvoir juridique...). Il s'agit de pouvoirs qui s'exercent dans des structures ou services (le pouvoir médical, le pouvoir judiciaire, le pouvoir administratif).

Le pouvoir de direction s'exerce sous différentes formes :

- **Le pouvoir autocratique ou autoritaire**
  Le responsable ou la direction exerce son pouvoir sans partage. Cette situation entraîne souvent de l'hostilité vis-à-vis des dirigeants, une déresponsabilisation des membres des équipes et une perte de motivation chez les collaborateurs.
- **Le pouvoir démocratique :**
  Le responsable associe ses collaborateurs à la prise de décision. Cette situation entraîne de l'efficacité dans le travail. Autonomes, les personnes ont conscience de leur rôle et développent des liens de coopération entre elles.
- **Le pouvoir dit « anarchique »**
  Le responsable est souvent absent, les repères et les consignes sont inexistants. Ce modèle non performant est inefficace dans ses résultats et entraîne beaucoup d'agressivité parmi les membres du personnel, qui se retrouvent souvent seuls devant la tâche à réaliser.

L'actualité est riche d'événements qui illustrent ces situations au travail. Le suicide d'un salarié, le harcèlement moral, la perte de motivation sont des exemples qui dénoncent un pouvoir trop autoritaire.
À l'inverse, des réussites économiques montrent que le personnel a su travailler en équipe, c'est-à-dire communiquer, coopérer et participer aux décisions par la discussion.

LE COURS

7. La notion de projet

Le projet s'inscrit dans une dimension temporelle

- le projet est lié à une histoire sociale ou personnelle ;
- le projet s'inscrit aussi dans un présent, un « ici et maintenant » ;
- le projet est aussi un processus d'anticipation.
  Il permet une projection dans le futur, dans l'avenir.

Le projet s'inscrit dans une dimension méthodologique s'appuyant sur trois étapes repérables

- la conception, l'élaboration (diagnostic, finalité, objectifs) ;
- la mise en œuvre, les stratégies et les moyens ;
- l'évaluation, la mesure des écarts, les réajustements.

Le projet est un processus collectif

Il donne lieu à la dimension de partage et de travail d'équipe.

Pour l'éducateur, le projet est le support de son travail. Il permet la prise en compte de l'usager au niveau pédagogique, éducatif, thérapeutique et social.

Le projet individualisé concerne :
- l'usager en premier lieu ;
- sa famille ;
- les équipes accompagnantes ;
- les partenaires.

■ Le projet individualisé s'inscrit dans une dimension pédagogique
- apprentissages psychomoteurs, sensorimoteurs, oraux, verbaux… ;
- apprentissages scolaires et/ou professionnels ;
- intégration en milieu scolaire ordinaire (inclusion).

■ Le projet individualisé s'inscrit dans une dimension éducative
- développement de la personnalité, de la vie affective ;
- insertion sociale, acquisition de l'autonomie, épanouissement ;
- participation des familles au projet.

Le projet individualisé est un outil à la disposition des professionnels qui formalisent leurs actions à partir d'hypothèses. Il est réellement la pierre de voûte de tout accompagnement cohérent et il est respectueux de la personne accueillie.

8. Approche théorique des groupes

La formation d'un groupe se fait par des relations qui s'établissent entre des personnes désireuses d'œuvrer ensemble sur un principe de parité et d'égalité. Le groupe a toujours la prétention d'être une identité portée collectivement. Dans la réalité, les groupes sont souvent dominés par un chef, qui désigne parfois un mauvais objet, le bouc émissaire.

A. Le bouc émissaire

Dans les groupes, il existe régulièrement un phénomène de bouc émissaire, à partir d'une focalisation sur un individu de plus en plus marginalisé. Il existe deux issues : soit une exclusion de la personne, soit une prise de conscience et une réintégration de la personne victime.

B. Le chef ou leader

Le leader est celui qui conduit le groupe. Il confisque souvent la parole, parle au nom du groupe. Cette place de dominant est liée à la nature du groupe. Le groupe accepte d'être dépossédé de la parole ; le leader porte les questions essentielles et dédouane ainsi le groupe de ses problèmes.

C. Processus d'identification à un groupe

L'identification à un groupe permet aux sujets d'exister ensemble. Par cette notion d'appartenance, le groupe permet de passer du principe de plaisir au principe de réalité. Car, en effet, pour vivre en société, il faut renoncer à une partie de son libre arbitre, accepter une certaine frustration, renoncer à certaines idées.

L'individu s'implique dans un groupe qui le reconnaît comme un de ses membres. L'individu et le groupe constituent une même identité.

« Même si on comprenait profondément le mécanisme d'un individu, ce serait tout à recommencer à partir du moment où il serait en groupe. » Sigmund Freud

9. Insertion/intégration

A. L'insertion

L'insertion est un processus qui conduit une personne à trouver une place reconnue dans la société. Cette personne a donc adopté les valeurs portées par le modèle social en respectant les normes définies.

B. L'intégration

L'intégration est l'action volontaire d'introduire dans une collectivité ou dans une société, des personnes n'ayant pas les mêmes références culturelles ou sociales. Cette action volontaire permet de respecter l'identité d'origine.

10. Concept d'anomie (Émile Durkheim[1])

Définition

L'anomie[2] désigne une absence de loi, de normes, de cohésion sociale, ou des règles inadaptées dans une société, un État.

Il s'agit d'une rupture ou d'un affaiblissement du lien social.

On peut parler d'« anomie économique » en cas de crise économique, d'« anomie familiale » en cas de rupture dans la famille, d'« anomie sur des questions de société » (violence, insécurité), en l'absence de règles sociales communes.

---

1. Émile Durkheim, un des fondateurs de la sociologie moderne (1858-1917).
2. Dans le secteur de l'intervention sociale, le terme « anomie » est à mettre en lien avec l'augmentation croissante des incivilités, des violences urbaines, institutionnelles et de désocialisation, marquant le risque d'un processus anomique de déviance, de « désorganisation sociale » pour reprendre le terme de François Dubet dans « Sociologie de l'expérience » (1994).

11. Le concept d'acculturation

Il s'agit d'un processus par lequel un groupe humain assimile des valeurs culturelles d'un autre groupe humain. Dans le domaine de l'immigration, l'acculturation peut correspondre à une forme de déculturation par le renoncement à la culture d'origine. Ce mode d'assimilation peut poser des problèmes (perte de repères identitaires et des racines) et ainsi ne pas favoriser une intégration réelle.

12. Approche de la pédagogie

Dans les sciences de l'éducation, on qualifie de pédagogie toute méthode d'éducation appliquée à des enfants ou à des adultes. Les liens entre la pédagogie, la psychologie et la sociologie sont étroits. La psychologie contribue à l'évolution de la pédagogie en lui apportant des données sur les étapes du développement de l'enfant et sur les mécanismes d'apprentissage.

Ces apports permettent d'adapter les méthodes en fonction des besoins et des capacités de chaque individu. La sociologie et la pédagogie s'influencent réciproquement. L'éducation, en faisant de l'enfant un « être social », contribue à bâtir la société future.

La pédagogie et l'éducation ont été sous l'influence de la religion jusqu'au XVIIIe siècle. Les premiers organisateurs des écoles étaient des hommes d'Église. Au XVIIIe siècle, Jean-Jacques Rousseau considère que l'enfant est le seul bénéficiaire de l'éducation, et il le place alors au centre de toutes les considérations pédagogiques en respectant le rythme naturel de son développement. Le XXe siècle voit la naissance des « pédagogies nouvelles », basées sur le respect du sujet, l'enfant étant considéré comme un être à part entière. Pour ce courant pédagogique, il est nécessaire de donner des objectifs à l'enfant, afin que son activité ne s'exerce pas sans but ni utilité.

Il existe plusieurs courants de pédagogie :

- **le courant psychopédagogique**, influencé par Michel Eyquem de Montaigne, prônant une adaptation du maître d'école pour mieux se mettre à la portée de l'enfant et l'accompagner dans les étapes de son devenir pour le « former du dedans ». D'autres grands pédagogues s'inscriront dans ce courant, parmi lesquels Jean-Marc Gaspard Itard, Édouard Seguin, Maria Montessori, Ovide Decroly, Alfred Binet et Jean Piaget ;
- **le courant dit « libertaire »**, qui s'appuie sur l'importance de la tolérance à l'égard des opinions de l'enfant, l'enfant étant capable de s'éduquer avec le minimum d'intervention d'adultes ; Alexander Sutherland Neil, avec la création d'une école autogérée par les enfants à Summerhill, en sera le plus célèbre représentant ;
- **le courant de la pédagogie institutionnelle**, dont les fondateurs sont Célestin Freinet et Fernand Oury. Cette pédagogie prend en compte le fonctionnement d'un groupe et des relations affectives entre ses membres pour les accompagner dans leurs acquisitions ;

■ **le courant de pédagogie psychanalytique**, dont Bruno Bettelheim, Maud Mannoni et Carl Rogers sont les auteurs. Dans ce courant, l'apport de la psychanalyse peut aider à élucider la signification inconsciente des conduites et à développer le désir d'apprendre.

Aujourd'hui, de nombreux pédagogues, comme Philippe Meirieu, continuent de préconiser des approches nouvelles en pédagogie. Selon eux, deux postulats sous-tendent l'action éducative et pédagogique : l'éducabilité, qui affirme que toute personne peut être éduquée. La liberté, dans le sens où l'éducation relève avant tout de l'élève lui-même.

13. Approche théorique de la communication

« On ne peut pas ne pas communiquer », écrivait en 1967 dans son ouvrage *Une logique de la communication*, Paul Watzlawick[1]. Aujourd'hui, le terme « communication » est devenu une expression commune. Un terme souvent suremployé.

Au sens théorique, la communication nécessite un émetteur et un récepteur. L'émetteur, c'est l'individu qui envoie un message à un récepteur. Le récepteur, c'est l'individu qui reçoit un message. Le message, ensemble des informations transmises, peut être plus ou moins bien compris.

Plusieurs facteurs peuvent perturber la communication :

■ l'émotivité. Ce phénomène d'émotivité peut se manifester aussi bien pour l'émetteur (difficultés à se faire comprendre ou à transmettre son message), que pour le récepteur (écoute ou compréhension compliquée, parasitée, ou au contraire, très intéressée) ;

■ la subjectivité ;

■ l'interprétation. L'émetteur et le récepteur ne donnent pas toujours le même sens, la même signification aux termes du message.

La communication est constituée de 6 facteurs :

Modélisation de la communication

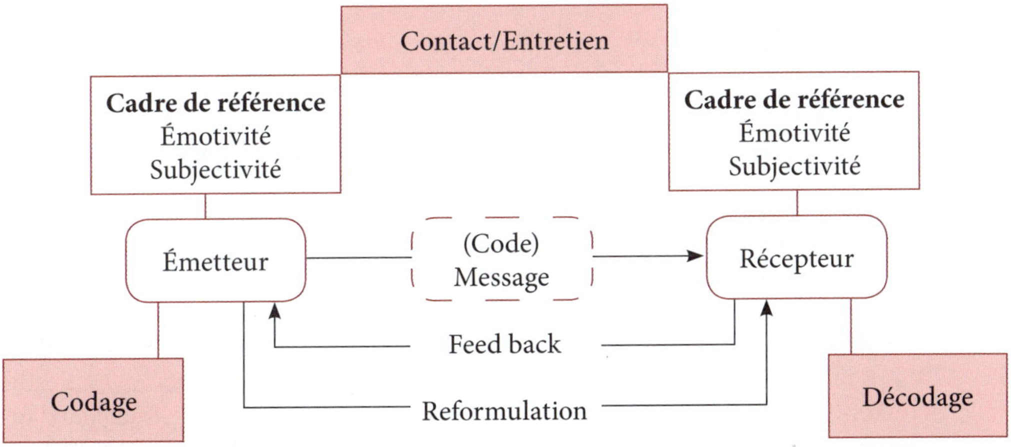

1. Paul Watzlawick (1921-2007) : sociologue, il est un des fondateurs des théories de la communication.

- **L'émetteur :** la personne qui transmet le message.
- **Le récepteur :** la personne qui reçoit le message.
- **Le message**, c'est l'ensemble des informations, déclarations, paroles et/ou comportements, ainsi que questions transmis de l'émetteur au récepteur.
- **Le code**, c'est l'ensemble des signes qui permettent de mettre en forme le message.
- **Le cadre de référence**, c'est un ensemble d'idées, d'opinions, de convictions, de croyances, de savoirs, de valeurs propres à un individu et en fonction duquel cet individu donne un sens à ce qu'il dit ou reçoit.
- **Le contact :** il nomme le moment où l'émetteur et le récepteur entrent en communication.

10 | Notions juridiques

Quelques textes de loi

A. L'État et les collectivités territoriales

Les lois de décentralisation

En France, la décentralisation existe depuis les **lois de 1982**.

À partir de cette date, **la décentralisation accorde plus de liberté aux collectivités territoriales** par un allègement des tutelles administratives du préfet. Les décisions des conseils municipaux, généraux et régionaux sont exécutoires de plein droit. Elles s'appliquent immédiatement après avoir été votées.

Au niveau du département, le président du conseil général assure l'exécution des délibérations du Conseil général. Au niveau de la Région, le président du Conseil régional représente l'exécutif de la Région. Au niveau de la commune, le maire administre sa ville.

Les lois de décentralisation confient de nouvelles compétences aux collectivités territoriales.

Exemple de transfert de compétence opéré par l'État : l'aide sociale ou l'entretien des collèges au département, l'entretien et la construction des lycées à la Région, l'accueil des enfants en primaire à la commune.

B. La rénovation de l'action sociale

a. La loi n° 2002-2 du 2 janvier 2002 « rénovant l'action sociale et médico-sociale »

Cette loi n° 2002-2 prend en compte le transfert de compétences réalisé dans le cadre des lois de décentralisation, la nécessité de tenir compte de l'évolution des modes d'accompagnement, d'accueil de personnes en difficulté, et l'affirmation du droit des usagers.

b. La loi n° 2002-2 définit six grandes missions :

– évaluer et prévenir les risques sociaux et médico-sociaux ;

– protéger l'enfant et la famille, la jeunesse, les personnes handicapées, les personnes âgées ou en difficulté ;

– assurer des actions éducatives, médico-éducatives, médicales, thérapeutiques, pédagogiques, tant au niveau des enfants que des adultes ;

– assurer des actions d'intégration scolaire, de réadaptation, d'insertion, de réinsertion sociale et professionnelle, d'information et de conseil, d'aide au travail ;

– assister, soutenir, accompagner les personnes dans le besoin, dans les divers actes de la vie (soins palliatifs compris...) ;

– assurer des actions contribuant au développement social et culturel, et à l'insertion par l'activité économique.

c. La loi n° 2002-2

Elle impose désormais aux établissements et services sociaux et médico-sociaux que l'usager soit désormais au centre du dispositif. Il bénéficie de droits, droit au respect de sa dignité, de son intégrité, sa santé et sa vie privée ; droit à un accompagnement et à une prise en charge de qualité ; droit à la confidentialité des informations, à l'accès au dossier ou à toutes informations écrites le concernant.

L'usager (ou son représentant légal) participe directement à la conception et à l'élaboration de son projet.

Les établissements ont l'obligation d'élaborer un projet, un règlement de fonctionnement, un livret d'accueil accompagné de la « charte des droits et des libertés de la personne accueillie », et un contrat de séjour pour chaque usager. De plus, chaque établissement doit mettre en place un conseil de la vie sociale, afin de faire participer les personnes bénéficiaires des prestations au fonctionnement de la structure d'accueil.

C. La prévention de la délinquance

a. Loi n° 2007-297 du 5 mars 2007 relative à la prévention de la délinquance

Cette loi, centrée sur le traitement de la délinquance des mineurs, intègre également des mesures concernant les violences conjugales, les infraction sexuelles et la consommation de drogues.

Par cette loi, le maire devient l'animateur essentiel de cette politique de prévention.

Dans les communes de plus de 10 000 habitants, il y a obligation de constituer un Conseil local de sécurité et de prévention de la délinquance, organisme regroupant le Préfet et le Procureur de la République, des élus locaux, des représentants des administrations de l'État et des représentants des associations, organismes et professions concernés par les questions de sécurité.

Le maire est impliqué dans l'aide et l'orientation des familles en difficulté, en fonction des informations provenant des travailleurs sociaux.

Il peut proposer aux parents de mineurs en situation difficile un « accompagnement parental ».

Le maire a également le droit de procéder à l'ordre verbal à l'encontre des auteurs de « faits susceptibles de porter atteinte au bon ordre, à la sûreté, à la sécurité ou à la salubrité publique ».

Concernant la délinquance des mineurs de nouvelles mesures sont prévues :

– diversification et individualisation des mesres à la disposition des juges : placement dans un établissement scolaire éloigné, exécurtion de travaux scolaires supplémentaires, placement en internat, etc.,

– possibilité de recourir à des procédures pénales dès l'âge de 13 ans :

« Le mineur de 13 ans ne peut être placé en garde-à-vue. Toutefois, à titre exceptionnel, le mineur de 10 à 13 ans contre lequel il existe des indices graves ou concordants laissant présumer qu'il a commis ou tenté de commettre un crime ou un délit puni d'au moins cinq ans d'emprisonnement, peut, pour les nécessités de l'enquête, être retenu à la disposition d'un officier de police judiciaire, avec l'accord préalable et sous le contrôle d'un magistrat du ministère public ou d'un juge d'instruction spécialisé dans la protection de l'enfance ou d'un juge des enfants, pour une durée que ce magistrat détermine et qui ne saurait excéder douze heures… » (article 4).

En plus du volet spécialement consacré à la délinquance juvénile, il est prévu les mesures suivantes :

– alourdissement des peines applicables aux auteurs de violences conjugales, qui pourront aussi faire l'objet de mesures de suivi judiciaire ;

– renforcement de la signalisation des produits (supports vidéo notamment) comportant des messages violents, pornographiques ou incitant à la consommation de drogues, avec interdiction de les exposer et de les vendre aux mineurs ;

– possibilité pour le juge de décider des injonctions de traitement médical à l'égard des consommateurs de stupéfiants.

b. Ordonnance n° 45-174 du 2 février 1945 relative à l'enfance délinquante

Ce texte du 2 février 1945 cherche à rappeler aux mineurs leurs devoirs vis-à-vis de la société et à leur faire prendre conscience, par des mesures éducatives, de la portée de leurs actes, afin d'éviter la récidive.

L'ordonnance n° 45-174 du 2 février 1945 édicte deux grands principes :

– la mesure éducative est privilégiée par rapport à la sanction,

– l'existence d'une juridiction spécialisée et d'institutions spécialisées.

L'ordonnance n° 45-174 du 2 février 1945 a deux missions :

– la protection des mineurs en danger par une mesure d'ordre civil,

– le jugement des mineurs délinquants par une mesure éducative.

Les juridictions pour mineurs prononcent en priorité des mesures de protection, d'assistance, de surveillance et d'éducation. La mesure éducative doit toujours primer sur la sanction pénale.

Aucune sanction pénale ne peut être appliquée à un jeune de moins de 13 ans (seules des mesures éducatives peuvent être prononcées).

Dans le code pénal, les mineurs bénéficient d'un régime de responsabilité atténuée en fonction de leur âge, et donc d'une diminution ou réduction de la peine.

L'ordonnance n° 45-174 du 2 février 1945 a été modifiée à de nombreuses reprises.

Le magistrat peut ainsi désormais associer des mesures éducatives (suivi éducatif, placement) à des mesures de sanction (contrôle judiciaire, détention provisoire, amende, emprisonnement avec ou sans sursis, travail d'intérêt général), successivement ou conjointement.

L'ordonnance organise le traitement des affaires pénales pour les mineurs entre 10 et moins de 18 ans. Elle prévoit notamment que l'emprisonnement n'est possible que pour les mineurs de plus de 13 ans. Entre 15 et 18 ans, les mineurs peuvent être condamnés à des peines d'incarcération dans des quartiers pénitentiaires spécialisés.

Le juge des enfants préside le tribunal pour enfants, auquel participent deux assesseurs non professionnels, nommés par le garde des Sceaux et choisis en fonction de l'intérêt qu'ils portent à la cause de l'enfance.

Le juge des enfants participe aux cours d'assises jugeant des mineurs accusés de crime.

Pour mettre en œuvre les décisions judiciaires, le juge des enfants s'appuie essentiellement sur les services de la protection judiciaire de la jeunesse et sur des établissements associatifs habilités.

11 | La protection de l'enfance

1. Protection administrative des enfants

Le service de l'Aide sociale à l'enfance (ASE), service du département placé sous l'autorité du président du conseil général, a pour mission de venir en aide aux enfants et à leur famille en difficulté.

De plus, ce service développe des actions de prévention individuelle ou collective, de protection et de lutte contre la maltraitance.

Pour accomplir ses fonctions, il est doté de personnels administratifs et de travailleurs sociaux.

Dans le cadre de la protection à l'enfance, il collabore étroitement avec d'autres services et peut faire appel à des institutions spécialisées, ainsi qu'à des personnes physiques.

Ses missions sont précisément définies par l'article L.221-1 du Code de l'action sociale et des familles :

- apporter un soutien matériel, éducatif et psychologique aux mineurs, à leur famille, aux mineurs émancipés et aux majeurs âgés de moins de 21 ans confrontés à des difficultés sociales susceptibles de compromettre gravement leur équilibre ;
- organiser, dans les lieux où se manifestent des risques d'inadaptation sociale, des actions collectives visant à prévenir la marginalisation et à faciliter l'insertion ou la promotion sociale des jeunes et des familles, notamment des actions dites « de prévention spécialisée » auprès des jeunes et des familles en difficulté ou en rupture avec leur milieu ;
- mener en urgence des actions de protection en faveur des mineurs en difficulté ;
- pourvoir à l'ensemble des besoins des mineurs confiés au service et veiller à leur orientation, en collaboration avec leur famille ou leur représentant légal ;
- mener, notamment à l'occasion de l'ensemble de ces interventions, des actions de prévention des mauvais traitements à l'égard des mineurs, organiser le recueil des informations relatives aux mineurs maltraités et participer à la protection de ceux-ci.

Le soutien apporté par l'ASE peut prendre la forme d'une aide financière (allocation mensuelle), de l'intervention à domicile d'un(e) technicien(ne) de l'intervention sociale et familiale, ou d'un service d'action éducative.

Dans sa mission de protection de l'enfance en danger, l'ASE signale au procureur de la République ou au juge des enfants les cas d'urgence dont il a connaissance et participe au recueil d'informations relatives aux enfants maltraités. Inversement, le procureur de la République informe les services de l'ASE des mesures urgentes qu'il a prises.

2. Protection judicaire

A. Article 375 du Code civil – loi du 5 mars 2007 réformant la protection de l'enfance

Le juge des enfants intervient en matière civile lorsqu'il est établi qu'un mineur non émancipé est en danger.

Les services sociaux du département et les services éducatifs associatifs habilités constituent les principaux interlocuteurs du juge des enfants.

La saisie du juge des enfants (article 375 du Code civil) se fait lorsque « la santé, la sécurité ou la moralité d'un mineur non émancipé sont en danger, ou si les conditions de son éducation ou de son développement physique, affectif, intellectuel et social sont gravement compromises, des mesures d'assistance éducative peuvent être ordonnées par justice… »

Le juge des enfants peut être saisi par les père et mère, conjointement, ou par l'un d'entre eux seulement, la personne ou le service à qui l'enfant a été confié, le tuteur, le mineur lui-même, le ministère public et, à titre exceptionnel, par le juge des enfants lui-même.

B. Loi n° 2007-293 du 5 mars 2007

Les grands objectifs de la loi

Afin de mieux répondre aux situations d'enfants en danger, la loi affirme trois grands objectifs :

- mettre l'accent et donner la priorité au volet « prévention » du dispositif de protection de l'enfance par un accompagnement des enfants et de leur famille dans les étapes importantes de leur vie, afin de repérer les situations de danger, de mauvais traitements ou encore d'aider les familles dans l'éducation de leurs enfants ;
- améliorer et redéfinir le dispositif d'alerte, de signalement et d'évaluation des risques de danger, notamment par une meilleure articulation de la protection administrative et de la protection judiciaire ;
- diversifier les modes d'intervention et d'accompagnement des enfants et de leur famille.

3. Les centres d'hébergement et de réinsertion sociale (CHRS)

- Loi du 29 juillet 1998 relative à la lutte contre les exclusions

Les centres d'hébergement et de réinsertion sociale sont des établissements sociaux et médico-sociaux. Ils constituent l'un des dispositifs participant à la lutte contre les exclusions.

Les missions des CHRS ont été reprécisées par la loi du 29 juillet 1998 relative à la lutte contre les exclusions. Les CHRS ont ainsi vu leur rôle se développer. Elles assurent désormais des activités d'accueil, des activités économiques, de l'hébergement, afin de favoriser l'insertion sociale et professionnelle de personnes en situation de grande précarité.

Les CHRS assurent les fonctions suivantes :
- l'hébergement ;
- l'accueil, notamment dans les situations d'urgence ;
- le soutien et l'accompagnement social ;
- l'adaptation à la vie active et l'insertion sociale et professionnelle.

Les CHRS participent également au dispositif de « veille sociale » en déclarant de façon régulière, au responsable de ce dispositif (le représentant de l'État dans le département), le nombre et la nature des places vacantes.

Les CHRS participent également à la mise en œuvre du « plan d'urgence hivernal ». Ils doivent notamment augmenter, durant cette période, leurs capacités de places au titre de l'hébergement d'urgence.

Enfin, les CHRS, lieux privilégiés d'accueil, d'écoute et d'orientation, accompagnent les personnes accueillies en vue du rétablissement de leurs droits sociaux, en particulier en matière de droit au RSA et de couverture médicale (CMU).

4. La prévention spécialisée

Article L.121-2 et L.21-1 du Code de l'action sociale et des familles

La prévention spécialisée est une action d'éducation spécialisée visant à permettre à des mineurs ou jeunes majeurs en voie de marginalisation de rompre avec l'isolement et de restaurer le lien social. Cette action, définie par un texte de loi, est placée sous l'autorité du président du conseil général.

La prévention spécialisée s'inscrit dans la politique de protection de l'enfance, dont les orientations sont préconisées dans le schéma départemental de protection de l'enfance et plus largement dans le cadre des politiques urbaines. Dans le domaine de la protection de l'enfance, la prévention concerne aussi bien la prévention des inadaptations sociales que la prévention de l'enfance en danger, mais aussi de la délinquance et des conduites à risques.

La prévention spécialisée répond à une mission de service public. Elle vise à favoriser la reconstruction des liens sociaux, une meilleure intégration des jeunes en rupture, ainsi que la lutte contre l'exclusion sous toutes ses formes.

La prévention spécialisée s'appuie sur trois principes :

- l'absence de mandat individualisé. Les éducateurs bénéficient du « secret professionnel », dans le cadre d'une mission d'Aide sociale à l'enfance ;
- la libre adhésion des jeunes au dispositif ;

- la garantie de l'anonymat.

Elle propose plusieurs types d'interventions :

– des actions tendant à permettre aux intéressés d'assurer leur propre prise en charge et leur insertion sociale ;

– des actions auprès des jeunes et des familles en difficulté ou en rupture avec leur milieu ;

– des actions d'animation socio-éducative sur un territoire.

Par ces activités, le service de prévention vise à organiser, dans les lieux où se manifestent des risques d'inadaptation sociale, des actions collectives visant à prévenir la marginalisation et à faciliter l'insertion ou la promotion sociale des jeunes et des familles, et à mener, en urgence, des actions de protection en faveur des mineurs, conformément à sa mission.

Les services de prévention spécialisée sont désormais assimilés aux autres établissements et services sociaux et médico-sociaux et, de ce fait, soumis aux mêmes règles. Le rattachement de la prévention spécialisée aux missions de l'Aide sociale à l'enfance implique que les salariés et bénévoles qui y participent sont concernés par les dispositions relatives au secret professionnel et par les valeurs qui sous-tendent leur action.

5. Orientation[1] d'un enfant dans un service d'éducation spéciale

A. Circulaire n° 89-17 du 30 octobre 1989 sur « les conditions de la prise en charge des enfants ou adolescents déficients intellectuels ou inadaptés dans les établissements et services d'éducation spéciale »

Cette circulaire présente toutes les procédures à respecter dans le cas d'une prise en charge adaptée aux enfants ou adolescents déficients intellectuels ou inadaptés.

Ainsi définit-elle un préalable, la connaissance « des besoins de l'enfant ou de l'adolescent » avant toute prise en charge.

Elle précise « le rôle de la famille dans la prise en charge » :

– la famille doit être informée ;

– la famille doit être associée ;

– la famille doit être soutenue ;

– les contacts avec la famille doivent être maintenus et favorisés.

La circulaire n° 89-17 rappelle que le travail auprès de l'enfant sera nécessairement pluridisciplinaire, tout en mettant en avant l'intégration scolaire comme priorité, lorsque les conditions sont réunies.

1. Pour tout accueil d'enfant dans un établissement ou service du secteur médico-social, on parle d'orientation. Le terme « placement » est strictement réservé à un jugement du juge des enfants, dans le cadre d'une Ordonnance de placement provisoire (OPP) ou d'un Jugement en assistance éducative (JAE).

Dans ces structures, les enfants bénéficient d'une pédagogie adaptée à leur personnalité, à leurs goûts, à leurs rythmes, ainsi que des aides en orthophonie, psychomotricité ou du soutien psychologique.

B. Cas particulier des ITEP - Décret du 6 janvier 2005

« Les instituts thérapeutiques, éducatifs et pédagogiques accueillent les enfants, adolescents ou jeunes adultes qui présentent des difficultés psychologiques dont l'expression, notamment l'intensité des troubles du comportement, perturbe gravement la socialisation et l'accès aux apprentissages. »

Les instituts thérapeutiques, éducatifs et pédagogiques ont pour missions :

– l'accompagnement interdisciplinaire de la personnes accueillie ;

– la dispense de soins et de rééducations ;

– de favoriser le maintien du lien des personnes avec leur milieu familial et social ;

– de promouvoir leur intégration dans les différents domaines de la vie, notamment en matière de formation générale et professionnelle ;

– d'assurer, à l'issue de l'accompagnement, un suivi de ces personnes pendant une période définie et renouvelable dans la limite de trois années ;

– de participer, en liaison avec les autres intervenants, à des actions de prévention, de repérage des troubles du comportement et de recherche de solutions adaptées pour les personnes.

12 | Droit des personnes handicapées

Loi n° 2005-102 du 11 février 2005 pour l'égalité des droits et des chances, la participation et la citoyenneté des personnes handicapées

La loi apporte, dans son article 2, une nouvelle définition du handicap : « Constitue un handicap, au sens de la présente loi, toute limitation d'activité ou restriction de participation à la vie en société subie dans son environnement par une personne en raison d'une altération substantielle, durable ou définitive d'une ou plusieurs fonctions physiques, sensorielles, mentales, cognitives ou psychiques, d'un polyhandicap ou d'un trouble de santé invalidant. »

Cette loi définit trois nouveautés :

A. La création des commissions des droits et de l'autonomie des personnes handicapées (CDAPH)

Elles prennent place dans chaque maison départementale des personnes handicapées (MDPH).

La CDAPH est compétente :

- pour prendre des décisions d'orientations scolaires, professionnelles ou sociales ;
- pour apprécier le taux d'incapacité justifiant l'attribution d'une allocation (AAH, AEEH, allocation de compensation) et d'une carte d'invalidité ;
- pour l'attribution de l'allocation d'éducation de l'enfant handicapé ;
- pour reconnaître la qualité de travailleur handicapé.

Cette commission a pour mission d'instruire et d'évaluer les dossiers en vue de répondre aux besoins d'une personne.

B. La création de maisons départementales des personnes handicapées (MDPH)

Placées sous la tutelle administrative et financière des départements, elles ont pour missions :

- l'accueil, l'information, l'accompagnement et le conseil des familles ;
- une sensibilisation de tous les citoyens ;
- la gestion d'un fonds de compensation du handicap ;
- l'organisation du fonctionnement de l'équipe pluridisciplinaire de la CDAPH.

Les maisons départementales des personnes handicapées proposent un guichet unique pour toute demande de prestations, et en ce qui concerne l'accès à la formation, à l'emploi, et l'orientation vers des établissements et services.

C. La création d'un droit à compensation

Cette nouvelle « prestation de compensation » est destinée à financer le coût des aides techniques, des aides au logement, au déménagement, et des aides animalières.

Toute personne en situation de handicap a droit à la compensation au regard de ses besoins.

Cette loi répond à différents besoins.

a. La scolarité

En ce qui concerne la scolarisation des enfants et adolescents handicapés, la loi impose le principe d'un établissement de référence pour chaque enfant. Tout enfant ou adolescent présentant un handicap ou un trouble invalidant de la santé doit être inscrit dans l'école la plus proche de son domicile.

Dans son « parcours de formation », l'enfant ou l'adolescent devra faire l'objet « d'un projet personnalisé de scolarisation » avec, dès que cela est possible, un projet de scolarité en milieu scolaire ordinaire.

b. L'emploi

En ce qui concerne l'emploi des personnes en situation de handicap, l'obligation d'emploi est toujours de 6 %. La loi impose une sanction plus sévère pour les entreprises qui ne respectent pas cette obligation.

La loi réforme aussi le travail en milieu protégé par la création d'entreprises adaptées et d'établissements ou services d'aide par le travail (ESAT).

c. Accessibilité

Le principe d'accessibilité pour tous, quel que soit le handicap, est réaffirmé par cette loi. Ainsi les établissements existants recevant du public et les transports collectifs ont dix ans pour se mettre en conformité avec la loi.

d. Droits civiques

La loi aborde aussi la question de la citoyenneté afin de permettre aux personnes handicapées d'exercer leurs droits civiques.

Des majeurs placés sous tutelle peuvent être autorisés à voter par le juge des tutelles. Les bureaux de vote devront être accessible, les informations, disponibles en braille ou diffusées en LSF. Pour faciliter les liens sociaux entre personnes valides et personnes handicapées, la question du handicap sera abordée pendant les cours d'éducation civique à l'école primaire et au collège.

Cette loi du 11 février 2005 représente une certaine avancée pour les personnes en situation de handicap.

Elle comporte 101 articles et aborde les grandes thématiques (la santé, la socialisation, la scolarité, le travail, l'emploi, la citoyenneté), afin de répondre au plus près des besoins de personnes en fonction de leur handicap et de leur âge.

La mise en œuvre de cette loi a entraîné des répercussions importantes au niveau législatif (modification du code de l'action sociale et de la famille, du code de l'éducation, du code du travail, du code civil, du code de l'urbanisme), et au niveau sociétal, par la reconnaissance de la langue des signes française [1], par exemple.

13 | La protection juridique des personnes majeures

Loi n° 2007-308 du 5 mars 2007, applicable au 1er janvier 2009

La loi crée de nouvelles mesures de protection, la mesure d'accompagnement social personnalisé (MASP) et la mesure d'accompagnement judiciaire (MAJ), et réaffirme les principes généraux gouvernant la protection de la personne :

– principe de nécessité de la mesure, qui ne doit concerner que ceux qui en ont réellement besoin « du fait de leur état ou de leur situation » ;

– principe de proportionnalité en privilégiant toujours la mesure la moins restrictive de droits : sauvegarde de justice, puis curatelle, puis tutelle ;

– principe d'adaptabilité et d'individualité de la mesure, qui doit toujours correspondre à l'état et au besoin de la personne à un moment donné ;

– priorité donnée à la famille pour l'exercice des mesures de protection ;

– primauté du médical, pour qu'aucune mesure ne soit prise sans avis médical ;

– autonomie du sujet pour les actes à caractère personnel.

Les actes à caractère strictement personnel ne peuvent être accomplis que par la personne elle-même, quelle que soit sa mesure de protection. La protection doit garantir et respecter les libertés individuelles et la dignité de la personne. La personne doit en permanence être informée de ses affaires. La finalité de toute mesure de protection est l'intérêt de la personne protégée.

L'exercice de la mesure de protection peut être confié par principe au conjoint, concubin ou membre de la famille ou un proche (un conseil de famille constitué de plusieurs membres ou proches désignés par le juge peut être constitué).

Lorsque c'est nécessaire, un professionnel, « mandataire judiciaire », peut être désigné comme tuteur.

Les différentes mesures de protection :

– la sauvegarde de justice, ouverte pour une durée très limitée, la sauvegarde de justice n'empêche pas la personne d'agir seule, il s'agit d'une mesure de conseil sur les conséquences de ses choix ;

– la curatelle : il s'agit d'une mesure d'assistance. Le majeur sous curatelle ne peut accomplir seul que les actes de gestion courante ;

– la tutelle est une mesure de représentation. Le tuteur représente la personne dans tous les actes de la vie civile ;

– la mesure d'accompagnement social personnalisé (MASP) concerne les personnes percevant des prestations sociales et ayant des difficultés à gérer leurs ressources, mettant en péril leur santé et leur sécurité, mais dont l'état de santé ne justifie pas une mesure de protection juridique ;

– la mesure d'accompagnement judiciaire (MAJ), d'une durée de deux ans renouvelable une fois, ne concerne que la gestion des prestations sociales.

La loi rappelle que la personne protégée choisit le lieu de sa résidence. Elle choisit ses relations personnelles avec tout tiers, parent ou non. En cas de difficulté, le juge ou le conseil de famille statue sur ses fréquentations.

14 | Le métier de moniteur-éducateur

1. Approche historique du métier de moniteur-éducateur

REMARQUE Éducateur vient du latin *educare* et du grec *educere*, signifiant « nourrir », et dans une autre acception, « conduire hors de ». À l'origine, en Grèce ou en Rome antique, l'éducateur pédagogue était celui qui accompagnait l'enfant. Il s'agissait souvent d'un esclave ou d'un serviteur dont la mission était d'accompagner l'enfant hors de la famille, le conduisant ainsi progressivement « hors de son enfance ».

A. Approche historique de la question sociale

a. Une logique de charité

Avant le XIIe siècle, les personnes pauvres, malades ou infirmes, sont considérées comme des « êtres impurs » condamnés à survivre de la compassion des bien-portants, ou de la charité des religieux.

Dès le XIIe siècle, la logique de charité prêchée par le clergé se développe. Les congrégations religieuses créent des hospices, des hôpitaux généraux, afin de recueillir les personnes trouvées à la porte des églises (enfants, estropiés, aveugles, handicapés mentaux, mendiants, personnes âgées, malades, etc.).

b. Une logique de protection

Avec la Révolution française, l'assistance devient progressivement un devoir, et plus seulement une notion de charité religieuse. La nation attribue aux pauvres et aux infirmes un droit d'assistance publique.

Au XIXe siècle, les mineurs dits « incorrigibles » ou les orphelins, enfants abandonnés et vagabonds, sont pris en charge par des établissements publics ou privés, appelés colonies agricoles ou pénitentiaires.

À la fin du XIXe siècle, le ministère de l'Instruction publique organise un enseignement pour des enfants « hors normes ». Alfred Binet crée en 1905 une série de tests, invente la notion de l'âge mental et définit le quotient intellectuel (QI) pour évaluer les enfants. Ces tests auront pour conséquence d'instaurer les classes et internats de perfectionnement pour les « anormaux de l'école ».

LE COURS

c. Une logique de prévention

Cette notion élaborée par le conseil national de la Résistance servira, à partir de 1945, de plate-forme politique pour la France.

Les décisions – création de la Sécurité sociale, multiplication des prestations sociales, ordonnance sur l'enfance délinquante, création du juge des enfants, etc. – marquent une évolution dans les dispositifs de politique sociale. Désormais, l'État souhaite aider la famille à assumer son rôle dans son milieu naturel.

Cette politique vise à promouvoir des droits et à responsabiliser les personnes. La loi d'orientation en faveur des personnes handicapées du 30 juin 1975 en est un bon exemple.

d. Une logique de solidarité

Dès 1989, avec le développement de la crise économique et le retour des mouvements philanthropiques, une logique de solidarité qui conjugue charité, protection et prévention se développe à travers les dispositifs politiques d'aide sociale.

Le RMI puis le RSA en sont de bons exemples, puisqu'ils associent assistance, aide et obligation, dans le but d'assurer un minimum vital (charité), des droits liés au contexte (protection) et des engagements personnels (prévention, afin de permettre à la personne de sortir de sa situation).

B. Des initiatives historiques

Au XVIe siècle, Saint Vincent de Paul (précurseur du travail social) crée une congrégation religieuse, la Compagnie des filles de la charité, pour s'occuper des exclus de la société : enfants des rues, malades, condamnés, enfants abandonnés, etc.

Au XVIIe siècle, Jean Bosco, jeune prêtre touché par la situation des jeunes des cités pauvres, ouvre l'Oratoire Saint-François de Sales à Turin, proposant des cours du soir, un foyer d'apprentis, des cours professionnels, l'organisation des loisirs, etc. Il est considéré aujourd'hui comme l'un des précurseurs de la prévention spécialisée.

Au XVIIIe siècle, l'Abbé de L'Épée crée l'École des sourds-muets en 1755 et invente un langage gestuel, la langue des signes.

Valentin Haüy crée l'Institut des jeunes aveugles en 1784 et promeut l'écriture Braille.

Heinrich Pestalozzi, pédagogue suisse, instaure un modèle basé sur l'éducation populaire.

Au XIXe siècle, Itar, médecin et éducateur, s'intéresse aux enfants dits « débiles ou sauvages » ne parvenant pas à apprendre, et propose des méthodes d'apprentissage. Seguin, disciple d'Itard, poursuivra ces travaux sur la déficience intellectuelle.

En 1896, Maria Montessori, première femme médecin en Italie, s'appuie sur les travaux d'Itar (*L'enfant sauvage*) et crée en 1907 la Maison des enfants (*casa dei bambini*) dans un quartier populaire. Elle s'adresse à des enfants non scolarisés, en leur proposant des outils pédagogiques pour favoriser leur apprentissage et leur développement humain.

Au xxe siècle, Célestin Freinet, instituteur, crée en 1935 à Vence une école dans laquelle il a développé une méthode d'apprentissage basée sur l'expression libre des enfants et sur un modèle coopératif d'organisation.

C. Création du métier de moniteur-éducateur

Au début du xxe siècle, dans le contexte politique et idéologique particulier de la IIIe République, sont créés, en 1912, les tribunaux pour enfants et adolescents et en 1927 apparaissent les premières maisons d'éducation surveillée (maisons de redressement). Les surveillants de ces internats spécifiques prennent progressivement l'appellation de moniteurs. Ces structures sont pénitentiaires, la « correction » demeure la règle et le « redressement » constitue la seule valeur pédagogique mise en œuvre.

En 1936, l'éducation surveillée crée officiellement le métier de moniteur-éducateur pour affirmer une autre orientation pédagogique à ces établissements de « correction », qualifiés, à l'époque, de « bagne pour enfants ».

En 1945, des personnes volontaires, issues pour la plupart de mouvements de jeunesse et d'éducation populaire nés au cours de la Résistance mais aussi du scoutisme de Baden Powel, s'engagent auprès d'enfants et adolescents en grande difficulté d'insertion sociale.

Missionnés par l'État, ces mouvements laïques (les centres d'entraînements aux méthodes d'éducation actives [CEMEA], les francs et franches camarades, Fédérations nationales laïques de structures et d'activités éducatives, sociales et culturelles), ou religieux (assistantes et monitrices catholiques de l'enfance [AMCE]) occupent une place centrale dans la prise en charge des personnes inadaptées ou handicapées et proposent des formations de moniteur-éducateur pour les personnels des institutions.

Le métier de ME, issu des fonctions de moniteurs des « maisons de redressement », de centres de vacances, d'internats scolaires, voit son statut clairement défini par le décret n° 62-1198 du 3 octobre 1962 relatif au recrutement et à l'avancement du personnel des établissements relevant des services départementaux de l'aide sociale à l'enfance (ASE).

En 1966, la convention collective nationale, définissant les conditions de travail et de salaires dans les établissements et services pour personnes inadaptées et handicapées, reconnaît le ME comme professionnel éducatif à part entière.

En 1970, le décret 70-204 du 9 mars 1970 institue le certificat d'aptitude aux fonctions de moniteur éducateur (CAFME).

En 1990, le 6 juillet, lors de la publication du décret réformant le CAFME, le métier de ME est redéfini. Ce professionnel aide « à instaurer, restaurer, ou préserver l'adaptation sociale et l'autonomie des personnes ». Le ME travaille donc dans les établissements avec hébergement, il n'intervient pas dans les services relevant de l'action éducative en milieu ouvert (AEMO), dans les services d'investigations et orientations éducatives (IOE), de l'intersecteur pédopsychiatrique, dans les centres d'action médico-social précoce (CAMSP).

Ce rôle d'animation de la vie quotidienne est présenté comme une particularité du ME par rapport à la fonction de l'éducateur spécialisé (ES).

En 2007, une nouvelle réforme entre en vigueur, amenant un véritable changement dans la formation de ME et dans la certification en créant, par le décret n°2007-898 du 15 mai 2007 et de l'arrêté du 20 juin 2007, un nouveau diplôme d'État, le DEME.

2. Les lieux professionnels (les futurs lieux de stage dans le cadre de la formation ou du travail pour le ME)

A. Les structures

Le moniteur-éducateur intervient dans des contextes différents[1]. Ces contextes comprennent aujourd'hui près de 35 000 établissements ou services, sociaux et médico-sociaux[2].

Ces structures permettent de répondre à des prises en charge adaptées aux différents publics : enfants et adolescents en difficulté sociale, enfants ou adultes handicapés, adultes en difficulté d'adaptation sociale, personnes âgées dépendantes.

Gérées par des associations à but non lucratif (loi 1901), ou par des collectivités territoriales (département, centres commuanaux d'action sociale [CCAS] des communes), ou encore par des ministères (Éducation nationale, ministère de la Santé, etc.), elles offrent plus de 1,5 millions de places.

Elles dépendent de dispositifs définis par le CASF.

Leurs financements sont assurés par le département, depuis les différentes lois de décentralisation, par l'État, par l'assurance-maladie ou par les Caf (une structure peut bénéficier de plusieurs types de financement).

Ainsi, dans le champ du handicap, près de 300 000 enfants ou adolescents sont orientés vers des structures spécialisées.

Dans le champ social, près de 145 500 enfants sont accueillis dans un établissement relevant de l'aide sociale à l'enfance (ASE), et 142 500 bénéficient d'une action éducative à domicile (AED, AEMO).

B. Place du ME dans les structures

Ces établissements ou services emploient des professionnels du travail social, dont près de 39 000 ME ou TISF, deux diplômes de niveau IV.

Ces deux métiers ont connu une importante redéfinition depuis 2007 (date de la réforme du diplôme de ME par le décret du 15 mai 2007).

1. Annexe 1 de l'arrêté du 20 juin 2007.
2. Les activités et les métiers du secteur social, ministère du Travail, juillet 2009.

Avec les bouleversements de la société – crise économique, persistance du chômage, des situations d'exclusion sociale, évolution démographique du pays – les politiques sociales ont conduit à une clarification des fonctions dans le champ éducatif, entre les différents métiers d'ES, de ME, et d'AMP.

Cette nouvelle architecture des diplômes propose des possibilités individualisées ou personnalisées d'accès aux formations, par le jeu des dispenses, des allègements, ou par la VAE.

Depuis 2007, le ME occupe une place spécifique et reconnue au sein des établissements ou services de l'éducation spécialisée. Son rôle, basé sur l'animation et l'organisation de la vie quotidienne des personnes accueillies, s'appuie sur des supports de dimension pédagogique, éducative, sociale, citoyenne, voire thérapeutique.

En effet, c'est dans le cadre de tâches matérielles, ou de son implication dans les temps de la vie quotidienne (repas, levers, couchers, accompagnements, etc.), que le ME inscrit ses interventions.

La finalité de son travail vise à développer les apprentissages, l'autonomie des personnes accueillies, à améliorer leur adaptation sociale et à favoriser leur épanouissement.

Cette redéfinition des métiers engendre une nouvelle dynamique dans l'encadrement du travail social, elle favorise le recrutement de ME dont la fonction devient incontournable.

3. Rémunération du ME

Les salaires mentionnés sont des montants moyens donnés à titre indicatif, puisque le ME, en fonction des structures et des conventions collectives, peut bénéficier de primes (prime d'internat par exemple).

Par milieu de carrière, il faut comprendre 15 ans d'activités. La fin de carrière correspond au dernier indice de la convention collective.

Début de carrière :1 353 €

Milieu de carrière :1 615 €

Fin de carrière :1 830 €

Source : Union des fédérations et syndicats nationaux d'employeurs sans but lucratif du secteur sanitaire, médico-social et social (Unifed).

4. Les conditions de travail

Les emplois occupés par le ME sont généralement stables et durables, du fait des besoins d'encadrement des publics accueillis et de l'intérêt pour un employeur de créer des équipes permanentes sur le long terme, afin d'assurer une continuité dans les prises en charge proposées.

Les horaires de travail sont décalés pour permettre un encadrement lors des temps forts de la vie quotidienne, lors les WE et des séjours hors établissement, pendant les vacances.

Enfin, ce métier est réputé difficile, car en plus des conditions de travail et des compétences mises en jeu, le ME doit aussi posséder des aptitudes personnelles.

Garant du cadre, responsable du groupe, le ME doit favoriser à la fois une certaine dynamique collective, tout en assurant le respect du rythme de chacun.

5. Les différents lieux professionnels

Les établissements au service de l'action sociale et médico-sociale sont régis par le CASF (art. L312-1 et suivants). Les tableaux suivants regroupent les établissements par publics accueillis.

Domaine du handicap

(déficience intellectuelle, motrice, sensorielle, psychique, troubles du comportement et polyhandicap.)

Établissements pour enfants en situation de handicap

Sessad	Service d'éducation et de soins à domicile
CAMSP	Centre d'action médico-sociale précoce
IME	Institut médico-éducatif
IMP	Institut médico-psychologique
Impro	Institut médico-professionnel
Itep	Institut thérapeutique éducatif et pédagogique
EMI	Institut d'éducation motrice
INJS	Institut national de jeunes sourds
INJA	Institut national de jeunes aveugles
Clis	Classe d'intégration scolaire
Ulis	Unité localisée pour l'inclusion scolaire
Erea	Établissement régionaux d'enseignement adapté
CMPP	Centre médico-psycho-pédagogique

Établissements pour adultes en situation d'handicap

Esat	Établissement et service d'aide par le travail
Centre de réadaptation, de réorientation et de rééducation professionnelles	
Foyer d'hébergement	
SAVS	Service d'accompagnement à la vie sociale
FAM	Foyer d'accueil médicalisé
MAS	Maison d'accueil spécialisée
SAJ	Service d'accueil de jour

Domaine des problématiques sociales

Établissements de l'aide sociale à l'enfance (ASE)
MECS Maison d'enfants à caractère social
Foyer de l'enfance
Centre maternel
FJT Foyer de jeunes travailleurs
Structure d'accueil non traditionnel
Familles d'accueil
Clubs et équipes de prévention spécialisée

Établissements de la protection judiciaire de la jeunesse (PJJ)
EPE Établissement de placement éducatif
EPEI Établissement de placement éducatif et d'insertion
UEAJ Unité éducative d'activité de jour
CER Centre éducatif renforcé
CEF Centre éducatif fermé

Établissements pour adultes
CHRS Centre d'hébergement et de réinsertion sociale
Centre spécialisé de soins : toxicomanie, alcoolisme
Associations d'insertion, entreprises d'insertion

Cet inventaire des différents lieux laisse apparaître une marge de manœuvre importante pour les candidats ME dans leurs choix professionnels, le secteur étant organisé afin de répondre au mieux aux besoins des publics accueillis.

6. Journée type de travail d'un ME

Animation et gestion de la vie quotidienne d'un groupe

6 H 30 – 7 H 00	**Encadrement** – Lever – Toilette – Rangement des chambres – Vêture – Petit déjeuner en lien avec la maîtresse de maison
8 H 30 – 9 H 00	**Organisation** Départ pour activités scolaires, professionnelles ou occupationnelles
9 H 00	– Démarches sociales, médicales, scolaires, familiales et/ou – Réunions (équipe, analyse de la pratique, de synthèse) et/ou – Rédaction d'écrits professionnels et/ou – Préparation des activités et/ou – Veille professionnelle (lecture des Actualités sociales hebdomadaires [ASH] ou autre revues professionnelles)

12 h – 14 h	Encadrement du repas et des temps libres en lien avec la maîtresse de maison
16 h 30 – 17 h	– Accueil sur le groupe – Goûter
17 h – 18 h 30	Activités (scolaires, atelier, démarche, achats, etc.)
18 h 30	– Toilettes, douche, etc.
19 h 00	– Encadrement du repas du soir en lien avec la maîtresse de maison
19 h 30	– Organisation de la soirée – Veillée (libre ou organisée)
21 h 00 – 21 h 30	Encadrement du coucher
21 h 30 – 22 h 00	Rédaction du cahier de liaison et accueil du surveillant de nuit

Résumé

Aujourd'hui, la profession de moniteur-éducateur est définie à partir d'un référentiel métier. Ce référentiel s'appuie sur trois fonctions :

- l'animation et l'organisation de la vie quotidienne ;
- l'exercice d'une relation éducative par la disponibilité à l'autre, l'écoute, l'observation et la compréhension ;
- l'inscription de son action au sein de son équipe de travail et d'un dispositif institutionnel.

Ces trois fonctions, décrites à travers des tâches ou des activités, offrent une visibilité du travail réalisé. Elles permettent d'identifier la spécificité du ME au sein d'une équipe pluri-professionnelle, et elles contribuent à valoriser son rôle auprès des publics accueillis dans des institutions.

Le nombre d'établissements (Tab. 2 et 3) illustre à la fois l'originalité des dispositifs de politique sociale, mais surtout des possibilités riches et variées d'intervention pour le ME.

Dans toutes ces structures, institutions sociales ou médico-sociales, le ME est responsable de la qualité du quotidien. Cette qualité conditionne la réalisation des projets individualisés et le bien-être des personnes accueillies.[1]

Par son travail d'observation, sa capacité à rendre compte et à analyser les situations rencontrées, le ME est un acteur incontournable dans l'élaboration et dans l'accompagnement des projets éducatifs des usagers.[2]

Ce métier demande à la fois des aptitudes personnelles de disponibilité, d'engagement, d'adaptation, d'initiative, un goût pour l'écoute, l'échange et la communication, un équilibre émotionnel et un intérêt pour le travail d'équipe (souvent formulé dans d'autres champs professionnels par esprit d'équipe).

1. P. Gaberan et P. Perrard, *op. cit.*, p. 18, M. Billet, *DEME annales corrigées entraînement*, Paris, Vuibert, 2010.
2. Le terme « usager » est utilisé depuis la loi 2002 pour désigner les personnes accueillies ou accompagnées dans un service ou établissement médico-social.

7. Témoignages de moniteurs-éducateurs

Afin de compléter votre perception du métier auquel vous vous destinez, et au-delà de votre propre expérience de terrain, nous vous proposons cinq témoignages de moniteurs-éducateurs en foyer de vie, en IME et en maison d'enfants à caractère social.

Carole Marry, monitrice-éducatrice dans un foyer de vie pour adultes

Monitrice-éducatrice depuis 2005, j'occupe un poste au sein d'un foyer d'hébergement qui accueille des hommes et des femmes présentant une déficience intellectuelle, avec, pour la plupart, des troubles de la personnalité de type psychotique. La moyenne d'âge est de 42 ans.

Mon travail consiste à accompagner ces personnes dans leur vie quotidienne. Qu'il s'agisse des temps réguliers du quotidien comme la toilette, les repas, l'habillement, ou des accompagnements plus spécifiques comme des rendez-vous chez le médecin par exemple, l'aide apportée est permanente et soutenue.

Mon travail est essentiellement axé sur la socialisation, les loisirs, en lien avec l'ESAT ou le service d'accueil de jour (SAJ) des personnes vivant en situation de handicap. Je travaille en coréférence sur tous les aspects de la vie des résidents : la santé, les relations avec les familles, l'organisation des vacances, le projet de la personne, la gestion du budget, les rapports avec les organismes de tutelle, le suivi médical.

Le travail en équipe est un aspect important dans la fonction du moniteur-éducateur. Pour ma part, j'exerce dans une équipe pluriprofessionnelle. Cette pluridisciplinarité est riche au sens où l'observation de chacun, les analyses des situations et les hypothèses formulées permettent la mise en place et le suivi du projet personnalisé de la personne accueillie. Ce travail donne de la cohérence à nos interventions.

Les réunions, avec la psychologue ou/et le psychiatre, nous aident à relier nos pratiques à des théories, et à comprendre les troubles psychiques et/ou la maladie mentale des résidents.

Les écrits professionnels sont également un aspect très important dans mon travail. Il s'agit de relater des situations dans le cahier de liaison au quotidien, mais aussi d'assurer des rapports en vue d'une réorientation, des synthèses, l'évaluation de projet, de rapport d'activité, sans oublier les écrits à destination des différents interlocuteurs comme les partenaires et les familles.

Afin de toujours rester dans une dynamique professionnelle, je participe, dans la mesure du possible, à des formations proposées par l'employeur, ou à des actions de formation de moniteur-éducateur (accueil de stagiaire, intervention en école, participation à des jurys).

La lecture des différents travaux d'étudiants permet de garder un sens critique et un œil toujours nouveau sur la profession.

Cela nourrit également ma connaissance des autres pratiques (dans une fonction de veille professionnelle), et me permet de faire des retours à mon équipe sur les fonctionnements d'autres structures.

Olivier Galéa, moniteur-éducateur dans un foyer de vie pour adultes

Au sein du foyer d'hébergement pour adultes déficients intellectuels où je suis employé en tant que moniteur-éducateur, j'encadre une activité hebdomadaire consacrée au bricolage. Nous prenons en charge des travaux d'entretien ne nécessitant pas de compétence technique particulière.

Aujourd'hui, la direction de l'établissement nous a confié le montage d'un barbecue flambant neuf qui sera mis à disposition de tous.

Pour en débuter le montage, nous devons nous procurer des outils. Nous avons besoin de plusieurs tournevis, d'un marteau, d'un jeu de clés plates et d'une pince. Je propose de faire une demande écrite au responsable du service d'entretien en expliquant la situation et le détail de nos besoins. Cette première étape me donne l'occasion de mettre tout le monde à contribution. Je souhaite prendre appui sur cette dynamique pour expliciter et mettre en avant la nécessité de coopérer et de respecter certaines règles.

Une résidente du groupe, Annie, propose de prendre en charge la rédaction de notre lettre. C'est la seule à savoir écrire et son offre tombe à point nommé. Je constate qu'elle a pris une certaine assurance au sein du groupe et je m'empresse de la féliciter pour son initiative. Cet élan spontané déclenche d'autres propositions. Paul lève le doigt, Sandra l'imite en criant. Seul Jean reste sans réaction. Ce jeune homme trisomique s'exprime peu. Il ne parle presque pas et, lorsqu'il prononce quelques mots, il le fait d'une voix faible et monocorde. Je demande donc aux autres de se taire et d'écouter ce qu'il a à nous dire. Mon intervention se fait en douceur, mais reste ferme. Jean nous regarde, ouvre la bouche et nous percevons alors un « oui » à peine audible. À sa manière, il se joint à nous et semble d'accord pour prendre part à notre démarche. Je profite de l'instant pour expliquer à tous l'importance de l'écoute au sein de notre groupe. Chacun a la possibilité de dire ce qu'il veut, mais il doit le faire en respectant quelques règles simples : ne pas couper la parole aux autres, attendre son tour pour parler, s'exprimer calmement, et écouter ce que les autres ont à dire. Intégrer ces règles suppose, en effet, de mettre en œuvre sa propre capacité à différer ses désirs, à accepter une certaine frustration et à maîtriser ses pulsions.

L'étape suivante consiste à réaliser le montage et l'assemblage du barbecue que nous avons acheté. C'est pour moi l'opportunité de proposer à chacun une activité adaptée et valorisante. En tant qu'éducateur, je m'efforce de mettre en œuvre un accompagnement susceptible d'amener les résidents à progressivement se percevoir en tant qu'individus capables d'agir, de prendre des initiatives et de mener à bien des tâches complexes. Pour cela, je mets en place diverses séquences de travail adaptées.

Jean, malgré son tempérament réservé, se montre très enthousiaste à l'idée d'utiliser les outils. Il manifeste une certaine impatience partagée par l'ensemble du groupe. Après une lecture attentive du plan de montage et une explication des étapes d'assemblage, je propose de répartir les rôles en fonction du travail à effectuer. Ma formation technique initiale et mon expérience personnelle dans ce domaine me permettent d'appréhender rapidement cette mise en œuvre. Je m'attache à expliquer le maniement des outils, en énonçant au passage les règles de sécurité que chacun devra respecter à la lettre.

Annie prend en charge le tri des éléments à assembler. Rémi et Sandra débutent le montage des tubes en acier. Enfin, Paul et Jean sont chargés de mettre en place les plaques de fonte sur les supports. Rapidement, je constate qu'à cause de graves problèmes de coordination des membres, Jean a beaucoup de mal à se servir du marteau. Il essaie pourtant de faire de son mieux. Je l'aide en lui tenant la main pour qu'il s'approprie le bon geste.

Il est de ma responsabilité de créer ce type d'espace d'expérimentation que les résidents peuvent s'approprier. Agir, expérimenter, développer ses compétences au sein d'un groupe, d'un cadre sécurisant est une étape fondamentale dans la construction de sa propre identité.

Françoise Dolto, médecin psychanalyste, illustre ce processus en affirmant que « la construction de l'identité du sujet suppose la multiplication des expériences au sein d'un contexte suffisamment rassurant »[1].

C'est en substance ce que je m'attache à mettre en œuvre. C'est un projet ambitieux qui n'est pas toujours réalisable, mais auquel je suis très attaché. Il s'agit pour moi d'amener les résidents à « être » acteurs de leur propre vie, à exister par ce qu'ils sont.

Après plusieurs séances, il me semble indispensable de faire le bilan de cette activité. Il est tout d'abord important de noter que nous sommes arrivés à tenir notre engagement en réalisant le montage complet du barbecue dans le délai imparti. Ensuite, l'accompagnement éducatif que j'ai mis en place a permis d'approcher plusieurs objectifs :

- construire une dynamique de groupe pertinente et efficace ;
- susciter et développer l'intérêt des participants ;
- socialiser et apporter des éléments structurants ;
- établir une reconnaissance sociale ;
- apprendre et développer ses capacités.

Cet accompagnement n'a pas la prétention d'apporter des solutions miracles aux graves difficultés que rencontrent les personnes dont j'ai la charge. En effet, la psychose, la déficience intellectuelle et les troubles du comportement sont des pathologies lourdes et complexes. La prise en charge des personnes en souffrance est un travail qui ne peut s'envisager que dans la durée. C'est un processus lent et difficile qui requiert une implication et une attention toute particulière. Toutefois, il me paraît important de multiplier les occasions d'agir dans ce sens.

Cette activité « bricolage » fait partie de cette démarche. En effet, il est indispensable de garder à l'esprit la finalité et le but de notre intervention. Il s'agit avant tout de soutenir les résidents, de les accompagner et de leur permettre d'agir par eux-mêmes, en créant les conditions favorables à l'émergence de leurs capacités.

1. F. Dolto, *Le Sentiment de soi : aux sources de l'image du corps*, Paris, Gallimard, 1997.

Céline Gonnard, monitrice-éducatrice dans une maison d'enfants à caractère social

Monitrice-éducatrice dans une maison d'enfants à caractère social (MECS), j'interviens auprès d'enfants âgés de 5 à 13 ans. Avec l'équipe éducative, j'accompagne principalement les enfants à travers les actes de la vie quotidienne. En tant que monitrice-éducatrice, je propose aussi un accompagnement éducatif à travers l'activité. Elle peut être artistique, sportive, manuelle, culturelle, etc. Elle est toujours pensée en équipe, qu'elle soit menée par un éducateur de la MECS, ou en partenariat avec des intervenants extérieurs. Elle est un support à la relation, à l'observation, à la cohésion de groupe, à l'épanouissement, à l'expérimentation des enfants, et à la valorisation.

L'activité permet aux éducateurs d'observer, de percevoir comment évolue l'enfant dans des champs divers comme la vie affective, motrice, psychologique ou sociale. Pour l'enfant, l'activité constitue aussi un temps où il va pouvoir tester le cadre, se confronter aux règles et aux autres, à leurs difficultés devant à la frustration de perdre.

Les activités peuvent se concevoir en fonction des intérêts de l'enfant, de ses besoins et de ses motivations. Elles permettent de consolider un sentiment d'appartenance.

Elles offrent également un bon moyen pour entrer en relation avec l'autre, pour se confronter à son regard , pour instaurer un sentiment de confiance grâce au « faire ensemble ».

L'activité, c'est aussi accepter de partager, d'être dirigé ou d'être, pour l'autre, une personne ressource. Quelle que soit l'activité proposée, la notion de plaisir est abordée. Mais pour prendre du plaisir, les enfants doivent accepter les règles, le partage avec les autres, la frustration parfois, l'attente. Tout cela a pour objectif de faire évoluer leur comportement et de favoriser leurs relations humaines.

Pour se construire, l'enfant a besoin d'expérimenter, de découvrir des choses nouvelles et de se confronter à ses propres compétences.

Les activités sont des temps de plaisir, de découverte et de créativité. À travers ces actes, l'enfant prend de l'importance pour les autres et pour lui-même. Il acquiert ainsi plus de confiance en lui.

Je suis à l'initiative depuis plusieurs années d'un partenariat avec une grande salle de spectacle. Chaque année, je propose aux différents groupes d'enfants des spectacles vivants correspondant aux âges, maturité et intérêts des enfants.

Nous visitons aussi les lieux, quand nous le pouvons, pour découvrir l'envers des décors, nous allons à la rencontre des artistes et des techniciens. Les enfants peuvent s'exprimer sur ce qu'ils ont ressenti et poser des questions.

À la sortie des spectacles, les avis peuvent diverger en fonction des sensibilités de chacun, mais en général les enfants sont heureux d'avoir participé à cette expérience commune, qu'ils voient comme un moment exceptionnel.

Un enfant m'a dit un jour en sortant d'un spectacle de danse et de cirque : « C'était trop bien, j'étais comme dans un rêve ! »

L'an dernier, nous avons pu organiser un atelier de danse avec un professionnel. Ce fut une expérience très riche pour les enfants. Les enfants ont pu travailler avec leur corps sous le regard de l'autre. Ils ont pu réellement profiter du spectacle par la suite, car ils en avaient appris les codes.

Certains rôles ont pu s'inverser parmi les enfants. Ceux qui pouvaient être meneurs dans la vie quotidienne se sont retrouvés pour certains en difficulté, alors que d'autres qui sont plutôt effacés, voire rejetés par les autres, se sont découvert des capacités et un intérêt pour la danse. Cette expérience leur a permis d'être valorisés et reconnus par l'ensemble du groupe. Les enfants m'ont demandé de pouvoir renouveler l'expérience. Ainsi cette année, deux groupes participent à un atelier et à une rencontre avec plusieurs danseurs, avant d'assister au spectacle.

Il est vraiment très intéressant d'observer les évolutions des enfants, tant dans leurs capacités de socialisation que dans leur ouverture aux arts.

Lors des premiers spectacles, les enfants ne cessent de bouger, de chercher à comprendre tout ce qu'ils voient, ils sont décontenancés, ils interpellent les éducateurs : « Pourquoi ils font ça ? Elle s'est fait mal, pourquoi il a dit ça ? » Puis, au fur et mesure de nos sorties, les enfants ne cherchent plus forcément à rationaliser tout ce qu'ils voient. Ils comprennent que, parfois, assister à un spectacle, c'est aussi simplement profiter du moment, se laisser guider.

Les enfants que nous accueillons ont pour la plupart très peu été stimulés dans leur petite enfance. C'est pourquoi, en multipliant ce type d'activité, nous souhaitons les accompagner vers le développement de leur imaginaire, nécessaire à la construction identitaire.

Mickael Marion, moniteur-éducateur dans une maison d'enfants à caractère social

Moniteur-éducateur dans une maison d'enfants à caractère social (MECS), j'accueille des enfants âgés de 4 à 14 ans placés pour des raisons familiales.

Chaque année, je suis l'éducateur référent de plusieurs enfants.

J'ai choisi de parler de cette fonction, même s'il me paraît difficile d'en donner une définition générale, applicable à tous les établissements et enfants.

En effet, cette pratique répandue et communément admise dans les établissements sociaux varie selon le projet d'établissement, la population accueillie et l'investissement des professionnels.

Pour définir ce qu'est mon rôle d'éducateur référent, je vais m'appuyer sur sa définition dans le projet de mon établissement : le référent assure la mise en œuvre du projet personnalisé de l'enfant, participe aux audiences d'assistance éducative, centralise, coordonne et restitue les informations concernant les enfants, rencontre les différents partenaires et rédige les synthèses éducatives.

Dans l'établissement où je travaille, l'éducateur référent est présent lors de l'admission de l'enfant ; il accueille l'enfant et sa famille. Cette fonction d'accueil est très importante, car elle permet à la famille de repérer l'adulte qui aura un regard particulier sur son enfant. En cas de besoin, la famille et l'enfant peuvent s'adresser plus directement à l'éducateur référent qui sera en mesure de les écouter.

La fonction d'éducateur référent est d'autant plus pertinente auprès d'enfants qui ont connu, de la part des adultes, certaines maltraitances, des discontinuités dans le lien. Pendant six ans, j'ai été éducateur référent des deux mêmes enfants. Ce suivi dans le temps m'a permis de prendre conscience de l'importance, pour certains enfants placés, d'avoir auprès d'eux des éducateurs qui s'inscrivent dans la durée, qui leur offre la possibilité d'un investissement relationnel, d'un modèle d'identification.

Préparer une audience ou une synthèse avec un enfant, rencontrer son instituteur, sa famille, partager des moments privilégiés, toutes ces tâches peuvent permettre à l'enfant de créer des liens stables avec son éducateur, et ainsi, de reprendre peu à peu confiance en l'adulte.

Enfin, le travail d'éducateur référent comporte certaines limites. Je pense à un investissement relationnel trop fort, non régulé entre le jeune et son référent, à une non-restitution d'informations à l'équipe, ou bien à des actions mises en œuvre en dehors du projet pédagogique. Cela met en avant la nécessité de bien définir le rôle du référent au niveau institutionnel, et d'un travail d'équipe permettant de bien délimiter cette pratique.

Maryse Fauser, monitrice éducatrice dans un institut médico-éducatif

Après avoir exercé mon métier de monitrice éducatrice pendant 19 ans dans une maison d'enfants à caractère social (MECS), me voilà depuis plusieurs années travaillant dans un institut médico-éducatif (IME).

L'accompagnement en MECS d'enfants et d'adolescents qui, pour des raisons de difficulté sur le plan relationnel, éducatif et matériel, ne peuvent plus vivre avec leur famille, se rapproche en plusieurs points de l'accompagnement en IME d'enfants, d'adolescents, de jeunes adultes en situation de polyhandicap.

Les publics sont différents, mais le travail éducatif consiste toujours à développer l'autonomie, dans le respect des capacités chacun, et à favoriser l'expression et la communication.

Les moyens pour atteindre ces objectifs d'accompagnement peuvent être différents d'une structure à l'autre, mais dans tous les cas, l'usager est au centre du dispositif. L'implication de la famille est essentielle, le travail en équipe est une notion incontournable.

L'accompagnement éducatif auprès de personnes en situation de polyhandicap est rythmé par des prises en charge médicales, paramédicales et éducatives.

Elles nécessitent une connaissance des pathologies des enfants, un apprentissage des manipulations des usagers par l'utilisation de matériel technique (corset-siège, chaussures orthopédiques, orthèses de posture, têtière de repos ou de repas, flèche de déambulation, etc.).

La permanence du professionnel assure la sécurité, le bien-être et le confort de chacun.

Les jeunes n'ont aucune notion du danger, ni pour eux ni pour les autres. Si tous sont très dépendants du professionnel, leur participation dans la vie quotidienne est recherchée, car chacun peut s'impliquer à sa façon.

Dans notre travail, tout est pensé pour aider l'enfant ou l'adolescent à se sentir suffisamment en sécurité, à expérimenter, à oser, à être créatif et actif.

Les jeunes ont un emploi du temps structuré avec un temps d'accueil, d'activité, de vie quotidienne (repas, hygiène, repos), et un temps de départ.

L'espace est organisé afin que le jeune puisse se repérer et exprimer ses besoins ou ses attentes (espaces d'accueil, de repas, de repos, salle de bain, tous identifiés à l'aide de pictogrammes accrochés au mur).

Les activités individuelles ou collectives sont adaptées au plus près des besoins des enfants.

Les activités à visée éducative (sorties culturelles, création d'événements, activités motrices, organisation de mini-séjours) offrent des moyens pour travailler la question de la socialisation et de l'appréhension du monde extérieur. Il s'agit d'adapter les comportements selon des codes sociaux définis, de favoriser l'expression et de partager des temps de convivialité.

En l'absence de langage verbal, pour optimiser les possibilités d'expression de l'enfant, nous utilisons une méthode de communication qui regroupe le mot, l'objet, la photo, le pictogramme, le signe.

Cet accompagnement au quotidien ne pourrait être réalisé sans un réel travail d'équipe, où, même si nous partageons des tâches communes, chaque professionnel conserve son rôle spécifique.

Les réunions d'équipe nous permettent d'évaluer notre travail, de nous former et de définir les projets personnalisés. La qualité du travail dépend de l'engagement de chacun (éducateurs, thérapeutes, pédagogues, maîtresse de maison, personnel administratif) au sein de cette équipe.

Cet ensemble de moyens donne à l'enfant ou à l'adolescent en situation de polyhandicap la possibilité singulière de s'épanouir parmi les autres, d'exprimer ses désirs et ses envies.

8. Paroles de professionnels

Dans la publication intitulée *Polyphonies en internat*, (Champ social éditions[1]), l'auteur de ce récit, Jean-Louis Mahé, a interviewé des professionnels de plusieurs maisons d'enfants dépendants de l'Aide sociale à l'enfance.

1. Ouvrage réalisé avec la collaboration d'Émilie Garcia-Ballester.

Parmi les personnes sollicitées, Catherine, Manon, Marilyne, Baptiste, Georges vont parler de leur pratique de moniteur-éducateur auprès de ces enfants accueillis. Leur tâche consiste à organiser leur quotidien, à encadrer les temps de vie collective, à les accompagner dans leurs projets, à développer des activités sportives culturelles, à favoriser les contacts avec l'extérieur.

À partir de thèmes proposés, les différents intervenants vont s'exprimer sur leurs ressentis et leur vécu personnel, sur les représentations qu'ils ont de leurs missions, sur la nature de leurs relations avec les enfants[1]. Soit autant de témoignages qui illustrent à la fois le contenu de leur métier et les valeurs professionnelles sous-tendues, mais aussi les difficultés rencontrées pour œuvrer auprès de ces enfants au parcours chaotique.

Après chaque thématique abordée, l'auteur nous propose un commentaire qui reprend en les synthétisant les idées évoquées par l'ensemble des membres des équipes pédagogiques.

Ainsi, concernant la mission de ces professionnels, Jean-Louis Mahé souligne qu'elle consiste à entrer en relation, et que c'est à partir de celle-ci que se détermine l'essentiel des accompagnements éducatifs.

Chaque adulte devra donc, en fonction de son métier et de ses compétences, trouver un moyen pour établir cette relation que les enfants ont souvent du mal à investir, vu leur histoire personnelle.

« Une maîtresse de maison ou un cuisinier va se servir de la nourriture, des repas, pour créer du lien. Un éducateur ou une éducatrice va profiter de démarches à faire dans le quotidien pour construire des échanges… Un chef de service ou un directeur sera le représentant d'une autorité qui remettra de l'ordre et du respect de la loi institutionnelle. Un psychologue apportera une disponibilité, une écoute particulière qui peut mettre en confiance et libérer la parole.

Aujourd'hui, la panoplie d'activités proposées par les institutions aux enfants est immense. Encore faut-il qu'elles soient bien entendues comme l'occasion de faire du bien naturellement, mais aussi comme un support pour le professionnel (souvent le moniteur-éducateur) et pour l'enfant d'avoir des échanges et de faire connaissance : autrement dit, être envisagées comme médiations.

Au bout du compte, il s'agit d'établir une relation de confiance. C'est l'objectif de tous les professionnels et c'est aussi faire comprendre à chaque enfant ou adolescent placé que les adultes sont là pour l'aider. »

Paroles de moniteur-éducateurs

- « Dans mon métier, on a besoin de parler, d'échanger, même si à un moment on dit des choses que les enfants n'auront pas envie d'entendre. » Maryline
- « Le travail en équipe permet de confronter nos observations entre professionnels, on ne perçoit pas tous les enfants de la même manière. » Catherine

1. Les auteurs ont retranscrit les entretiens sans en reprendre la forme écrite, ce qui peut parfois dévaloriser le propos des personnes interviewées. S'exprimer avec une certaine justesse de vocabulaire afin d'être mieux compris, c'est une des compétences du moniteur-éducateur. Aussi, nous conseillons aux candidats, lecteurs de cette publication, d'être moins maladroits dans leur réponse lors des épreuves orales.

- « Dans mon travail, une activité est un outil intéressant pour entrer concrètement en relation avec les enfants. » Manon
- « Un des grands principes de mon travail, c'est le respect d'autrui, mais aussi de sa culture. » Georges
- « Au sein du groupe, je représente une autorité qui n'est pas vécue par les enfants comme autoritaire (ce qui n'est pas la même chose)… Ma manière d'intervenir s'appuie sur une relation de confiance. » Baptiste

Ce recueil de paroles permet une bonne représentation du fonctionnement d'une maison d'enfant. Les difficultés évoquées sont couramment rencontrées : les écarts de points de vue entre les éducateur expérimentés et les nouveaux, le besoin de reconnaissance par la hiérarchie chez certains professionnels, une difficulté récurrente à parler de son travail, à concevoir une place pour les familles, à penser le travail éducatif à partir du projet de l'enfant. L'application par les professionnels de la loi 2002-2 sur l'accueil des personnes placées en institution et de la loi 2007-293 réformant la protection de l'enfance devrait leur permettre de trouver des éléments de réponse aux revendications abordées.

Par ces interviews, très directs, exprimés avec une certaine spontanéité[1], le lecteur trouvera une approche du travail du moniteur-éducateur, qui consiste à : proposer des actions adaptées aux besoins de la personne, animer la vie quotidienne, contribuer à l'organisation et à l'animation de la vie quotidienne, gérer un groupe, concevoir et proposer des projets d'activité.

1. Il existe très peu d'écrits sur le travail du moniteur-éducateur, d'où le choix des auteurs de présenter ce livre, qui date un peu dans son contenu.

15 | Présentation de situations professionnelles

1. Situation professionnelle n° 1

Organisation d'un séjour ou transfert dans un IME (institut médico-éducatif)[1]

Vous êtes moniteur-éducateur en poste dans un IME qui accueille des enfants handicapés, âgés de 12 à 14 ans.

Dans le cadre de votre travail, vous proposez à l'équipe éducative d'organiser un transfert de cinq jours à la montagne pour les vacances de février.

Le directeur vous rappelle que des circulaires réglementent ce type de séjour. Il vous demande de prendre en compte ces textes et de venir présenter votre projet au conseil de vie sociale afin de répondre aux questions des enfants, des parents, et de solliciter leur avis.

En votre qualité de moniteur éducateur sur le groupe, vous présenterez votre projet en précisant :

- les objectifs poursuivis ;
- le cadre législatif ;
- les responsabilités qui incombent aux professionnels ;
- le travail avec les familles ;
- les partenaires impliqués ;
- la constitution du dossier des enfants ;
- l'organisation du séjour.

Commentaires

L'organisation d'activité ou d'un transfert relève d'une des fonctions du référentiel professionnel du moniteur éducateur.

Proposer un séjour en montagne nécessite des connaissances qui seront abordées en cours de formation : textes juridiques, méthodologie du projet, démarches préalables, adhésion des enfants, accord des parents.

Dans le cadre de son travail préparatoire et avant présentation à l'équipe et au conseil de vie sociale (instance représentative qui favorise la participation des usagers au fonctionnement de l'établissement), le ME devra prendre en compte les recommandations de « Jeunesse et des Sports » pour ce type d'activité.

1. Michel Billet, *DEME, Annales corrigées*, éditions Vuibert, 2010.

2. Situation professionnelle n° 2

Travail d'accompagnement d'un résident en CHRS (centre d'hébergement et de réinsertion sociale)[1]

M. R., 24 ans, a été intérimaire dans la restauration durant trois ans. Puis, ne pouvant plus assurer toutes ses missions à la suite de problèmes de santé répétés (maux de dos), en difficulté financière, il doit quitter son appartement et fait donc une demande d'admission au CHRS.

En tant que moniteur éducateur, vous assurez son accompagnement. M. R. entreprend des démarches de soins, ses douleurs sont quasi permanentes et il ne peut plus exercer une activité professionnelle. Il ne dispose d'aucune ressource, ses droits Assedic étant épuisés.

Au cours d'un entretien, il vous exprime son souhait de quitter le CHRS et d'intégrer un logement autonome, qu'il dit pouvoir financer avec une future allocation RSA (Revenu de solidarité active).

Commentaires

En situation de précarité, rencontrant des difficultés économiques et de santé, M. R. a été admis en CHRS afin d'engager des démarches de soin, de retrouver une activité professionnelle et un logement. Cet accueil lui permet de bénéficier d'un hébergement, d'une adresse et d'un accompagnement social.

Face à sa demande d'intégrer un logement autonome, le ME devra, au cours d'entretiens, reprendre et aborder le côté irréaliste de ce projet, car fondé sur des informations erronées.

La fin de ses allocations Assedic et son non-droit au RSA vont en effet rendre difficile l'accès à un logement. De plus, M. R. n'a pas qu'une difficulté d'accès au logement : ses besoins de soin, son incapacité à occuper un poste de travail nécessite encore d'autres démarches et un accompagnement.

Les techniques d'entretiens nécessaires seront abordées en cours de formation : elles vont permettre au ME de questionner sa demande et d'éclairer sa situation de précarité. L'objectif de ce travail d'accompagnement à partir d'entretiens réguliers vise à favoriser l'autonomie de la personne par son engagement dans un projet réalisable.

2. *Ibid.*

3. Situation professionnelle n° 3

Accueil en urgence d'une jeune mineure en MECS (maison d'enfants à caractère social)[1]

Vous participez à la prise en charge en internat d'un groupe de dix adolescents au sein d'une unité de douze places dans un foyer départemental de l'enfance, dont la mission vise prioritairement l'accueil urgent et immédiat des mineurs confiés à l'ASE (Aide sociale à l'enfance) par l'autorité judiciaire. Cet accueil a pour objectif l'évaluation de la situation de l'enfant et de sa famille.

L'équipe, sous la responsabilité d'un chef de service, est composée de deux maîtresses de maison, de quatre moniteurs éducateurs, de trois éducateurs spécialisés et d'un veilleur de nuit. Un psychologue est rattaché à l'unité et intervient deux journées par semaine.

Pendant un week-end, le chef de service appelle le moniteur éducateur pour préparer l'accueil d'une adolescente âgée de 15 ans qu'il va chercher au commissariat, suite à une réquisition de police.

Lors de la soirée, la jeune fille a été retrouvée errant dans la rue, après un grave conflit avec sa mère ; cette dernière, dans un premier temps, est restée injoignable. La police s'est rendue au domicile familial avec l'adolescente ; la mère a refusé d'ouvrir sa porte.

À l'arrivée de l'adolescente dans « l'unité de vie », le ME réalise un entretien, au cours duquel il aborde la situation familiale et présente le fonctionnement de l'unité.

Commentaires

Dans la situation proposée, la jeune adolescente en danger est accueillie en urgence par le foyer, conformément à sa mission. L'objectif de la mesure de protection est de proposer une solution immédiate d'hébergement dans un cadre accueillant et sécurisant, où la jeune mineure pourra aborder sa situation.

Après une période d'observation, l'équipe, en accord avec les parents, devra, après évaluation des différents enjeux, trouver une solution afin de renouer la relation mère-fille.

Au cours de l'entretien d'accueil, le ME recueillera des informations afin de prendre en compte des données sur sa scolarité, sa vêture, d'atténuer le « choc » du placement et d'organiser la suite du séjour, qui se veut théoriquement temporaire.

Pour organiser cet accueil, le ME dispose de documents : le livret d'accueil, le règlement de fonctionnement, avec les horaires et les modalités de participation à la vie de la structure.

Documents et méthodologie de l'accueil seront présentés et abordés en cours de formation, soit à travers les cours de législation, soit à partir de TD sur les techniques d'entretien et d'analyse de la pratique.

1. Michel Billet, *DEME, Annales corrigées*, éditions Vuibert, 2011.

L'accueil en urgence d'un jeune nécessite une grande disponibilité d'écoute et d'adaptation. Ne possédant aucune ou peu d'informations sur la situation de crise, le ME devra, à la fois, accueillir le jeune pour lui donner des informations afin de le rassurer, et lui présenter les objectifs du placement.

Ce travail d'observation sera déterminant pour comprendre la situation et définir en équipe pluriprofessionnelle, avec l'accord des parents, les objectifs du projet individualisé.

4. Situation professionnelle n° 4

Travail d'accompagnement d'un adulte en situation de handicap au sein d'un foyer d'hébergement[1]

Dans le cadre de son travail en foyer d'hébergement pour personnes adultes handicapées, un moniteur éducateur est référent d'un résident, M. Martin. Il le rencontre régulièrement lors d'entretiens afin de concrétiser les démarches relatives à son projet d'accompagnement.

Au cours de ce rendez-vous, M. Martin énonce son souhait de s'acheter un scooter afin de pouvoir se rendre plus fréquemment au village voisin. Cet achat lui permettrait de développer au mieux son autonomie et cela s'inscrirait totalement dans les objectifs de son projet de vie.

Toutefois, le tuteur, informé de cette démarche, s'y oppose en énonçant qu'une fois les frais payés il ne reste à M. Martin que très peu d'argent pour réaliser son projet. Cette contrainte matérielle vient contrecarrer le désir de M. Martin et impose au ME d'expliquer les contradictions de la situation.

Commentaires

En tant que référent, le moniteur éducateur assure, au sein d'une équipe éducative, l'accompagnement individualisé d'un résident, tout en respectant son consentement « éclairé ».

Dans le cadre de cet accompagnement, M. Martin participe directement à son projet, et il peut donc formuler des demandes. M. Martin étant « sous tutelle », il a besoin d'être représenté de manière continue dans les actes de sa vie civile (achat, contrat d'assurance…).

Dans la situation, le désir d'acquisition d'un scooter (véhicule d'une cylindrée de moins de 50 cc) devrait être abordé avec le tuteur qui représente légalement le résident. La connaissance du dispositif de protection des personnes adultes sera acquise lors les cours de législation pendant la formation.

Face à la demande ou au souhait de M. Martin d'acheter un scooter, une solution doit être trouvée pour lui permettre cette acquisition, conformément à son projet de vie.

1. *Ibid.*

Si la demande est disproportionnée au regard des frais engagés, une autre solution moins onéreuse doit être trouvée avec le tuteur pour lui permettre de se rendre fréquemment au village voisin.

Accompagner une personne handicapée nécessite une bonne connaissance des dispositifs, des cadres légaux, des prestations et des instances de décision. Ces données seront abordées en cours de formation.

Dans la situation, le moniteur éducateur référent devra, avec le tuteur, prendre en compte la demande légitime de déplacement du résident. En fonction des budgets, des ressources financières et des capacités de M. Martin, des réponses sont possibles au niveau institutionnel et familial pour lui permettre de se déplacer. Ces réponses doivent à la fois favoriser l'autonomie de M. Martin et tenir compte du contexte juridique. Ces démarches ne sont pas forcément contradictoires ; en formation, cette situation fera l'objet d'un travail d'analyse de la pratique afin de mieux définir le positionnement du moniteur éducateur.

16 | Présentation de la formation

RAPPEL Le moniteur-éducateur (ME) est un travailleur social. Le ME participe à l'action éducative, à l'animation et à l'organisation de la vie quotidienne de personnes en difficulté ou en situation de handicap.

Le moniteur-éducateur travaille au sein d'une équipe pluriprofessionnelle en lien avec d'autres acteurs : sociaux, médico-sociaux, économiques, administratifs et juridiques.

Le ME intervient principalement, mais sans exclusivité, dans les institutions du secteur du handicap, de la protection de l'enfance, de la santé et de l'insertion sociale, assurant une prise en charge collective des publics. Il est employé par les collectivités territoriales, la fonction publique et des associations et structures privées.

Les domaines de compétence du ME se déclinent suivant quatre axes :
- l'accompagnement social et éducatif spécialisé ;
- la participation à l'élaboration et à la conduite de projets éducatifs spécialisés ;
- le travail en équipe pluriprofessionnelle ;
- l'implication dans les dynamiques institutionnelles.

1. Organisation de la formation (extraits de l'arrêté du 20 juin 2007)

La formation préparatoire au DEME est dispensée en 950 heures de formation et sept mois (soit 980 heures) de stage. Elle repose sur :

– un programme structuré autour de domaines de formation construits à partir d'un enseignement théorique ;

– une complémentarité poussée entre des enseignements théoriques et des stages pratiques, dans le cadre d'une pédagogie d'alternance indispensable dans une formation à visée professionnelle.

A. Orientations générales de la formation théorique

L'architecture de la formation s'inscrit dans un cadre général d'harmonisation des principaux cursus de formation en travail social, qui permet de favoriser la mobilité professionnelle par l'instauration de passerelles et d'allègements de formation réciproques entre les différents diplômes. Elle articule des domaines de formation liés aux finalités professionnelles du métier de ME.

FORMATION THÉORIQUE 950 HEURES
Domaine de formation 1 – Accompagnement social et éducatif spécialisé *400 heures* – Cours de psychologie, de sociologie, de physiologie sur le développement de la personne – Cours de sociologie sur les différents facteurs de socialisation (systèmes sociaux, familiaux, insertion, intégration, facteurs d'exclusion, etc.) – Les situations de handicap, les dysfonctionnements du milieu familial, les phénomènes de maltraitance, et les conduites à risque – La vie collective et les différents phénomènes de groupe – Approche éthique de la fonction éducative
Domaine de formation 2 – Participation à l'élaboration et à la conduite du projet éducatif spécialisé *300 heures* – Approche de la notion de projet – L'accompagnement du projet éducatif – Les supports mis en œuvre dans le cadre des projets – La place des familles – Analyse des pratiques et appropriation des méthodes de travail
Domaine de formation 3 – Travail en équipe pluriprofessionnelle *125 heures* – L'équipe, les acteurs, leurs rôle, statut et fonction – L'équipe, les différents modes de fonctionnement – La transmission de l'information – La circulation et le partage de l'information – Analyse des pratiques
Domaine de formation 4 – Dynamiques institutionnelles *125 heures* – L'organisation administrative et politique de la France et de l'Europe – Les politiques sociales – Notions de droit (civil, pénal, du travail, etc.) – Les différents codes – Le travail en partenariat et en réseau – Notion de veille professionnelle

B. Orientations générales de la formation sur le terrain

Les stages réaffirment de façon concrète la dimension professionnelle du dispositif de formation. Ils contribuent à la professionnalisation des étudiants par l'acquisition de compétences construites par une confrontation aux réalités du terrain. Les situations pratiques participent, au même titre que la formation théorique, à l'apprentissage de l'exercice du métier. En conséquence, le ME en formation doit être mis en situation préprofessionnelle pendant les stages.

Formation pratique
Sept mois de stage pour les personnes en voie directe Les sept mois de stage sont répartis en deux ou trois stages d'une durée minimum de deux mois. Les stages doivent être représentatifs d'expériences diversifiées en termes de publics et de modalité de prise en charge. Un des stages doit être obligatoirement réalisé dans une structure recevant du public en situation d'internat ou d'hébergement. Les tableaux des différents lieux de travail du ME (pp. 125-126) donnent un aperçu des différents publics et donc des possibilités de lieux de stage.
Sept mois de stage pour les personnes en situation d'emploi Les personnes en situation d'emploi doivent effectuer au minimum un stage d'une durée de deux mois hors de leur structure employeur et un stage de cinq mois sur le lieu de leur emploi. Le stage extérieur doit être représentatif d'une expérience diversifiée en termes de public, il devra donc être réalisé souvent par le biais de permutation, entre stagiaires en situation d'emploi, auprès d'un autre type de public (cf. tableaux ci-dessus pp. 125-126). Un des deux stages doit être obligatoirement réalisé dans une structure recevant du public en situation d'internat.

Les objectifs généraux d'un stage pratique visent à :
- percevoir le travail réalisé par une équipe auprès d'un public ;
- participer à la mise en œuvre du projet éducatif ;
- instaurer une relation ;
- aider à la construction de l'identité et au développement des capacités ;
- assurer une fonction de repère et d'étayage dans une démarche éthique ;
- participer à l'animation de la vie quotidienne ;
- intervenir progressivement auprès des usagers ;
- découvrir le profil du métier de moniteur-éducateur ;
- s'inscrire dans un travail d'équipe.

Cet engagement dans une formation en alternance nécessite des prérequis au niveau théorique et des compétences personnelles.

Ces connaissances théoriques et vos capacités à vous engager dans une relation seront des éléments déterminants au cours des entretiens d'admission.

Résumé

Le décret de 2007 réformant le diplôme de ME propose une nouvelle démarche qui reconnaît les terrains de stage comme une organisation professionnalisante et apprenante, au même titre que les établissements de formation.

Le lieu de stage appelé « site qualifiant », comme l'établissement de formation, sont des lieux d'appropriation et d'acquisition de compétences, ce qui suppose un réel engagement du stagiaire dans le dispositif d'alternance proposé.

Aujourd'hui, la plupart des centres de formation proposent un modèle d'alternance où l'apprenant a un rôle actif dans la construction de son projet, en combinant, selon le schéma suivant, les savoirs théoriques et les situations rencontrées dans la pratique.

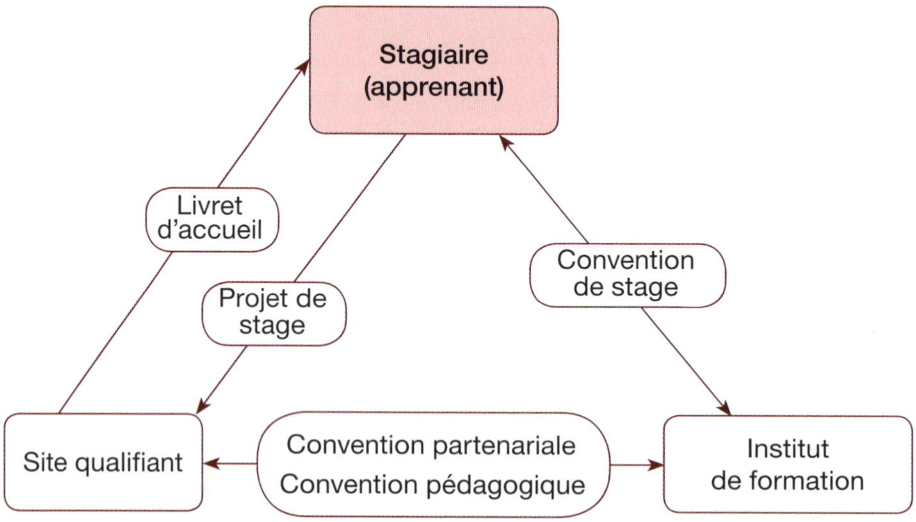

Formation par alternance

17 | Les prérequis pour aborder une formation de moniteur-éducateur

1. L'enfant et son environnement : approche philosophique

Lire la nature

La nature, la vraie, pas son idée, a disparu de la ligne de mire philosophique… Tout montre que nous avons tourné le dos à la nature et que presque plus personne n'est capable aujourd'hui de se mouvoir avec aisance dans les *Géorgiques* de Virgile[1].

Moi qui ai eu la chance de vivre mon enfance et mon adolescence à la campagne, de vivre 51 ans plus tard dans ces mêmes lieux, d'avoir eu un père ouvrier agricole, d'avoir travaillé dans les champs en sa compagnie, de savoir, grâce à lui, ce que sont les saisons, les ciels et leur géographie, les signes de la nature et ses leçons philosophiques (la formule cyclique du temps, le sens de la durée, le nécessaire exercice de la patience, la puissance du déterminisme, la construction de la sérénité par la soumission nécessaire, la construction de soi en harmonie avec elle et plus sûrement avec le cosmos), je mesure ma chance.

Mais pour ceux à qui cette fortune a manqué ?

N'avoir connu dès son plus jeune âge que le béton urbain, les quadrillages citadins, les pollutions sensorielles (saturation en décibels, puanteurs toxiques, lèpres visuelles publicitaires, gazons dépoilés sur terre morte, squares étriqués parfumés aux crottes de chien, immeubles clonant la cage à lapin, périphérie urbaine constellée de centres commerciaux hideux, vomissures de poubelles sur le sol, etc), n'avoir jamais rien vu de la voie lactée dissimulée par la lueur des lampadaires, ne savoir des saisons que la neige maronnasse fondue des caniveaux, ou les arbres secs de l'hiver dessinés sur un fond d'architecture décrépite, c'est immanquablement se retrouver coupé du monde, sectionné de soi, ignorant les rythmes, les pulsions et les forces qui nous déterminent.

Michel Onfray, *Le Monde*, 6 octobre 2010

1. *Les Géorgiques*, poème de Virgile (poète latin du Ier siècle avant Jésus-Christ), qui aborde successivement la culture des champs, la vigne, l'élevage et l'apiculture.

REMARQUE À partir de son expérience, M. Onfray, philosophe, aborde la notion « d'éducation rurale-éducation urbaine », et ses enjeux dans le cadre de l'apprentissage. Ce texte permet d'interroger l'impact d'un environnement sur le développement de l'enfant. L'auteur nous propose de réfléchir sur la nécessité de connaître la nature, afin d'établir un lien entre l'homme et le monde qui l'entoure. C'est une bonne introduction au cours de philosophie de l'éducation dispensée dans la formation.

2. L'enfant et l'apprentissage de l'altérité : approche philosophique

Aucun apprentissage n'évite le voyage. Certes, je n'ai rien appris que je ne sois parti, ni enseigné autrui sans l'inviter à quitter son nid. Partir exige un déchirement qui arrache une part du corps à la part qui demeure adhérente à la rive de la naissance, au voisinage de la parentèle, à la maison et au village des usagers, à la culture de la langue et à la raideur des habitudes.

Qui ne bouge n'apprend rien… Partir. Sortir. Se laisser un jour séduire. Devenir plusieurs, braver l'extérieur, bifurquer ailleurs. Voici les trois premières étrangetés, les trois variétés d'altérité, les trois premières façons de s'exposer. Car il n'y a pas d'apprentissage sans exposition souvent dangereuse à l'autre.

Michel Serres, *Le Tiers instruit*, Paris, F. Bourin, 1992

REMARQUE L'inconnu, l'étranger est souvent vécu dans notre société comme une menace. La différence fait peur. Dans ce texte, M. Serres, philosophe, nous invite, sous une forme poétique, à considérer la rencontre de l'autre comme source d'enrichissement. Car, selon lui, aucun apprentissage n'évite la rencontre, la reconnaissance de l'autre dans sa différence. Sans les autres, l'enfant ne peut pas se construire et devenir sujet de sa propre vie.

3. L'enfant et l'apprentissage de la liberté : approche philosophique

Intelligence entre hérédité et apprentissage

La liberté n'est pas une absence, un vide, elle est une construction collective toujours en chantier. Sur l'île déserte, je peux me comporter à ma guise, mais ma liberté n'a pas de contenu. Elle ne peut en acquérir que grâce à ma relation à l'autre.

Cette relation est nécessaire pour la construction de ma personne. Isolé, je peux, avec les recettes de mon patrimoine génétique, réaliser des organes, un corps, un individu. Mais je ne deviens une personne que grâce aux apports des autres. Pour faire un homme, il faut des hommes. C'est grâce à des contraintes acceptées dans mes relations avec l'autre que j'accède à la liberté.

Albert Jacquard, *Gestion mentale*, n° 1, éditions du Centurion

REMARQUE Dans ce court texte de réflexion, A. Jacquard, scientifique et essayiste, aborde la notion de l'apprentissage de la liberté.
Cette approche philosophique nous aide à construire une réflexion pédagogique et peut nous orienter dans nos choix éthiques.
Cette question de la liberté sera longuement abordée au cours de la formation, parce qu'elle donne tout son sens à l'éducation et permet de mieux définir les finalités recherchées.
Elle pose aussi les conditions de notre travail, car « il n'y a pas d'éducation sans liberté », comme le dit Philippe Meirieu.

4. L'enfant et ses apprentissages scolaires, la littérature comme outil d'éducation : approche pédagogique

C'est un bidonville, à quelques pas seulement de la civilisation, le long de la nationale 6, à proximité d'un centre de tri […]. Chaque samedi, ATD[1] anime une bibliothèque de rue, non loin d'ici, à Alfortville[…].

À partir des bibliothèques de rue, ATD a mis en œuvre un étonnant cercle vertueux : le livre a d'abord servi à rassurer les parents, tout en attirant les enfants. Puis il a conduit à un échange qui fut l'amorce de l'apprentissage du français, lequel, à son tour, a facilité la scolarisation […].

Les initiatives de ce genre – où le livre sert de levier pour transformer en profondeur une situation de relégation culturelle et sociale – ne sont pas isolées.

Des centres sociaux, des foyers, des associations proposent des lectures qui s'adressent aux parents et aux enfants. Compter à haute voix n'est pas seulement un plaisir partagé, cela peut aussi rassurer les parents sur leur capacité à raconter des histoires. Les lectrices (médiatrices du centre de promotion du livre jeunesse [CPLG]) cherchent à faire en sorte que le livre soit attendu, désiré, mais aussi désacralisé.

Des enfants violents se posent. Se posent des questions, mais surtout se posent au sens où ils s'apaisent. Avec ces enfants-là, le livre est un support magique.

Tous les passeurs (lectrices, médiatrices, bibliothécaires, éducateurs, instituteurs) du livre de jeunesse vous le diront : le livre n'est certes pas le remède à tous

1. ATD Quart Monde, association humanitaire qui œuvre depuis ses origines pour mettre en avant la culture. « Le beau ne doit pas être réservé à une élite. »

les maux, mais il est un socle incontournable du développement intérieur, donc une réelle autonomie de chacun.

Florence Noiville, *Le Monde des livres*, 3 décembre 2010

REMARQUE À partir de cet article réalisé à l'occasion du Salon du livre et de la presse jeunesse en Seine-Saint-Denis, l'auteur nous présente un outil qui favorise les apprentissages scolaires et qui permet de restaurer des relations ou de renouer des liens.
Le livre est présenté comme un outil de médiation et les intervenants comme des passeurs facilitant la rencontre entre une œuvre et un lecteur.
Cet article est une bonne illustration du travail du ME, qui s'appuie sur les activités de la vie quotidienne comme support éducatif et relationnel, ainsi que sur la dynamique du groupe comme temps de socialisation.

5. La pauvreté des enfants et de leurs familles : approche sociologique

Dans mes fonctions de défenseur des enfants, je suis à nouveau au cœur des problématiques d'exclusion [...]. La crise économique a entraîné un effet amplificateur sur les familles les plus vulnérables, premières victimes du chômage, et notamment les foyers monoparentaux. Les enfants victimes de la pauvreté sont 2 millions à vivre dans une famille qui dispose d'un revenu inférieur au seuil de pauvreté, soit 950 euros par mois, après avoir touché les allocations familiales et les allocations logement. La moitié de ces familles a même moins de 773 euros par mois [...].

Les conséquences de la précarité sont multiples pour tous les enfants : augmentation des placements à l'aide sociale à l'enfance, parcours scolaires difficiles, menant 150 000 d'entre eux à sortir chaque année de l'école sans qualification, inégalité d'accès aux soins [...].

Des politiques doivent êtres décidées avec une priorité absolue à la construction de logements sociaux, parce chaque enfant a le droit fondamental, selon la Convention internationale des droits de l'enfant, de pouvoir grandir et s'épanouir dans un environnement familial sécurisant.

Sans logement, aucun projet de vie équilibrant ne peut s'imaginer.

Dominique Versini, *Le Monde*, 25 novembre 2010

REMARQUE Par ce texte, D. Versini, défenseur des enfants et ancienne secrétaire d'État chargée de la précarité et de l'exclusion, nous alerte sur une certaine réalité sociale et sur ses incidences sur l'éducation et les apprentissages des enfants en situation familiale de pauvreté.V
Certains de ces enfants en difficulté sont accueillis dans les divers établissements éducatifs spécialisés.

6. L'éducation des enfants : approche psychologique

La maison verte, un lieu de rencontre et de loisirs pour les tout-petits avec leurs parents

La maison verte, c'est l'invitation du tout-petit au langage compréhensible, à la camaraderie avec des enfants différents de lui, à l'entraide, au règlement de vie du groupe d'enfants d'âge voisin du sien [...], à des expériences d'apprentissage relationnel qui le mène parfois à des réactions de désespoir devant son impuissance.

Mais sa mère est là qui, aidée par des personnes d'accueil, peut le réconforter, non pas dans la régression vers le nid maternel, mais avec des paroles dépourvues de blâme, lui expliquant la raison de sa différence d'avec les autres et lui permettant d'acquérir l'expérience positive d'un échec ou d'une mauvaise appréciation de la réalité.

Françoise Dolto, *La Difficulté de vivre : le psychanalyste et la prévention des névroses*, Paris, Interéditions, 1981, p. 358

REMARQUE Dans cet extrait d'article sur le fonctionnement de la maison verte, F. Dolto propose une approche du développement relationnel de l'enfant. Ses travaux, largement publiés, ont eu une influence sur les pratiques éducatives en crèche, halte-garderie, école maternelle, etc.

7. L'enfant et sa famille : approche sociologique

Des parents directifs mais pas répressifs

Au départ, les parents fixent plus ou moins explicitement un cadre au sein duquel l'enfant peut expérimenter le petit pouvoir dont il dispose. Ce cadre n'est pas construit arbitrairement, il correspond aux valeurs des parents et de la société dans laquelle l'enfant grandit [...]. Les parents imposent un cadre afin que l'enfant apprenne à être à la fois unique, raisonnable, humain, autonome, et aussi « fils de » ou « fille de » [...].

Évidemment, le cadre ne peut pas être fixé une fois pour toutes. Lorsque l'enfant est dans le cadre, il va chercher à le briser. Le parent n'a ni à refuser, ni à accepter *a priori*. Il est là pour demander « pourquoi ? » et engager une négociation.

Le cadre est posé non seulement pour assurer une certaine sécurité, indispensable, mais aussi pour contraindre l'enfant à argumenter, à donner ses raisons, à écouter celles de ses parents.

En dernière instance seulement, les parents peuvent faire preuve d'autorité et trancher.

François de Singly, *Libération*, 1er octobre 2009, à l'occasion de la publication de son dernier ouvrage, *Comment aider l'enfant à devenir lui-même : guide de voyage à l'intention du parent*, Paris, Armand Colin, 2009

REMARQUE Dans cet article, F. de Singly, spécialiste de la famille, nous rappelle que les premiers éducateurs de l'enfant sont ses parents. Dans le prolongement des travaux de Françoise Dolto basés sur le développement psychologique de l'enfant, F. de Singly développe une approche sociologique centrée sur le rôle des parents (directif mais non répressif), et sur la dimension sociale de l'éducation.
Selon l'auteur, « Françoise Dolto a raison de dire que les parents doivent aider l'enfant à devenir quelqu'un d'unique, mais ce n'est pas suffisant, l'éducation familiale doit encourager l'enfant à être lui-même, tout en étant avec les autres. »
Pour le ME, les travaux de F. de Singly abordés en cours de formation permettront de mieux comprendre les problèmes éducatifs que rencontrent des enfants confiés et d'en identifier leurs besoins.

8. L'enfant et sa famille : approche sociologique

La famille est un ensemble formé par le père, la mère et les enfants. Au sens large, c'est un ensemble de personnes liées entre elles par le mariage, la filiation ou l'adoption.

En sociologie, la famille est une institution présente dans toutes les sociétés. Ses formes et ses fonctions sont très variables d'une société à l'autre. Elle est donc un phénomène essentiellement culturel.

La société a vu évoluer, au cours de son histoire, plusieurs types de familles : la famille étendue, qui regroupe plusieurs générations (ascendants, descendants, collatéraux, etc.), ou encore la famille restreinte ou nucléaire, qui comprend le père, la mère et leurs enfants (non mariés).

La famille exerce traditionnellement trois fonctions économiques : une fonction patrimoniale, une fonction de production et une fonction de consommation. Elle exerce également des fonctions sociales importantes : de socialisation, de transmission culturelle, et enfin une fonction affective.

Aujourd'hui, la famille constitue un lieu de solidarité. Les parents continuent à apporter à leurs enfants mariés différents soutiens : aides financières, conseils, garde des petits-enfants, etc. Ce maintien de ces relations faciliterait d'ailleurs, pour certains enfants mariés, leur insertion professionnelle.

En revanche, si la famille a longtemps été le lieu de la solidarité entre générations, cette fonction semble décroître avec le développement des systèmes de protection sociale et de la mise en place de structures d'accueil des troisième et quatrième âges.

Les nouveaux modèles familiaux, l'union libre ou le concubinage, le pacte civil de solidarité (Pacs), les familles recomposées et les foyers monoparentaux sont le reflet des changements de mentalité dans notre société.

Les foyers monoparentaux sont issus du veuvage, éventuellement d'un choix, mais surtout des divorces et des séparations. Ces foyers sont généralement considérés comme famille « à risque de problèmes sociaux ».

Les difficultés rencontrées par ces familles peuvent être d'ordre économique et psychologique.

« En fin d'année 2005, une enquête Ipsos montre que 67 % des femmes seules avec enfants ont des difficultés pour boucler les fins de mois et 70 % admettent rencontrer des problèmes récurrents d'ordre financier [...]. Les foyers monoparentaux apparaissent majoritairement touchés par la précarité et la difficulté sociale : chômage, problèmes de logement et de garde d'enfants[1]. »

REMARQUE Dans le cadre de ses interventions, le ME doit prendre en compte la place et le rôle des familles. Cette dimension du travail éducatif s'appuie sur une approche théorique (sociologique, juridique, culturelle, historique), afin de mieux cerner les attentes, les demandes et les besoins exprimés par les parents.
En cours de formation, ces approches sont présentées et développées afin d'appréhender à la fois ses propres représentations et les enjeux d'un travail avec les familles.

9. L'accueil d'un enfant en institution : approche juridique

Les conditions d'accueil d'un enfant ou d'un adulte dans une institution éducative sont définies par le même texte de loi : la loi du 2 janvier 2002, rénovant l'action sociale et médico-sociale.

Cette loi réaffirme le droit des usagers (enfants ou adultes), tout en tenant compte de l'évolution des prises en charge éducatives.

La loi 2002-2 pose clairement aux établissements six grandes missions sociales et médico-sociales :

– évaluer et prévenir les risques sociaux et médico-sociaux ;

– protéger l'enfant et la famille, la jeunesse, les personnes handicapées, les personnes âgées ou en difficulté ;

– assurer des actions éducatives, médico-éducatives, médicales, thérapeutiques, pédagogiques, tant pour les enfants que pour les adultes ;

1. J. Plantet, « Les familles monoparentales dans la précarité », *Lien social*, n° 809, 2006.

– assurer des actions d'intégration scolaire, de réadaptation, d'insertion, de réinsertion sociale et professionnelle, d'information et de conseil, d'aide au travail ;

– assister, soutenir, accompagner les personnes dans le besoin, dans les divers actes de la vie (y compris les soins palliatifs) ;

– assurer des actions contribuant au développement social et culturel et à l'insertion par l'activité économique.

La loi 2002-2 impose désormais aux établissements et services sociaux et médico-sociaux que l'usager soit au centre du dispositif.

Les établissements s'engagent au respect de la dignité, de l'intégrité, de la santé et de la vie privée des enfants ou des adultes accueillis.

Ceux-ci bénéficient d'un accompagnement et d'une prise en charge de qualité, favorisant leur développement, leur autonomie et leur insertion, en fonction de leurs capacités, besoins, âge, et avec leur consentement (ou celui du représentant légal, par défaut).

Les usagers ont droit à l'accès à leur dossier, à la confidentialité, et doivent participer à l'élaboration de leur projet.

Le règlement de fonctionnement de l'établissement doit contenir les droits de la personne accueillie. Le livret d'accueil est aussi rendu obligatoire. Il doit être remis à la personne accueillie (ou à son représentant légal), dès son arrivée dans l'établissement ou dans le service. Il est accompagné de la charte des droits et libertés de la personne accueillie, du règlement de fonctionnement de l'établissement, du contrat de séjour (ou du projet individualisé).

REMARQUE Ce texte de loi, qui impose un cadre légal dans l'accueil des enfants ou des adultes, montre que le travail du ME s'inscrit dans un contexte précis où les procédures d'accueil sont bien définies.
Les différents apports juridiques abordés au cours de la formation sont : la responsabilité, les placements, les décisions d'orientation, la place des parents, le secret professionnel, le recueil des informations préoccupantes, etc. Ils permettent aux ME de travailler en toute légitimité, dans un cadre défini, afin d'assurer une fonction de repère, respectueux des procédures et des droits associés.

10. Les besoins de l'enfant : approche psycho-sociale

Apprendre à vivre en société multiple

Se demander de quoi les enfants ont besoin met en question à la fois la notion d'enfance, la notion de besoins, et bien sûr la notion de société, puisque nous sommes dans l'une des plus grandes mutations sociétales…

Du côté des sciences humaines, la définition de Maslow reste une référence. Cet auteur touche du doigt ce qui est aujourd'hui une constante dans les travaux de la psychologie sociale, cette dimension du lien social entre appartenance, estime et réalisation de soi, qui à notre avis est aussi un produit de la société de consommation et de la société médiatique avancée.

La pyramide de Maslow illustre que les premiers besoins sont des besoins matériels, physiologiques, psychologiques, physiques, des besoins de subsistance. Qu'ensuite nous avons besoin de sécurité. Que s'inscrivent alors des besoins d'appartenance, puis d'estime de soi, puis enfin de réalisation.

Jacques Pain, revue *Enfance et psy,* février 2009, n° 43.

REMARQUE Abraham Harold Maslow (1er avril 1908-8 juin 1970), psychologue américain, a défini, en 1943, une hiérarchie de besoins à satisfaire, sachant qu'une personne ne peut avoir de besoins supérieurs que si ses besoins fondamentaux sont satisfaits.
Cette représentation hiérarchisée, souvent appelée « pyramide de Maslow », comporte 5 niveaux de besoins :

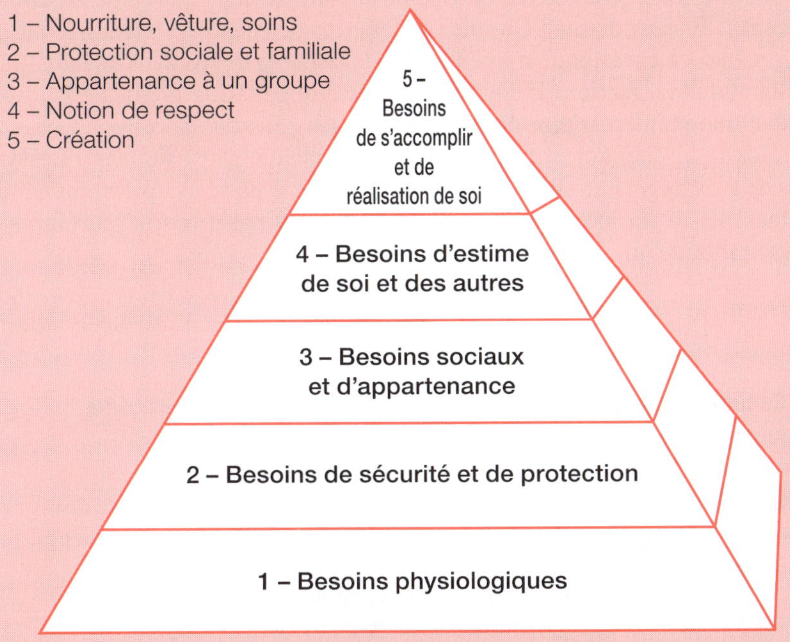

Pyramide des besoins, Abraham Maslow,
A Theory of Human Motivation in Pychological Review, n° 50, 1943.

La pyramide de Maslow est un des modèles les plus diffusés. Cette présentation est considérée par la plupart des établissements de formation en travail social comme un prérequis permettant une approche d'autres modèles plus complexes, intégrant davantage le poids des influences sociales et culturelles, s'adressant à une population moins homogène qui tient compte de la personnalité, de l'éducation familiale et de la classe sociale. Données qui viennent interférer et modifier cette approche des besoins individuels illustrée par la pyramide.

11. Année 2012 : année de l'autisme

L'autisme a été décrété « grande cause nationale » pour l'année 2012.

Cette mise en avant de l'autisme devrait permettre un renforcement des connaissances scientifiques, mais surtout de rattraper un retard inacceptable dans l'accueil des personnes atteintes de cette maladie précoce, par la diversification de l'offre sanitaire et sociale.

La petite fille dérangeante

Garance a 13 ans. Elle n'est pas comme les autres et ne sera jamais une adulte comme nous. À sa naissance, rien ne laissait présager que ce beau bébé serait différent… En grandissant, Garance ne fera rien de ce qui est attendu d'une petite fille… Garance est atteinte d'une forme d'autisme et de troubles envahissants du développement. Derrière la froideur de cette appellation médicale se cache la réalité d'une manière d'être déroutante pour les gens dits normaux. Garance est obsessionnelle, demande sans cesse d'écouter Haendel, de visionner « Les demoiselles de… », hypermnésique, maladroite, gauche. Elle ne sait pas compter quatre pommes, ne sait pas dessiner un bonhomme, ne sait pas dire son âge. Garance est dans son monde qui semble un autre monde.

Sandrine Blanchard, article du *Monde* à propos de la parution du livre :
Écouter Haendel,Scarlett et Philippe Reliquet, Paris, Gallimard, oct. 2011

REMARQUE Ce témoignage nous invite à repenser notre approche de l'autisme, loin de la polémique soulevée par la Haute Autorité de la santé, dont les éléments seront abordés en cours de formation. « L'autisme est une maladie du développement cérébral qui rend difficile la communication des enfants atteints dès leur plus jeune âge. L'autisme a parfois une origine génétique, mais l'environnement joue un rôle vital[1]. »

Le livre *Écouter Haendel*, qui raconte le vécu des parents, fait d'échecs, de combats et d'espérance, est une bonne approche de l'autisme. Cette histoire « d'une petite fille dérangeante » nous montre que l'autisme est bien un handicap spécifique.

1. Yehezkel Ben-Ari, Président de l'association « Vaincre l'autisme ».

12. L'illettrisme déclaré grande cause nationale en 2013

Aujourd'hui, en France, ce sont plus de deux millions et demi de personnes qui ne maîtrisent pas la lecture, l'écriture ni le calcul, soit environ 7 % de la population. Au cours de cette année seront menées des campagnes d'information visant certains publics afin d'informer sur ce phénomène caché, briser le tabou et les représentations stigmatisantes pour inciter les institutions ou les organismes concernés à redoubler d'efforts dès la toute petite enfance.

Faire reculer l'illettrisme dans un pays développé, c'est une priorité, car il est possible aujourd'hui de réapprendre à tout âge à lire, à écrire et à compter.

13. 2014, année placée sous le signe de l'engagement associatif

Désigné « grande cause nationale », l'engagement associatif marque une étape importante dans la reconnaissance du rôle essentiel, et pourtant souvent méconnu, que les associations jouent dans la société civile et au service de l'intérêt général.

Le mouvement associatif fédère plus de 600 000 associations[1], soit 12,7 millions de bénévoles et de près de 2 millions de salariés.

Les associations jouent un rôle essentiel à la cohésion sociale ; elles répondent à des besoins. Elles sont aussi un lieu d'apprentissage de la citoyenneté et du « vivre-ensemble ». Elles agissent sur le quotidien et redonnent confiance aux bénéficiaires de leurs actions. Ces dernières années, le secteur associatif s'est saisi de nouveaux champs de solidarité : l'autonomie des personnes âgées, l'aide à la parentalité, l'accès à la culture et à la société des savoirs, la défense des droits et bien d'autres encore.

REMARQUE À un moment où les associations prennent de plus en plus de responsabilités dans tous les domaines - social, éducatif, sportif ou encore culturel -, cette reconnaissance officielle devrait mettre en lumière les actions de ces millions de Français qui s'engagent au quotidien, et de donner un coup d'accélérateur à l'engagement, si nécessaire au développement de l'action associative. Le rôle de gestionnaire des associations est déterminant dans le champ social puisqu'il permet le fonctionnement de la plupart des établissements médico-sociaux, lieux d'intervention spécifique du moniteur-éducateur.[2]

1. La loi du 1er juillet 1901 a défini une association comme la convention par laquelle deux ou plusieurs personnes mettent en commun leurs connaissances ou leurs activités, dans un but autre que celui d'en partager les bénéfices.
2. Pour la plupart des établissements de formation, l'engagement associatif des candidats aux épreuves d'admission est considéré comme un plus.

18 | Les mots-clés du travail social

■ **Accompagnement**

Terme utilisé pour nommer la relation d'aide entre un éducateur et un « usager ». L'usager garde sa part d'autonomie et de responsabilité dans son projet de vie.

■ **Acteur social**

Personne impliquée dans un dispositif d'aide sociale, en général un travailleur social, afin d'obtenir un changement, des modifications ou une évolution des politiques sociales.

■ **Aide sociale à l'enfance (ASE)**

Compétence du conseil général définie dans le code de l'action sociale et des familles. C'est un dispositif de l'action sociale en faveur de l'enfance.

■ **Apprentissage**

L'apprentissage peut être défini comme le processus d'acquisition des savoirs, des savoir-faire et des savoir-être inhérents à une profession. L'apprentissage s'effectue dans deux lieux, l'un théorique, l'établissement de formation, l'autre pratique, le lieu d'emploi, lieu de stage.

■ **Autonomie**

L'autonomie est la capacité à se prendre en charge, sans être dépendant d'autrui. On ne peut parler d'autonomie que par rapport à quelque chose, que soit la capacité à penser par soi-même, à se positionner ou à réaliser une activité.

■ **Autorité parentale**

Ensemble de droits et des devoirs que les parents ont à l'égard de leurs enfants mineurs ayant pour finalité leurs intérêts. L'autorité parentale est confiée au père et à la mère avec égalité des droits.

Les devoirs des parents portent sur la protection de l'enfant dans sa sécurité, sa santé et sa moralité, sa garde chez le ou les parent(s), la surveillance de ses déplacements, de ses activités et de ses relations, de son éducation, de son entretien matériel.

■ **Citoyenneté**

La citoyenneté représente l'état et la qualité de citoyen. Elle exprime la reconnaissance de la place de chaque individu dans une société en lui ouvrant l'accès à tous les droits définis par cette société.

■ **Conseil général (ASE)**

Le conseil général, en tant que collectivité territoriale, est l'organe délibérant d'un département depuis les lois de décentralisation. Il se compose d'une assemblée de conseillers généraux et d'un président, élus pour six ans. Le conseil général est chargé d'administrer, par ses délibérations, les affaires du département (aide sociale, protection de l'enfance, PMI, insertion des personnes en difficulté, RSA, aide aux personnes en situation de handicap, prévention, voirie, culture, développement local…).

■ **Contrat**
Un contrat est une convention formelle ou informelle passée entre deux ou plusieurs personnes ou structures, définissant les obligations et les intérêts vis-à-vis de chacun.

■ **Décentralisation**
La décentralisation territoriale organise, depuis 1982, le transfert de certaines compétences de l'État vers les collectivités locales (municipalités, départements, régions) dans le but d'assurer un meilleur équilibre des pouvoirs sur l'ensemble du territoire et de rapprocher les décideurs des citoyens.

■ **Droit des enfants**
Il s'agit de la reconnaissance officielle de droits spécifiques à tous les enfants du monde, par la Déclaration de Genève de 1924, la Déclaration des droits de l'enfant de 1959, sous l'impulsion de l'ONU, et enfin la Convention internationale des droits de l'enfant du 20 novembre 1989, définissant les droits fondamentaux des enfants.

■ **Droit des usagers**
Droits définis dans la loi n° 2002-2, loi rénovant le cadre de l'action sociale. L'usager accueilli dans un établissement a droit au respect de sa dignité, de sa vie privée, de la confidentialité des informations, d'être associé aux décisions le concernant… et un droit de renoncement aux prestations proposées.

■ **Engagement**
L'engagement est l'ensemble des positionnements d'un individu, liés à ses valeurs, ses convictions, dans ses interventions, une action, une activité ou une prise de position.

■ **Équipe**
Le travail éducatif est un travail d'équipe. Les orientations pédagogiques sont définies collectivement. L'équipe regroupe des professionnels avec des spécificités différentes, ayant le même but.

■ **État providence**
Expression utilisée pour définir les orientations politiques de l'État français. Politiques décidées au lendemain de la guerre de 1945 qui visent à garantir des moyens d'existence à tout citoyen. À travers la Sécurité sociale, les différentes allocations, l'indemnisation du chômage, le RSA, la CMU, le minimum vieillesse…

Aujourd'hui, face au ralentissement de la croissance et à la hausse des coûts de cette protection sociale, on parle des « crises de l'État providence ».

■ **Éthique**
Science et théorie de la morale (Le Robert), l'éthique professionnelle, souvent nommée « déontologie », a pour but de réglementer les activités qui ont lieu dans le cadre d'une profession.

L'éthique professionnelle du travail social est animée par des valeurs et des principes qui sont la tolérance, le respect, la dignité.

Le positionnement éthique de ces professionnels est de maintenir des liens sociaux. Ce positionnement est au cœur de leurs missions sociales et éducatives.

■ **Exclusion**
L'exclusion est l'action concrète de mise à l'écart d'une personne vis-à-vis d'un groupe. Mais l'exclusion (sociale) définit aussi le processus de marginalisation de personnes dites « minoritaires ».

■ **Handicap**
Désavantage qu'une personne doit supporter, lié à l'âge, à une déficience ou à une incapacité. Aujourd'hui, la définition officielle parle de « limitation d'activité ou de restriction de participation à la vie en société ».

■ **Identité**
Elle se caractérise par « ce qui détermine chaque personne » et qui la différencie des autres. L'identité est la reconnaissance inaliénable d'une personne pour elle-même et par les autres.

■ **Intégration**
L'intégration est un processus sociologique qui permet à une personne étrangère de devenir membre d'une société d'accueil.

■ **Interculturalité**
L'interculturalité se définit comme la capacité de faire se rencontrer différentes cultures qui coexistent au sein d'un groupe, en vue d'une reconnaissance mutuelle, d'échanges et de l'acceptation des différences. L'interculturalité favorise l'intégration et la paix sociale.

■ **Laïcité**
Conception politique dans laquelle l'État reconnaît toutes les religions et ne se déclare d'aucune. La laïcité repose sur la séparation des pouvoirs entre l'Église et l'État.

■ **Maison du handicap**
Lieu d'accueil et d'information pour les personnes handicapées. C'est aussi l'instance de décision concernant les demandes de prestations.

■ **Médiation**
Terme utilisé dans le travail social pour nommer l'intervention d'un tiers (un professionnel), pour trouver, avec la participation des parties concernées, une ou des solutions à la situation. On distingue plusieurs formes de médiations : médiation familiale, pénale... Dans le travail éducatif, les activités sont qualifiées d'activités « médiatrices », car elles constituent un support de médiation dans la relation.

■ **Partenariat**
Terme utilisé pour nommer une autre structure associée à une prise en charge éducative. C'est une association d'institutions ou de services en vue de mener une action commune.

- **Projet**

Ce terme, couramment utilisé dans le travail social, permet de nommer un objectif à atteindre : projet de formation, projet professionnel, projet éducatif.

- **Protection de l'enfance**

Dispositif dont l'objectif est de protéger un enfant en danger ou en situation préoccupante.

- **Relation d'aide**

Terme utilisé pour qualifier la relation entre un éducateur et un usager.

- **Responsabilité**

Obligation de réparer le dommage causé par sa faute (définition légale). La responsabilité évoque aussi la nécessité de remplir un devoir (définition éthique).

- **Sanction**

Rappel à la loi, à la règle. Elle place la personne sanctionnée face à la réalité. La sanction doit être expliquée et comprise, elle peut pour cela s'accompagner d'une réparation.

- **Sécurité**

Sentiment très diffusé dans la société touchée par une crise. Il s'exprime fortement à travers les attentes d'une société sans risque, sans danger, sans défaillance.

- **Socialisation**

C'est l'ensemble des capacités qui permettent à une personne de développer des relations dans une société.

- **Tribunal pour enfants (TPE)**

Le tribunal pour enfants est chargé de juger les délits commis par un mineur. Il est composé du juge des enfants, qui préside, et de deux assesseurs. Dans les sanctions proposées, la priorité sera donnée aux mesures éducatives.

- **Usager**

Terme utilisé dans la loi pour nommer un bénéficiaire de l'aide sociale ou d'une prise en charge éducative.

REMARQUE Ces mots clés ainsi repérés recouvrent à la fois des dispositifs, des règles, des finalités, des statuts et des droits.
Ils doivent être utilisés avec une certaine justesse dans les écrits, ou lors des échanges oraux.
S'exprimer de manière précise sans préjugés ou a priori facilitera une meilleure communication en donnant toute sa pertinence à vos propos.

Résumé

Aborder une formation nécessite, en amont, des connaissances et des informations, afin d'appréhender le lien entre les contenus proposés par les textes officiels et le futur métier envisagé. En effet, si aucun diplôme n'est exigé, un niveau de scolarité, de réflexion et de connaissances est souhaité.

Dans les prérequis, les textes proposés permettent une initiation aux sciences humaines et introduisent les différents cours dispensés en formation : psychologie, philosophie, sociologie, pédagogie, droit, histoire des politiques sociales, psychopathologie et gérontologie. C'est à partir de ces repères théoriques, articulés à une pratique de stage, que se construit le métier de ME.

Ce travail de recherche suppose une curiosité intellectuelle et une notion de veille professionnelle. Il devra être poursuivi pendant toute la carrière du ME, afin de prendre en compte les évolutions de la société, au bénéfice des publics accompagnés ou accueillis dans les institutions.

Conclusion

Cet ouvrage a pour vocation de vous accompagner dans votre préparation aux épreuves d'admission pour une formation de moniteur-éducateur, et d'en faciliter le succès.

Ainsi la lecture des textes de référence, des épreuves proposées et des modalités d'organisation par les centres de formation devrait-elle vous permettre de vous repérer dans le déroulement de ce concours.

Si les épreuves d'admissibilité portent surtout sur le niveau scolaire souhaité (les sujets proposés devaient vous aider dans votre préparation), les épreuves d'admission portent, entre autres, sur votre capacité à rechercher des informations et à anticiper dans l'organisation de vos démarches. Cet ouvrage répond largement à ces objectifs et constitue un atout supplémentaire.

De plus, la présentation du métier, du déroulement de la formation et des thèmes de société devraient vous permettre d'argumenter et de mieux définir l'orientation professionnelle que vous avez choisie.

Vous vous engagez dans un métier difficile. Les témoignages des moniteurs éducateurs illustrent bien les enjeux d'un travail éducatif : vous éprouverez un sentiment de satisfaction lié au fait d'avoir pu intervenir dans l'évolution d'une situation, d'avoir su instaurer une relation privilégiée en gagnant la confiance d'une personne, de même qu'un sentiment de déception lorsque la réalité sociale, économique, ou familiale impose ses limites.

« Il n'y a pas de solution miracle, estime Olivier Galéa. Le métier de moniteur éducateur nous amène souvent à modérer nos ambitions afin de respecter le choix de vie des personnes. »

Déjà, en 1947, Fernand Deligny, éducateur, auteur d'ouvrages de référence, abordait dans ses écrits cette ambiguïté du travail social qui demande beaucoup de patience, de recul, de modestie et d'ambition, ainsi qu'un goût pour le travail en équipe.

« Si tu n'es pas intéressé ou motivé pour ce métier de ME, alors ne t'embarque pas sur notre bateau, car notre carburant est l'échec quotidien, nos voiles se gonflent de ricanements et nous travaillons fort pour ramener au port de tout petits harengs, alors que nous étions partis pour pêcher la baleine. »

Les auteurs de cet ouvrage ont souhaité vous présenter ce métier au plus près de sa fonction, et non un fascicule de bachotage ou de formatage.

C'est donc en étant le plus sincère possible, prêt à répondre avec une certaine maturité aux questions posées par les membres des jurys, prêt à vous situer en fonction de votre histoire, de vos connaissances et de votre désir d'apprendre que vous validerez ce parcours d'admission.

Les candidats admis sur la liste principale rentreront en formation dès qu'ils auront confirmé leur inscription. Les candidats admis sur la liste complémentaire rentreront en formation en fonction des désistements. Enfin, tous les candidats ayant obtenu la moyenne aux épreuves sont déclarés admissibles. Ils pourront entrer en formation en situation d'emploi.

Les auteurs de cet ouvrage espèrent que toutes ces données permettront aux candidats au diplôme d'État de moniteur-éducateur de réaliser une carrière professionnelle prometteuse au bénéfice des personnes et au sein d'équipes performantes.

Bibliographie

La lecture d'une ou deux œuvres suggérées vous permettra d'illustrer vos propos à l'écrit et de présenter un livre pertinent lors des entretiens oraux.

1. Travail social

■ *La Justice et les Enfants*, Jean-Pierre Rosenczveig, Paris, Dalloz, 2013 (prix 3 €).
Un livre incontournable pour bien appréhender le fonctionnement de la justice pour enfants : mineurs en danger et mineurs ayant commis des actes de délinquance.

■ *Petite poucette*, Michel Serres, éd. Le pommier, Paris, 2012.
Avec l'essor des nouvelles technologies, un nouvel humain est né : Michel Serres le baptise « petite poucette » en raison de sa maîtrise des claviers. Ce changement dans les modes de communication ou dans les apprentissages impose une nouvelle manière de vivre ensemble, une nouvelle manière d'être et de connaître.

■ *Le Métier d'homme : essai*, Alexandre Jollien, Paris, Le Seuil, 2002.
À partir de son histoire, l'auteur nous propose une réflexion sur le handicap, la différence, la souffrance.

■ *Cent mots pour être éducateur : dictionnaire pratique du quotidien*, Philippe Gaberan, Ramonville-Saint-Agne, Érès, 2007.
À partir de définitions, l'auteur nous présente le travail de l'éducateur.

■ *Lettre à un jeune professeur*, Philippe Meirieu, Issy-Les-Moulineaux, ESF, 2005.
Les propos de l'auteur peuvent aussi s'adresser à un jeune éducateur.

■ *Nouvelle petite philosophie*, Albert Jacquard, Paris, Librairie Générale Française, 2007, coll. « Le Livre de poche ».
Entretien avec Huguette Planès abordant les grands thèmes de société.

■ *Éloge de la différence : la génétique et les hommes*, Albert Jacquard, Paris, Le Seuil 1978.
« Notre richesse collective est faite de notre diversité » : tel est le message de l'auteur.

■ *Les Mots de Françoise Dolto pour les enfants et leurs parents*, Françoise Dolto, Paris, Gallimard Jeunesse-Giboulées, 2008.
Une première approche illustrée des thèses de Françoise Dolto.

■ « Tintin au pays des philosophes », *Philosophie magazine*, hors-série, 2010.
Travail original et divertissant à partir de contributions d'auteurs de référence.

■ *Le Racisme expliqué à ma fille*, Tahar Ben Jelloun, Paris, Le Seuil, 2009.

■ *Les 100 mots de la psychologie*, Olivier Houdé, Paris, Presses universitaires de France, 2011, coll. « Que sais-je ? ».

Une approche de la psychologie par les définitions.

- *La psychologie de l'enfant*, Olivier Houde, Paris, PUF, 2004, coll. « Que sais-je ? ».
Présentation du développement de l'intelligence chez l'enfant.

- *Les 100 mots de la psychanalyse*, Jacques André, Paris, Presses universitaires de France, 2009, coll. « Que sais-je ? ».
L'apport de la psychanalyse et son éclairage à partir de mots clés.

- *Comment aider l'enfant à devenir lui-même : guide de voyage à l'intention du parent*, François de Singly, Paris, Armand Colin, 2009.
Guide à l'intention des parents.

- *Graine de crapule : conseil aux éducateurs qui voudraient la* cultiver ; suivi de *Les vagabonds* efficaces et autres textes, Fernand Deligny, Paris, Dunod, 2004.
Un livre écrit en 1947 qui reste toujours d'actualité.

- *Juger*, Serge Portelli, éditions de l'Atelier, 2011.
Un livre de référence pour tous ceux qui s'interrogent sur le fonctionnement de la justice.

2. Témoignages

Nombreuses sont les publications portant sur des témoignages dans lesquels les auteurs racontent leur histoire de vie.

- *En finir avec Eddy Bellegueule*, Édouard Louis, Paris, Le Seuil, 2014
Ce roman est en réalité un récit dans lequel l'auteur nous raconte la découverte de son homosexualité au cours de son enfance, et les réactions de rejet dans un milieu social précaire, raciste, homophobe et violent.

- *Une place au milieu du monde*, Patrice Robin, POL, 2014
Animateur d'un atelier d'écriture dans un établissement qui accueille des adolescents « en difficultés », l'auteur nous fait partager son expérience auprès de ces jeunes si souvent désespérés.

- *Au milieu de l'hiver*, Marie Billet, Bordeaux, Elytis, 2014
Tiré d'une histoire vraie, ce récit met en lumière Sofia, une de ces femmes de l'ombre qui, très tôt privée de ses rêves par la tradition, ballottée entre la France et l'Algérie, choisit de rompre avec sa condition pour se réapproprier sa vie de femme et de mère.

- *Je ne parlerai qu'à ma juge*, Catherine Sultan, éditions Seuil, 2013.
L'auteur, juge des enfants, revient sur plus de vingt ans d'une pratique judiciaire.

- *La Démesure*, Céline Raphaël, éditions Max Milo, 2013.
Un parcours hors norme, raconté pour lever le tabou de l'enfance maltraitée.

- *Sauve toi, la vie t'appelle*, Boris Cyrulnik, éditions Odile Jacob, 2012.
Un témoignage poignant dans lequel l'auteur nous propose à la fois une réflexion sur son histoire personnelle et sur la mémoire.

- *Écouter Haendel*, Scarlett et Philippe Reliquet, Gallimard, Paris, 2011.

- *Où on va, papa ?*, Jean-Louis Fournier, Paris, LGF, 2010, coll. « Le Livre de poche ».
Un père décide d'écrire un livre à ses deux garçons handicapés.
- *Écouter l'autisme : le livre d'une mère d'enfant autiste*, Anne Idoux-Thivet, Paris, Autrement, 2009.
- *Enfants, témoins ou victimes de la violence conjugale*, Judy da Silva, Paris, Mémoires de plume, 2007.
- *Pourquoi on nous a séparés : récits de vie croisés : des enfants placés, des parents et des professionnels*, Christine Abels-Eber, Ramonville-Saint-Agne, Érès, 2006.
- *Paroles de sourds*, collectif, Paris, Delcourt, 2005.
- *Dans la tourmente de l'épilepsie*, Michèle Viallet, L'Harmattan, 2005, coll. « Au-delà du témoignage ».
- *Sourde, muette, aveugle : histoire de ma vie*, Helen Adams Keller, Payot & Rivages, 2001.
- *Ma vie d'autiste*, Temple Grandin, Odile Jacob, Paris, 2000.
- *Le Cri de la mouette*, Emmanuelle Laborit, Paris, Robert Laffont, 1994.
- *Si on me touche, je n'existe plus : le témoignage exceptionnel d'une jeune autiste*, Donna Williams, Paris, J'ai lu, 1993.
Le témoignage exceptionnel d'un jeune autiste.

3. Romans

Les titres proposés abordent des questions de société.

- *La Pitié dangereuse ou L'impatience du coeur*, Stefan Zweig, Paris, Grasset, 2010.
- *Lebrac, trois mois de prison*, Bertrand Rothé, Paris, Le Seuil, 2009.
- *À l'ombre des justes*, Marie Billet, Bordeaux, Elytis, 2007.
- *Le Petit Prince*, Antoine de Saint-Exupery, Paris, Folio Junior, 2007.
- *Autobiographie d'une courgette*, Gilles Paris, Paris, J'ai lu, 2003.
- *La Guerre des boutons*, Louis Pergaud, Paris, Gallimard Jeunesse, 2003.
- *Sa Majesté des mouches*, William Golding, Paris, Folio Junior, 2002.
- *La Cicatrice*, Bruce Lowery, Paris, Magnard, 2001.
- *L'Ami retrouvé*, Fred Uhlman, Paris, Folio Junior, 1999.

4. Filmographie

Visionner un film, c'est aussi se préparer aux épreuves d'admission. Les scénarios sont souvent de bonnes études de cas.

- *La Cour de Babel*, Julie Bertuccelli, 2014

Film réalisé dans une « classe d'accueil » d'un établissement scolaire parisien destinée à de jeunes collégiens fraîchement débarqués en France. Si ce documentaire aborde plusieurs thématiques sociales, religieuses et culturelles, il nous montre avant tout comment ces jeunes aux histoires compliquées, douloureuses, apprennent les uns des autres, se découvrent mutuellement et se retrouvent unis autour d'un projet commun.

- *Wajda*, Haïfaa Al Mansour, 2013

Wajda a 10 ans. Issue d'un milieu conservateur saoudien, elle se distingue des autres filles de son âge par sa vêture et son goût pour la musique occidentale. Elle se met en tête de vouloir un vélo, alors que cette pratique de la bicyclette est réprouvée pour les femmes dans son pays.

- *Tomboy*, Céline Sciamma, 2011

Tomboy relate l'histoire de Laure, petite fille de 10 ans qui va faire croire à une bande de gamins de son âge qu'elle est un garçon prénommé « Mikael ». À travers cette fiction, l'auteur nous propose un film sur le genre masculin ou féminin, admirablement interprété par une jeune comédienne à l'allure d'un garçon, bousculant par là bien des représentations mentales.

- *Nous, princesses de Clèves*, Régis Sauder, 2011.

Documentaire français : des lycéens des quartiers nord de Marseille travaillent sur le texte de Madame de Lafayette, *La Princesse de Clèves*. Soumis à cette contrainte littéraire, les adolescents s'affranchissent de leurs peurs et livrent une parole rare, inventive et rafraîchissante.

- *Le Gamin au vélo*, Jean-Pierre Dardenne et Luc Dardenne, 2011.

Placé dans un établissement d'éducation, confié à une famille d'accueil, Cyril n'a qu'un seul désir, retrouver son père. Ce film est un témoignage poignant sur la souffrance d'un enfant « abandonnique » et sur le passage à l'acte comme moyen d'expression de son mal-être.

- *Benda Bilili !*, Renaud Barret et Florent de la Tullaye, 2010.

Formidable documentaire sur les membres d'un orchestre, paralytiques, indigents, sans logis. Une vraie leçon de vie.

- *Les Rêves dansants, sur les pas de Pina Baush*, Rainer Hoffmann, Anne Linsel, 2010.

Documentaire sur le travail pédagogique et artistique réalisé avec de jeunes adolescents qui ont déjà tant éprouvé : le deuil, l'humiliation, la haine, la discrimination. Le travail avec la chorégraphe Pina Baush consiste d'abord à se montrer, avec ses peurs et ses ardeurs.

- *Dance me to my song*, Rolf de Heer, 1999.

Julia, handicapée moteur, s'exprime avec un synthétiseur vocal et se déplace en fauteuil roulant. Elle se fait aider par Edd, qui lui plaît.

- *Le Petit Criminel*, Jacques Doillon, 1990.

Le petit criminel, privé de père et de références morales, s'enfonce dans la délinquance. Un policier va essayer de donner un sens à sa vie.

- *Je suis le seigneur du château*, Régis Wargnier, 1989.

Deux enfants s'opposent dans un jeu cruel : l'un est le souffre-douleur, l'autre se prend pour le seigneur.

- *Un enfant de Calabre*, Luigi Comencini, 1987.

Un chauffeur de car – véritable « éducateur » – prend sous son aile, malgré l'opposition du père, un jeune passionné par la course à pied.

- *L'Enfant sauvage*, François Truffaut, 1970.

Capturé par des paysans, l'enfant sauvage est amené au docteur Itard, à Paris.

- *Kes*, Ken Loach, 1969.

Un enfant souffre-douleur apprivoise un faucon en développant une réelle complicité avec l'animal.

- *L'Enfance nue*, Maurice Pialat, 1968.

Trimballé de famille en famille, François s'attache profondément à une vieille dame qui devient un véritable repère pour cet enfant.

- *L'incompris*, Luigi Comencini, 1966.

Un des films les plus justes sur l'enfance.

- *Les 400 coups*, François Truffaut, 1959.

Placé dans un établissement de l'éducation surveillée, le jeune Antoine s'évade.

5. Sites Internet

- http://www.afort.com. Une source d'information : liste des métiers, spécificité des formations sociales, financement de la formation.
- http://www.meirieu.com. Un site très complet. Le petit dictionnaire de pédagogie est remarquable et gratuit.
- http://www.gni.asso.fr. Une autre source d'information sur le travail social.
- http://www.liensocial.com. Pour suivre l'activité du travail social, ce site propose des dossiers très complets sur des questions de société.
- http://www.travail-social.com. Oasis, le portail du travail social, des dossiers et des informations sur les dispositifs des politiques sociales.
- http://www.rosenczveig.com. Juge des enfants, J.-P. Rosenczveig propose des fiches techniques ou des commentaires personnels sur la justice des mineurs.
- http://un.educ.en.itep.free.fr. L'auteur, Eric Furstos, nous fait partager, sur son site, son expérience en Itep.

Annexes

Annexe 1

1. Exercices d'entraînement aux épreuves d'admissibilité

Entraînement n° 1 : Sujet éducatif

Proposition Région Rhône-Alpes, 2014 *(durée : 1 heure 30)*

Au centre social Terre en couleurs (ALFA3A), le jeu est décliné auprès des différents publics accueillis. « Il permet de réviser les apprentissages scolaires. On peut travailler des compétences avec le plaisir. Il crée aussi des liens entre parents et enfants », confie son directeur, Philippe Trichard. La PMI (protection maternelle et infantile) du conseil général propose des animations en salle d'attente au sein d'une halte-garderie. Clarence Penard, infirmière puéricultrice du point accueil solidarité de Miribel, en fait l'expérience. « Lors des consultations, nous avons repéré que les parents ont du mal à jouer avec leur enfant. Pour les familles qui ont des difficultés, la prise en charge d'un enfant est compliquée. On a l'impression que l'enfant appelle son parent par le jeu. » En cas de rendez-vous pour un vaccin, le jeu change aussi la relation avec les professionnels de santé. « Le jeu détend l'enfant et les parents s'apaisent. » Une évidence partagée : le jeu peut compenser un problème de langage. « Il crée du lien, c'est une forme de langage. » Pour l'association Quai des Ludes, qui anime une ludothèque tout en travaillant en direction des adultes, il y a souvent confusion entre ludothèque et garderie, en témoignent de concert Cécile Davoust, directrice, et Françoise Comte, présidente de la ludothèque de Bourg-en-Bresse. « Nous avons même des jeux vidéo pour pouvoir en parler avec les parents. Nous les invitons à regarder le problème à la ludothèque au lieu de le laisser à la maison. » Philippe Trichard estime que les parents ont une autre image du jeu quand ils viennent à la ludothèque. « La démarche est différente de celle d'une consultation, reconnaît Denise Convert, animatrice bénévole. Tout comme il y a une différence entre les jeux libres des petits, ceux des 9/10 ans structurés avec des règles et ceux utilisés dans une maison de retraite. »

« Nous travaillons avec le Centre d'hébergement et de réinsertion sociale (CHRS) d'Envol à Ambérieu-en-Bugey, présente Françoise Comte. Dans le cadre du réseau d'écoute d'appui et d'accompagnement des parents (REAAP), nous avons découvert que des mamans n'ont jamais joué avec leur enfant. L'objectif est avant tout de prendre du plaisir et d'apporter un peu de légèreté. » Selon Philippe Trichard, les animateurs n'ont plus la culture du jeu de société. L'idée que les professionnels doivent être formés au jeu est partagée par les intervenants. Pour Clarence Pénard, « on a l'impression que, pour les parents, le jeu n'est pas quelque chose qui se partage ».

Odile Jambon, chargée de mission jeunesse à la CAF de l'Ain, fait part du bilan d'une recherche-action engagée auprès d'éducateurs spécialisés et d'animateurs de centre de loisirs. « Dans le premier cas, le jeu sert une relation individuelle. Il sert de média avec l'adolescent pour se construire. Dans le second, le travail porte plus sur le collectif. Le jeu crée du plaisir et une relation de confiance. » Denise Convert explique que, pendant le temps scolaire, le jeu n'est pas libre. « Nous utilisons les jeux de société comme en famille. On constate que la plupart des enfants ne savent pas jouer. Nous essayons de faire en sorte qu'ils y trouvent un certain plaisir. La conception de l'apprentissage a changé, la notion d'enfant aussi. Le jeu apporte les fondements de la règle. C'est important car les enfants sont de toutes origines. Mais ils ont du mal à tenir compte des autres et à écouter les consignes du jeu. En communauté, on se rend compte qu'ils sont très individualistes. C'est l'apprentissage de la citoyenneté. » Le service de PMI évoque aussi la dimension du savoir-être. Plusieurs intervenants jugent que le jeu vidéo ne remplacera jamais la vertu du jeu de société.

Pour Cécile Davoust, le jeu est bien dans l'air du temps. Il est bénéfique autant pour les enfants que les adultes. « Pour les familles monoparentales, la ludothèque offre aussi un temps de détente et de rencontre avec d'autres parents. » La réforme des rythmes scolaires est perçue comme une chance pour les associations et les ludothèques car elle va permettre de promouvoir le jeu dans les écoles. « De plus en plus d'animateurs entrent dans les collèges pour un temps autour du jeu avec les adolescents », ajoute Odile Jambon. À l'issue d'une autre recherche-action menée par la CAF en 2011, les animateurs ont découvert qu'ils avaient dépassé leurs propres connaissances du jeu. « Le jeu est déjà utilisé sur le temps périscolaire. Mais il y a la réalité des personnels dont les postes sont précaires », confie Philippe Trichard, qui pose la question de leur formation sur le long terme. Denise Convert confirme que la CAF finance depuis longtemps des actions pour la petite enfance, avec la création des ludothèques et l'achat de jeux dans les centres de loisirs. « À l'hôpital, le jeu participe aux soins », indique Florence Chalet, infirmière puéricultrice du PAS de Miribel, qui met l'accent sur la notion du jeu libre.

Source : A.S., *InterAction*, n° 76, juin 2013.

Questions *(notation sur 20 points)*

❶ Donnez un titre au texte et justifiez votre choix en 5 lignes maximum. (3 points)

❷ Listez, en les reformulant, les idées essentielles du texte. (7 points)

❸ Que vous inspire cette réflexion de l'auteur ?
« Le jeu sert de média avec l'adolescent pour se construire. »
Vous argumenterez votre point de vue à l'aide d'exemples en 30 lignes maximum. (10 points)
Travail à partir d'un texte (proposition Région de Basse-Normandie, 2011, *durée : 2 heures*)

Entraînement n° 2 : Sujet d'actualité

Les Maraudes du Samu social

Georges, Karen et Lucile font partie des membres de la Croix-Rouge qui « maraudent » tous les soirs à la rencontre des sans-abri.

Le Samu social organise des maraudes pour aller à la rencontre des plus vulnérables. Une couverture, un café chaud, un toit parfois. Son objectif : garder le contact avec ceux dont la rue s'est emparée.

La température flirte avec les – 7 °C. Alors, ce jeudi soir, Lucille a doublé sa paire de chaussettes. Elle a prévu des gants et un bonnet. La soirée va être longue et glaciale. Cette femme de 40 ans est bénévole à la Croix-Rouge. Elle est plus exactement chef d'équipe au Samu social.

Il est 20 heures. Elle prend place dans le camion des maraudes aux côtés de Georges, 37 ans, éducateur salarié de la Croix-Rouge, et de Karen, 40 ans, bénévoles depuis un an. Tous trois s'en vont à la rencontre des SDF pour distribuer des couvertures, proposer un café ou une soupe chaude et, pourquoi pas, s'ils arrivent à convaincre et à rassurer, les emmener dans un centre d'hébergement (CHRS).

Après quelques kilomètres, le trio du Samu social aperçoit Paul, un homme de 76 ans. Il attend sur un banc en tirant sur son bout de mégot, il est un peu méfiant. Pourtant, Paul connaît Georges depuis quelques années. L'éducateur en est à son troisième hiver de maraudes. L'approche se fait polie. On doit renouer le contact à chaque fois. Paul revient sur son séjour à l'hôpital, répète qu'il voudrait bien récupérer ses meubles. Ses meubles qui l'attendent quelque part dans une cave depuis plusieurs années. Cela fait dix-sept ans que Paul vit dans la rue. Tandis que la plupart des sans-abri du département trouvent refuge sous une tente, dans un hall, au milieu d'un squat, lui est capable de dormir sur un banc avec une simple couverture, par – 10 °C. Pourtant il ne porte ni gants ni grosses chaussettes.

Son état de santé s'est détérioré ces derniers temps. Georges et son équipe vont insister cette fois-ci , en douceur et avec respect, pour qu'il accepte le toit qu'on lui propose.

Paul s'inquiète : pourra-t-il se déplacer comme il veut ? N'y aura-t-il pas d'autres occupants antipathiques ? Comment va faire son copain Gégé s'il ne le voit plus sur son banc ?…

Georges comprend ses réticences, et une heure et demie de discussion sera nécessaire pour que Paul accepte la proposition d'hébergement.

La dernière fois, le centre ne lui plaisait pas. À peine arrivé, il a sauté dans un bus de ville pour retourner sur son banc. Le banc ne déçoit pas!

Après quelques éclats de rire à l'arrière du camion et un gobelet de soupe chaude, l'équipe du Samu social conduit Paul au foyer d' accueil, dans une chambre médicalisée. L'infirmière est accueillante, l'endroit est neuf et sent bon, il y a même la télévision. L'homme dormira là et pourra ouvrir la fenêtre s' il a trop chaud. Il sera libre de retourner sur son banc pendant la journée. Paul sourit et ses yeux brillent. Les trois « maraudeurs » sont émus. Cette petite victoire sur la rue leur donne des ailes. Ils continuent leur périple à la rencontre des jeunes du centre-ville, des SDF de la gare, d'un homme qui titube en rentrant chez lui. Il n'y aura pas d'appel au 115 ce soir. Tout est calme, personne n'a demandé de l'aide. « C'est frustrant parce qu'on sait bien que quelque part, peut-être à 200 mètres de nous, sans qu'on le sache, une personne est dans le besoin », exprime Georges en terminant sa maraude.

Demain, il reprendra son circu it avec encore plus de vigilance.

La Croix-Rouge a lancé un appel à la solidarité : « Si vous voyez un homme à la rue, composez le 115 sur votre téléphone. »

Un appel gratuit qui pourra sauver des vies. Ainsi, c'est grâce à un meilleur ancrage dans la société civile que nous pourrons continuer à aller vers ceux qui n'ont plus rien.

D'après un texte de Mélanie Lesoif-Kaddar,
paru dans *L'Est-Éclair*, 8 décembre 2010.

Questions

Compréhension de texte *(8 points)*

1. Proposez un nouveau titre à ce texte. *(1 point)*
2. Dégagez l'articulation du texte. *(2 points)*
3. Expliquez en tenant compte du contexte :

a. « Le banc ne déçoit pas! » *(1 point)*
b. « Cette petite victoire sur la rue leur donne des ailes. » *(1 point)*
c. « C'est frustrant parce qu'on sait bien que quelque part, peut-être à 200 mètres de nous, sans qu'on le sache, une personne est dans le besoin. » *(3 points)*

Travail d'écriture *(12 points)*

Commentez la phrase suivante :
« C'est grâce à un meilleur ancrage dans la société civile que nous pourrons continuer à aller vers ceux qui n'ont plus rien. »

Entraînement n° 3 : Sujet de société

IREIS, Rhône-Alpes, décembre 2007 *(durée : 2 heures)*

En parcourant les rues d'Oslo, il semblerait qu'il fasse bon vivre en Norvège si on est handicapé. Aux passages piétons, un long bip sonore indique aux personnes aveugles et malvoyantes si elles peuvent traverser. Tous les bus sont équipés de rampes d'accès et de places spéciales pour ceux qui utilisent un fauteuil roulant. Il en est de même dans le métro, où, pour accéder aux plates-formes, il est possible de prendre l'ascenseur quand il n'y a pas de rampe. La Norvège fait depuis longtemps de gros efforts pour rendre la vie plus facile aux personnes handicapées. « Les choses sont beaucoup plus aisées qu'il y a vingt ans, la société est devenue plus ouverte, il est plus facile de trouver de l'aide », estime Arnt Holte, vice-directeur général de l'Association des aveugles de Norvège.

Depuis les années 1970, les écoles doivent intégrer tous les élèves, quel que soit leur handicap, et aménager les cours selon leurs besoins. Par exemple, un enfant sourd a le droit de participer à une classe de taille réduite (entre six et huit élèves) et d'avoir un interprète permanent. La famille peut aussi choisir un institut spécialisé si elle le désire. « Le système marche bien pour les enfants sourds : ils peuvent suivre une très bonne éducation », estime Geir Lippestad, secrétaire général de l'Association des personnes malentendantes.

Quand un enfant aveugle arrive dans l'école, son instituteur doit suivre une formation appropriée. Il va, par exemple, apprendre le braille. Si besoin est, un instituteur peut aussi venir à l'école pour apprendre à l'enfant à se déplacer, à utiliser un ordinateur qui lit à voix haute les textes. « Précédemment, les enfants devaient aller en pensionnat. C'était très stressant pour eux, ils se sentaient isolés. Maintenant, ils peuvent vivre avec leur famille. Depuis la fin des années 1990, il n'y a plus d'école pour aveugles », dit A. Holte.

En outre, les adultes handicapés bénéficient d'aides financières généreuses. S'ils sont au chômage, ils peuvent toucher jusqu'à 66 % de leur dernier salaire. S'ils ne peuvent plus travailler, la somme monte jusqu'à 80 % de leur dernier salaire. « Cela varie au cas par cas, mais quelqu'un peut toucher en moyenne 300 000 couronnes [38 500 euros] par an », explique G. Lippestad. Le salaire moyen norvégien tourne autour de 350 000 couronnes par an (45 000 euros).

Les personnes handicapées peuvent prendre un taxi pour le prix d'un ticket de bus. L'État subventionne jusqu'à 150 courses de ce type par an.

Mais cela ne veut pas dire pour autant que tout est parfait au pays des fjords. « Au travail, la discrimination envers les personnes handicapées perdure. » Selon une étude publiée en mai 2006 dans le quotidien Aftenposten, seulement 10 % des employeurs offriraient un entretien d'embauche à une personne aveugle ou malvoyante, et seulement 37 % d'entre eux à une personne qui utilise un fauteuil roulant. On estime aujourd'hui que plus d'un tiers des adultes aveugles ou malvoyants est au chômage. « Récemment, une femme qui vient juste de devenir pasteur est venue nous voir, raconte G. Lippestad. On lui dit qu'elle ne peut pas s'occuper d'une église si elle ne peut pas communiquer correctement avec les gens. » En outre, même si les services publics sont plus accessibles, beaucoup de trams ne sont pas équipés pour les fauteuils roulants. Et si les enfants sourds réussissent bien à l'école, les enfants malentendants ont, eux, beaucoup plus de difficultés. « Ils n'ont pas le droit de participer à une classe de taille réduite ou d'avoir un interprète », dit G. Lippestad.

Mais les choses semblent évoluer petit à petit. Le gouvernement prépare un projet de loi contre toutes les formes de discrimination, projet de loi qui va être présenté au Parlement au cours de l'année 2007. « Nous pensons qu'avec cette loi il sera plus difficile de discriminer les personnes handicapées, estime Lars Oedegaard, secrétaire général de l'Association des handicapés de Norvège. Nous aurons un système de lois qui nous aidera à poursuivre devant la justice les mauvais employeurs. »

Article de G. Fouche, 2 juin 2006.

Questions

1. Donnez un titre à ce texte. *(3 points)*
2. Listez, en les reformulant, les idées essentielles du texte. *(5 points)*
3. « Au travail, la discrimination envers les personnes handicapées perdure. » Pensez-vous qu'en France la discrimination au travail vis-à-vis des personnes handicapées perdure ? Argumentez votre point de vue à l'aide d'exemples, en 30 lignes rédigées. *(12 points)*

Entraînement n° 4 : Sujet de réflexion

IRFFE Amiens, 2011 *(durée : 1 heure 30)*

L'homme est né libre, et partout il est dans les fers. Tel se croit le maître des autres, qui ne laisse pas d'être plus esclave qu'eux.

Comment ce changement s'est-il fait ? Je l'ignore. Qu'est-ce qui peut le rendre légitime ? Je crois pouvoir résoudre cette question.

Si je ne considérais que la force et l'effet qui en dérive, je dirais : tant qu'un peuple est contraint d'obéir et qu'il obéit, il fait bien ; sitôt qu'il peut secouer le joug et qu'il le secoue, il fait encore mieux ; car, recouvrant sa liberté par le même droit qui la lui a ravie, ou il est fondé à la reprendre, ou l'on ne l'était point à la lui ôter.

Mais l'ordre social est un droit sacré, qui sert de base à tous les autres. Cependant ce droit ne vient point de la nature ; il est donc fondé sur des conventions. Il s'agit de savoir quelles sont ces conventions. Avant d'en venir là, je dois établir ce que je viens d'avancer.

Le Contrat social, Jean-Jacques Rousseau

Définition *(4 points)*

Que signifie « et partout il est dans les fers » ?

Discussion maximum 2 pages *(16 points)*

J.-J. Rousseau, *Du contrat social.*
« Mais l'ordre social est un droit sacré, qui sert de base à tous les autres. »
À partir de cette phrase et de vos expériences personnelles et/ou professionnelles, vous présenterez un travail ordonné et argumenté de vos réflexions (introduction, développement, conclusion).

Entraînement n° 5 : Sujet de société

IREIS, ADEA, ARFRIPS, IFTS, Lycée Saint-Ennemond, institut Saint-Laurent, janvier 2012
(durée : 1 heure 30)

La consommation d'alcool baisse, les ivresses occasionnelles progressent. Un paradoxe qui traduit le rapport qu'entretiennent les nouvelles générations avec l'alcool.

Les résultats de l'enquête Escapad 2008* mettent en évidence qu'un peu moins de huit jeunes sur dix âgés de 17 ans déclaraient avoir consommé de l'alcool au cours des trente derniers jours (mais seulement 8,9 % déclaraient en boire régulièrement et 0,8 % quotidiennement).

En France, la consommation d'alcool par les jeunes a surtout lieu le week-end, entre amis, à des moments festifs, la plupart du temps dans un domicile privé, un peu plus rarement dans des débits de boissons, mais aussi dans les lieux ouverts (rue, parc…). À 16 ans, un peu moins de la moitié des jeunes déclarent avoir déjà été ivres au cours des douze derniers mois.

La consommation d'alcool est fortement intégrée aux relations sociales (repas de famille ou entre amis, célébrations en tout genre…) et demeure un comportement essentiellement masculin.

Le décalage constaté entre les pratiques des filles et des garçons peut s'expliquer par l'existence d'un contrôle parental plus sévère sur les sorties féminines, les filles restent davantage confinées au domicile familial que les garçons et connaissent moins que ces derniers les formes variées de la sociabilité du groupe de pairs.

Lorsqu'on examine les loisirs et les sorties des jeunes adultes, ceux qui ont une sociabilité intense, qui fréquentent souvent les bars et les soirées entre amis, consomment plus souvent de l'alcool que les autres. Les raisons de la consommation d'alcool reposent surtout sur le plaisir de la fête et la quête de l'ivresse.

Pour bien comprendre l'alcoolisation des jeunes, il est par conséquent nécessaire de tenir compte de la variété des situations à traiter : le poids des institutions et de la culture, la position de l'acteur dans le champ social ainsi que ses dispositions propres et son mode de vie.

Dans l'ivresse rapide, parmi les bénéfices perçus évoqués par les jeunes, on note qu'ils s'attendent à s'amuser beaucoup. D'après eux, l'état d'ivresse favorise leur sociabilité (se sentir plus ouvert, amical), l'oubli de problèmes personnels et l'amélioration de l'humeur (se sentir heureux). Cet état est aussi l'occasion de se sentir adulte, de rencontrer l'autre sexe, de défier l'autorité, ou encore d'acquérir du prestige auprès des pairs. S'agissant des effets négatifs attendus, les jeunes anticipent surtout les conséquences physiques désagréables et transitoires consécutives à l'absorption d'alcool (gueule de bois, malade…) et moins souvent les écarts de comportement, les problèmes de santé ou avec la police, ou le fait de ne plus pouvoir s'arrêter de boire.

Si, pour les adultes, la surconsommation d'alcool des jeunes paraît inquiétante et pose problème, ce n'est pas le cas pour les jeunes. Ce n'est pas boire de l'alcool qui serait problématique pour les adultes, mais la manière, l'excès, la trop grosse quantité. Il existerait alors un « bien boire », qu'il resterait à imposer pour contrebalancer le « mal boire », lié à l'ivresse et au débordement. Cette « morale » sous-entend que les jeunes ne sauraient pas bien boire, et qu'ils transgresseraient les codes implicites du boire adulte. Pour les jeunes, l'ivresse permettrait « la rencontre », « le contact », « l'échange ». C'est l'image de l'alcoolique qui représente un modèle « repoussoir » pour les jeunes, même si sa définition prend des allures assez singulières : consommation solitaire, isolement, tristesse, problèmes sont associés à cette image. Situation extrême, le coma éthylique est cité non pas comme une expérience pratique que l'on a traversée, mais comme une menace, le risque majeur dont on veut se protéger. Cette synthèse met en lumière la diversité des motifs d'usage de l'alcool au cœur desquels la convivialité, le groupe, le plaisir et la fête ont une place particulière. En France, les jeunes ont donc un double usage de l'alcool : modéré en famille et important, même si occasionnel, en groupe.

Source : Yaëlle Amsellem-Mainguy, *L'École des parents*, mars-avril 2011

Questions *(notation sur 20 points)*

1. Donnez un titre au texte et justifiez votre choix en 5 lignes maximum. *(3 points)*

2. Listez, en les reformulant, les idées essentielles du texte. *(7 points)*

3. Que vous inspire cette réflexion de l'auteur : « Les raisons de la consommation d'alcool reposent surtout sur le plaisir de la fête et la quête de l'ivresse. » ?

Entraînement n° 6 : Sujet de société

Vous argumenterez votre point de vue à l'aide d'exemples en 30 lignes maximum. *(10 points)*
Région Auvergne, 2013 *(durée : 3 heures, noté sur 20)*

« À midi, j'avalais du comté, un camembert, une tablette de chocolat » génération XXL

Les chiffres sont affolants : chez les 15-25 ans, la progression de l'obésité est galopante. Et rien n'indique qu'un changement se profile. Selon une étude Ipsos que *Le Nouvel Observateur* s'est procurée, un jeune sur cinq est atteint de surpoids.

Les jeunes Français seraient-ils malades de leur corps ? Jusque-là on s'inquiétait pour les enfants, frappés depuis vingt ans par l'épidémie mondiale d'obésité. Aujourd'hui, ce sont les 15-25 ans qui sont au centre de toutes les attentions, parce que la maladie progresse à toute vitesse dans cette tranche d'âge qui regroupe 9 millions de personnes. Ils étaient 8 % en surpoids ou obèses en 1995, ils sont près de 20 % en 2012. « À cette période de la vie, où on bascule vers l'autonomie, l'obésité s'installe d'autant plus sûrement qu'elle se développe lentement à l'insu de tous, parents, enfants, amis », commente Hélène Roques, directrice de la société de conseil Doing Good Doing Well, qui a fait réaliser une enquête sur le sujet par l'institut Ipsos. « Puisque le président de la République a fait de la jeunesse une priorité, il est important de sonner l'alerte maintenant », dit-elle. Selon cette étude, un jeune sur cinq rencontre des problèmes de surpoids. Tous les facteurs sont réunis pour que la tendance s'accentue... si rien n'est fait pour changer les mauvaises habitudes et des modes de vie sclérosés. Le comportement alimentaire des jeunes fait peur : ils mangent presque tout le temps devant un écran (ordinateur ou télé), seuls, rarement à table. Sans compter qu'ils grignotent à longueur de journée, non pas des carottes et des pommes, mais des produits industriels pleins de graisses saturées. Ils boivent des sodas bourrés de sucre à tous les repas, préfèrent leur canapé à la salle de sport et rejettent l'exercice physique sous toutes ses formes, y compris la marche. Ils dorment peu, ne savent plus depuis belle lurette ce qu'est une vraie nuit. Cerise sur le gâteau : ils ne se rendent même pas compte qu'ils sont trop enrobés et se voient souvent plus minces qu'ils ne sont. Préoccupant.

« Aujourd'hui, le repas est déconsidéré, observe Hélène Roques. Il est urgent de lui redonner une place de choix, de l'ériger en objectif national plutôt que de faire la morale aux jeunes, dit-elle. « On mange comme on fait le plein à la pompe, c'est devenu un acte fonctionnel », déplore le psychiatre Gérard Apfeldorfer, président d'honneur du groupe de réflexion sur l'obésité et le surpoids.

La voilà, la maladie des temps modernes avec ses images toutes faites : le geek enrobé et mal dans sa peau qui joue en réseau, les hordes d'ados qui squattent les sandwicheries Subway, les McDo, KFC et autres kebabs qu'on trouve à tous les coins de rue, et pas uniquement dans les grandes villes. La réalité est plus complexe : « Le problème du surpoids est multifactoriel, explique le responsable du plan Obésité, Arnaud Basdevant, professeur de nutrition à Paris-VI. La prise de poids est liée à la génétique, à la nutrition précoce, aux modes de vie, aux facteurs comportementaux, psychologiques et sociaux, à l'environnement et aux évolutions économiques », précise-t-il. Face à l'épidémie, les zones d'ombre sont encore massives. On ne sait pas bien comment ces causes interagissent chez une même personne. Et on est encore loin de connaître toutes les raisons qui font qu'on devient obèse. Les chercheurs n'ont toujours pas compris pourquoi, à quantité égale de nourriture avalée, les uns grossissent et les autres pas. Pourquoi cette injustice métabolique ? Ou pourquoi Annal, professeur de français de 32 ans, est passée entre 18 et 25 ans de 60 à 110 kg pour 1,62 mètre. Parce qu'elle se gavait ? Parce qu'elle prenait la pilule ? La médecine n'ayant pas la réponse à ces interrogations, il est fondamental de prévenir l'obésité chez les jeunes adultes. Si rien n'est fait, le risque existe de voir se développer une génération « bouboule » et atone.

Depuis 2003, les gouvernements successifs traitent la question du surpoids comme un enjeu majeur de santé publique, à travers le Plan national nutrition santé (PNNS). Mais, de toute évidence, ses recommandations ont été insuffisantes, puisqu'à peine dix ans plus tard un plan Obésité, dont Arnaud Basdevant est le grand manitou, est venu s'ajouter à l'arsenal, histoire de renforcer la prévention et l'offre de soins. Car si le mantra « Manger cinq fruits et légumes par jour » est devenu la doctrine de tous les bien-mangeants, l'épidémie, elle, est toujours là, en constante progression. À tel point que le coût direct pour les finances publiques atteint, selon un rapport de l'inspection générale des affaires sociales, le chiffre astronomique de 14 milliards d'euros par an.

La crise économique n'arrange rien. C'est maintenant une certitude, condition sociale et tour de taille sont intimement liés. « Il a été prouvé qu'un budget alimentaire de 3,50 euros par jour n'est pas compatible avec un équilibre alimentaire. La calorie d'un fruit ou d'un légume coûte plus cher que celle d'un produit à forte densité énergétique, tel le beurre ou l'huile », souligne le professeur Basdevant. Comme le remarque Marie Citrini, secrétaire générale du Collectif national des associations d'obèses, « c'est rare qu'il y ait, en supermarché, des promos sur les carottes vapeurs ». Selon Ipsos, dans les foyers au revenu mensuel de 900 euros, le taux d'obésité atteint jusqu'à 22 %, contre seulement 6 % dans ceux qui gagnent 5 300 euros. Pour les plus défavorisés, mais aussi pour les étudiants ou ceux qui démarrent leur vie professionnelle, le budget alimentation est sacrifié avant tous les autres.

C'est une pizza surgelée pas chère plutôt qu'un poulet rôti, ou la plâtrée de pâtes carbonara qui baigne dans la crème fraîche et les lardons frits plutôt que du cabillaud-haricots verts. Et puis, dans les dépenses qu'on sabre, le sport passe à l'as, juste après l'alimentation. Payer pour un club de gym et des équipements n'est plus une priorité pour cette population qui passe quatre heures et demie en moyenne par jour devant un écran.

La nourriture amortit les premiers chocs existentiels d'une vie d'adulte. Marie Citrini s'est mise à grossir à 25 ans, à la suite d'une fausse couche. En un an, elle s'est lestée de 40 kg, soit quatre tailles de plus, et n'a plus jamais cessé de prendre du poids, jusqu'à la pose d'un anneau gastrique. Elle a pesé jusqu'à 157 kg. « Je mangeais frénétiquement, j'avais déstructuré mes repas, confesse-t-elle. Au lieu de me faire une salade à l'heure du déjeuner, j'avalais une plaquette de comté, un camembert entier. J'avais aussi une très forte attirance pour le sucré. J'aimais les choses douces, moelleuses, les tablettes de chocolat, les barres de céréales... Une fois le paquet ouvert, c'était sans limite. J'en arrivais à faire des malaises si je n'avais pas de sucre. Le manque était physique et psychique. » Le président d'honneur du Gros, Gérard Apfeldorfer, voit dans ces comportements alimentaires tous les signes de la dépendance. « Une des façons de se protéger du stress est de manger de manière compulsive, note-t-il. Le principe de l'addiction, c'est de diminuer l'inconfort émotionnel en adoptant des conduites d'évitement qui apportent des sensations intenses. »

Véronique[1] s'est abîmée dans la dépression à l'âge de 23 ans. « Je me suis mise à manger plus sucré, des tablettes de chocolat entières. Mon alimentation n'était plus équilibrée, je grignotais tout le temps. La nourriture est alors devenue un doudou, un réconfort. » Résultat : 15 kg de plus les dix premiers mois, pour arriver, au fil des ans, à un maximum de 130 kg.

Quand la nourriture devient la drogue la plus accessible, la moins chère, les messages de prévention du type « Manger moins gras, moins sucré, moins salé » résonnent dans le vide. Comme Michelle Obama, l'épouse du président des États-Unis, qui s'est engagée dans un plan de lutte national contre l'obésité baptisé « Let's move », les médecins français savent que désormais seule une volonté politique entraînant dans son sillage tous les acteurs concernés – entreprises agroalimentaires, restaurateurs, cantines, collectivités – pourra changer radicalement les comportements. Faute de quoi, nous serions collectivement responsables de l'avènement d'une génération trop volumineuse pour être bien sans ses pompes.

Nathalie Bensahel et Bérénice Rocfort-Giovanni,
Le Nouvel Observateur, 11 octobre 2012, n° 2501.

Questions

1. Quelles sont les idées principales de cet article ?
2. En quoi la dimension du corps intervient dans la relation à l'autre ?

À partir de votre expérience personnelle et/ou professionnelle, argumentez votre exposé.
(Vous devez traiter les 2 questions.)

1. Certains prénoms ont été modifiés.

Entraînement n° 7 : Questions ouvertes (de type QROC)

ADEA, ARFRIPS, IFTS, IREIS, institut Saint-Laurent, lycée Saint-Ennemond, janvier 2012 *(durée : 1 heure)*

Questions

Choisissez une question parmi les trois suivantes puis rédigez votre réponse en 15 lignes environ *(notation sur 10 points dont 2 pour la rédaction et 8 pour le point de vue).*

❶ *Politico-économique :* Malgré la crise, les Français ont dépensé encore plus que l'an dernier pour les cadeaux de Noël.
Qu'en pensez-vous ?

❷ *Culturel :* Quinze jours après sa sortie, deux millions et demi de Français ont déjà vu la comédie *Intouchables.*
Comment comprenez-vous que ce film ait eu un tel succès ?

❸ *Social :* La France fait partie des pays dans lesquels on ne porte pas d'uniforme à l'école.
Qu'en pensez-vous ?

Entraînement n° 8 : Questions ouvertes courtes

Rhône-Alpes, mars 2010 *(durée : 1 heure)*

Questions

Choisissez une question de société parmi les quatre suivantes et rédigez votre réponse en 15 lignes environ. *(10 points dont 2 pour la rédaction)*

❶ « L'extrême pauvreté et l'exclusion touchent désormais des ménages souvent avec enfants. » *Le Monde.* Donnez votre point de vue.

❷ « Pour aller au devant d'autrui, il faut apprendre à briser "les étiquettes", aller au-delà des apparences. » A. Jollien, philosophe. Donnez votre point de vue.

❸ « Plusieurs organisations humanitaires affirment avoir reçu en moyenne dix fois moins de dons en deux semaines pour le Pakistan que durant la même période pour les sinistres du tsunami. » Donnez votre point de vue.

❹ « Tout se passe comme s'il y avait une crainte, non pas individuelle, mais sociale, de l'inoccupation des enfants et des adolescents. » Où peut mener cette inoccupation, se demande-t-on ? N'est-elle pas d'autant plus périlleuse que ceux-ci ont moins intégré les normes de comportement et d'autocontrôle ? Donnez votre point de vue.

Entraînement n° 9 : Questions ouvertes (de type QROC)

IRTS de la Réunion, février 2013

Vous devez traiter l'ensemble de ces questions. *(durée : 1 heure 30)*

❶ Depuis quelques années la génération Y, du mot anglais *why*, appelée également *« Digital Natives »* ou « enfants du millénaire » fait parler d'elle. Beaucoup décrivent ces jeunes nés approximativement entre 1978 et 1995 comme « fainéants », « extravertis », « profiteurs du système »...
D'ici à 2015, la génération Y devrait représenter 15 % de la population active européenne et 40 % des actifs en France.
Après avoir énoncé les caractéristiques de cette génération Y (13 millions, soit 21 % de la population française), pensez-vous que cette génération n'est pas faite pour le monde du travail ou est-ce le monde du travail qui n'est plus adapté ?

❷ 2,5 millions d'illettrés en France de 18 à 65 ans en 2012 selon l'Insee, soit 7 % des adultes. Des personnalités militent pour faire de ce combat une « grande cause nationale ».
Qu'en pensez-vous ?

❸ La violence aux abords des écoles et qui concerne lycéens et collégiens peut aller jusqu'au meurtre. Comment expliquez-vous cette violence et qu'en-pensez-vous ?

Entraînement n° 10 : Exercice de créativité

Rhône-Alpes, mars 2010 *(durée : 1 heure)*

Avec la totalité des mots suivants, faites une production personnelle (texte cohérent de 10 lignes environ) : journal - jour heureux - duel - terrasse - crocodile/lézard - calèche - murmure - marée basse.
(Histoire d'un lézard, Dumas)

Entraînement n° 11 : Questionnaire à choix multiple

Questions

❶ Que signifie l'acronyme « CNIL », dont on parle beaucoup dans le domaine du Web par exemple ?
❍ **a.** Commission nationale de l'informatique et des libertés
❍ **b.** Confédération nationale des internaute libres
❍ **c.** Conseil du numérique et de l'Internet légalisé
❍ **d.** Contrôle numérique des identifiants légaux

❷ Le nombre de demandeurs d'emploi a augmenté au cours de l'année 2013 pour atteindre :
❍ **a.** 2,987 millions de personnes.
❍ **b.** 3,347 millions de personnes.
❍ **c.** 2,355 millions de personnes.

❸ La seule technique disponible à ce jour pour exploiter les hydrocarbures de roche, dont la France a interdit l'utilisation s'appelle :
❍ **a.** la fracturation par arcs électriques.

❍ **b.** la fracturation au CO_2.
❍ **c.** la fracturation pneumatique.
❍ **d.** la fracturation hydraulique.

❹ Une circulaire du ministère de l'Intérieur a élargit les conditions d'accès à la nationalité française. Ce texte prévoit un examen moins restrictif pour les demandes des jeunes de moins de 25 ans.
Combien de temps faut-il avoir séjourné en France pour pouvoir faire une demande de naturalisation ?
❍ **a.** cinq ans ❍ **b.** sept ans ❍ **c.** dix ans

2. Exercices d'entraînement aux épreuves d'admission

Entraînement n° 1 : Travail à partir d'un texte

Proposition Rhône-Alpes, septembre 2011 *(durée 1 heure 30)*

La Coupe du monde de foot des sans-abri

« C'est une porte verte qui tranche sur la peinture jaune canari d'un couloir. Banale en apparence, comme la soixantaine que compte le centre d'hébergement et de réinsertion sociale (CHRS), Les Moulins de l'espoir de l'Armée du salut.

Pourtant, la chambre 331 abrite une graine de champion du monde, Stéphane Paris. Ce résident a été sélectionné pour représenter la France à la Coupe du monde de football des sans-abri.

Créée en 2003, en Autriche, par un entrepreneur écossais, la Homeless World Cup, qui s'est déroulée à Paris du dimanche 21 au dimanche 28 août, vise à promouvoir la réinsertion par le sport des personnes en difficulté et à changer le regard des citoyens sur les sans domicile fixe (SDF).

Pendant cette semaine, 64 équipes de 8 joueurs, venus de 53 pays, dont 16 équipes féminines, se sont affrontées sur les pelouses du Champ-de-Mars, à quatre contre quatre (trois joueurs et un gardien), selon les règles du football de rue (street soccer).

Sur les quelque 300 participants venus de toute la France, Stéphane Paris est retenu, à l'issue de multiples présélections, dans la liste des 15 finalistes de la Coupe du monde de football des sans-abri.

Sa place en équipe de France a été accueillie avec enthousiasme au CHRS Les Moulins de l'espoir. Très vite, ses compagnons de foyer décident de rassembler des fonds pour l'encourager…

D'après les organisateurs de la Coupe du monde, 70 % des joueurs engagés voient un changement significatif pendant ou après le tournoi. Ils travaillent sur leur confiance, s'éloignent pour certains de leur addiction, reconstruisent des relations ou poursuivent dans le monde du sport.

Tout le monde a en tête la belle histoire du Brésilien Bebe, repéré lors de la Coupe du monde des sans-abri en 2010 et aujourd'hui joueur vedette d'un club anglais. Mais les miracles sont rares, une participation à la Coupe du monde n'efface pas dix ans de vie dans la rue, la reconstruction peut être lente et fragile. »

Extrait du reportage de Catherine Rollot, envoyée spéciale, *Le Monde* du 22 août 2011.

Questions

❶ Donnez un nouveau titre à ce texte. *(4 points)*

❷ Commentez la phrase suivante : « La Coupe du monde de football vise à promouvoir la réinsertion par le sport des personnes en difficulté... » *(8 points)*

❸ Réflexion personnelle : à partir de votre expérience ou de vos connaissances, indiquez en quoi la pratique d'une activité sportive peut être un support de socialisation et d'insertion. *(8 points)*

Entraînement n° 2 : Travail à partir d'un texte

Sujet de société - proposition Rhône-Alpes pour les épreuves 2012 *(durée : 1 heure 30)*

Faut-il punir les pauvres ou les aider ?

Le Revenu de solidarité active (RSA) a été instauré en juin 2009. Il est destiné à porter le fer dans la plaie de l'assistanat. Il est fondé sur deux piliers : un RSA à taux plein, dit « RSA socle », et un « RSA activité », qui permet à un allocataire qui travaille de bénéficier d'un complément de revenu dégressif, au fur et à mesure que son salaire augmente.

En février 2011, sur 1 847 millions d'allocataires, 1 177 millions touchaient le « RSA socle », et seulement 670 538 le « RSA activité ».

En mai 2011, un ministre a jeté un pavé dans la mare en demandant qu'une contrepartie du RSA soit expérimentée : elle consisterait à imposer une mission de service social de cinq heures par semaine. À ses yeux, il s'agit de s'inspirer du principe de réciprocité, fondement du contrat social de Jean-Jacques Rousseau : les droits supposent les devoirs.

La logique du ministre est punitive : les bénéficiaires du RSA sont soupçonnés de se complaire dans l'assistanat. Il faut donc rétablir la corvée pour les manants, sous la forme du travail d'intérêt général. En réalité, le RSA comporte déjà une logique de devoirs ; les allocataires sont obligés de rechercher un poste.

Ce qu'il faut proposer n'est pas une corvée susceptible de détruire des activités peu qualifiées, mais un vrai emploi, qui, comme tout travail, mérite salaire. Le problème de notre société, ce n'est pas l'assistanat, mais le chômage et ce qui en dérive, la précarité et la pauvreté.

Texte élaboré à partir d'un éditorial du journal *Le Monde*, 13 mai 2011.

Questions

1. Donnez un nouveau titre à ce texte. *(3 points)*
2. Définissez les mots suivants : « assistanat », « manants », « précarité ». *(3 points)*
3. Commentaire : à votre avis, le RSA est-il un dispositif d'aide ou d'assistanat ? Proposez une réponse en 20 lignes en vous appuyant sur vos connaissances. *(10 points + 4 points pour la rédaction)*

Entraînement n° 3 : Travail à partir d'un texte

Rhône-Alpes, 2011 *(durée : 1 heure)*

Sujet culturel

Le cinéma, fait social et culturel en France

Le cinéma est devenu, au fil du temps, un art à part entière. En France, il est appelé « septième art », terme emprunté à Ricciotto Canudo, critique cinématographique du début du XXe siècle.

Le cinéma est un art populaire, il remplit un rôle social et culturel de divertissement, de pédagogie ou de réflexion en s'appuyant sur la littérature, la philosophie, la science, ainsi que sur les techniques spécifiques au langage cinématographique.

La France, pays de l'invention du cinéma par les frères Lumière, en 1895, est parvenue à maintenir sa place dans l'échiquier cinématographique mondial, tentant par là de transmettre sa culture et son histoire.

Malgré la résistance affichée de la France, le cinéma indien ou le cinéma américain semblent, depuis trois décennies, dominer la production, sur fond d'enjeux financiers.

L'impact du cinéma américain en France engendre plusieurs effets, commerciaux, économiques et culturels. L'influence de plus en plus grande du cinéma américain dans le paysage audiovisuel français entraîne un désintérêt pour l'histoire française.

De ce fait, nombres de jeunes Français connaissent aujourd'hui nettement mieux l'histoire, la mode et les produits américains que ceux de leur pays.

De plus, le cinéma peut inciter à la violence et pousser certains jeunes à s'identifier ou à imiter les personnages des films. Certains films relatent des faits historiques en apportant des informations erronées pouvant tromper le spectateur.

Néanmoins, il est important de rappeler qu'un protectionnisme cinématographique n'aurait pour effet que de s'enfermer sur soi-même et de se couper d'une réalité mondiale.

« Le cinéma est un des reflets fidèles d'une identité nationale, et son abandon à des intérêts étrangers entraîne inévitablement une certaine déculturation, notamment de la jeunesse. »

Questions

1. Donnez un nouveau titre à ce texte. *(3 points)*
2. Résumez les idées essentielles du texte en quelques lignes. *(6 points)*
3. Commentez la citation suivante : « Le cinéma est un des reflets fidèles d'une identité nationale, et son abandon à des intérêts étrangers entraîne inévitablement une certaine déculturation, notamment de la jeunesse. » *(11 points)*

Entraînement n° 4 : Texte à résumer (100 mots maximum)

Proposition Rhône-Alpes 2012 *(durée : 1 heure 30) (20 points)*

Une révolte mondiale de la jeunesse

« Tunisie, Égypte, Libye, Syrie, Grèce, Espagne, Grande-Bretagne… la liste des pays n'en finit pas de s'allonger qui montrent des jeunes en colère, "indignés" ou "émeutiers".

La jeunesse, depuis trois ou quatre décennies était unie pour le meilleur : festivités musicales ou sportives… Elle l'est dorénavant aussi et surtout pour le pire : le chômage et la précarité, la rigueur du présent, l'inquiétude du lendemain.

Pour cette raison, les émeutes qui ont eu lieu à Londres et dans les autres villes d'Angleterre ont offert, avec celles de 2005 dans les banlieues françaises, des similitudes qu'il faut à présent préciser. Dans l'un et l'autre cas, elles débutent dans des quartiers pauvres. Des quartiers de grande concentration de jeunes issus de famille immigrées. Tant à Londres qu'en région parisienne, ces émeutes mettent en scène des jeunes, souvent très jeunes (10-13 ans), qui sont moins des voyous (les émeutiers français étaient, pour leur grande majorité, sans passé judiciaire et normalement scolarisés) que des désespérés – désespérés qui, n'ayant plus rien à perdre, sont prêts à tout, à tout pour qu'on leur accorde un peu d'attention et de reconnaissance.

Tandis que d'autres jeunes, en Grèce ou en Espagne, s'indignent en verbalisant leurs revendications, ces jeunes-là, ceux des quartiers populaires, s'expriment par des violences.

Par leur fureur, les jeunes Anglais, à l'image des jeunes Français naguère, crient ainsi leur désespoir et leur colère à la fois. Ils se vengent aussi de la police, qui les maltraite si souvent en temps ordinaire (on ne dira jamais assez combien le contentieux entre les jeunes et les forces de l'ordre nourrit les violences urbaines).

À Londres, comme à Clichy-sous-Bois ou d'autres cités populaires, cette jeunesse, qui se sent abandonnée, méprisée, s'en prend désormais aux symboles de cette richesse à laquelle elle sait qu'elle ne peut accéder.

Alors, bien sûr, elle "pille" ces objets de consommation qui lui font tant envie. Les "temples du commerce" ressemblent à s'y méprendre aux châteaux forts gonflés de fortunes seigneuriales, que les miséreux attaquaient avec rage pour se venger de leur infortune.

La jeunesse est moins dangereuse qu'en danger…

Les solutions ? Elles existent, mais demandent courage politique et bonne volonté économique. Quelles sont-elles ? Un meilleur partage des richesses pour faire de nos sociétés des sociétés plus justes, plus équitables, où chacun, jeune ou vieux, homme ou femme, blanc ou noir, puisse décemment vivre sans craindre le lendemain.

Une classe politique plus proche des réalités sociales et moins des puissances d'argent… Des solutions sociales : l'établissement, par la voix de la médiation, d'un dialogue entre les pouvoirs publics et la jeunesse, qui a besoin que l'on reconnaisse la gravité de la situation dans laquelle on la tient et maintient… Échec scolaire, chômage, précarité, dépendance : les jeunes en ont assez de cette vie de galère, de regarder passer les trains de la richesse…

La jeunesse a moins besoin d'être punie et "rééduquée" que d'être acceptée au cœur de nos sociétés. »

Michel Fize, sociologue au CNRS, *Le Monde* du 17 août 2011.

Entraînement n° 5 : Résumer ce texte (100 mots maximum)

EES Nord-Pas-de-Calais, 2006 *(durée : 1 heure 30) (20 points)*

Pour un apprentissage du choix des images

Depuis 2007, avec l'arrivée de 14 chaînes numériques gratuites, la place et le rôle de la télévision dans les familles est plus que jamais d'actualité.

L'image de la famille dans les séries télévisées reflète les changements de notre société et peut nous aider à comprendre l'évolution des liens familiaux. La fiction télévisée, comme l'écrit Sabine Chalvon-Demersay, est un excellent observatoire, peut-être l'un des meilleurs, des transformations des liens.

Au-delà du thème de la famille et de sa représentation, nous pouvons réfléchir à l'utilisation de la télévision et de notre rôle de parents, voire de grands-parents dans ce domaine.

Le sociologue Gérard Mermet évoquait récemment, dans un grand magazine, « notre société hédoniste, où le consommateur ne souhaite plus raisonner », c'est-à-dire rationaliser ses choix, « mais résonner sur le registre de l'émotion », c'est-à-dire être en phase avec son environnement.

Il parlait de « l'homozappeur ». Zapper d'une image à l'autre, nos enfants savent le faire.

Notre première intervention d'éducateur ne serait-elle pas d'aider l'enfant à choisir ses émotions ? On ne peut négliger l'impact émotionnel de certaines images. Je repense à ces vers de Lamartine : « Insectes bourdonnants, assembleurs de nuages, vous prendrez-vous toujours au piège des images ? »

La télévision est toujours un formidable outil de connaissance et d'ouverture sur le monde, à condition de s'en servir à bon escient.

Elle nécessite un certain apprentissage : apprendre à décrypter les messages, à prendre du recul, à aiguiser son esprit. Elle peut être l'occasion d'un véritable dialogue en famille, en sachant aussi, comme l'indiquait clairement aux parents le Conseil supérieur de l'audiovisuel (CSA) : « À la télévision, vos enfants ne voient pas la même chose que vous. »

Un certain nombre d'enseignants se servent de la télévision, recommandant à leurs élèves telle ou telle émission, qui fera ensuite l'objet de discussions.

Dans les pays en développement, la télévision peut être un support pédagogique essentiel pour les classes de plus de 100 élèves.

Aux débuts de la télévision, il existait, à l'instar des ciné-clubs, des télé-clubs, où les gens se retrouvaient autour du petit écran ; les émissions donnaient lieu à des débats passionnés. Cette formule serait peut-être à reprendre, sous une forme ou une autre : la télévision au service de l'éducation ?

C'est alors que prendrait tout son sens la remarque d'André Breton, père du surréalisme, dans Les Nouvelles littéraires en 1925 : « C'est par la force des images que pourraient bien s'accomplir les vraies révélations. »

Gérard Muller, président de la Fédération nationale des écoles, des parents et des éducateurs (FNEPE),d'après un article de *L'École des parents*, avril-mai 2005.

Entraînement n° 6 : Description d'une situation rencontrée

Questions

IFTS Rhône-Alpes, 2011*(durée : 1 heure 30) (20 points)*

❶ Vous avez eu à gérer une situation de conflit ou un rapport de force :
- dans le cadre d'activité de loisirs (animation, clubs sportifs, etc.),
- dans le cadre d'un établissement scolaire ou éducatif.

Vous présenterez cette situation en 10 lignes. Que retirez-vous de cette situation en termes éducatifs (30 à 40 lignes) ?

ARFRIPS Rhône -Alpes, 2012 *(durée 30 mn, pas de notation, cet écrit sera soumis aux membre du jury et servira de support pour l'entretien oral)*

❷ Accompagné par un animateur, un groupe d'enfants (12-13 ans) en camps d'été, est chargé d'aller faire les emplettes pour le barbecue du soir.
De retour au camp, l'un d'entre eux sort de ses poches deux DVD non achetés :
- Que comprenez-vous de la situation ?
- Si vous étiez l'animateur, quelle serait votre réaction face au jeune ? Face au groupe ?
- Selon vous, y a-t-il nécessité d'informer, et qui ?

L'écrit fera deux pages. Vous répondrez à chacune des questions en argumentant votre réponse.

IFTS Rhône-Alpes, 2013 *(durée : 1 h 30) (40 à 50 lignes) (20 points)*

❸ Présentez en 10 lignes un **accompagnement** dans la vie quotidienne que vous avez effectué auprès d'une personne. Il peut s'agir d'un enfant, d'un adolescent, d'un adulte jeune ou vieux. Cet accompagnement a pu se faire dans un cadre *ou* professionnel **ou** personnel **ou** bénévole.

Dites **en quoi** et **pourquoi** il a été satisfaisant ou pas, pour vous ou pour la personne accompagnée.

P.S : vous garderez impérativement l'anonymat des personnes et de la structure dans laquelle s'est déroulé cet accompagnement.

Entraînement n° 7 : Sujet de société

Questions ouvertes (QROC)

IFME Nîmes, 2013, *durée : 1 heure*

Vous devez traiter une question au choix.

Le centre Pompidou a ouvert depuis 2010 une antenne à Metz, le musée du Louvre à Lens en 2012, après Lille en 2004, et Marseille a été la capitale européenne de la culture en 2013. Toutes ces opérations connaissent un incontestable succès.
La culture, d'une manière générale, est-elle pour vous un accélérateur de dynamiques collectives, ou bien sépare-t-elle encore plus qu'elle ne rassemble ?

Ou :
La France possède une des législations européennes les plus répressives en matière de drogues, et c'est pourtant l'un des pays européens où la consommation de drogues a le plus augmenté au cours des vingt dernières années.
Quelles réflexions vous inspire ce constat ? Un monde sans drogue est-il désormais possible ?

Entraînement n° 8 : Question à réponse ouverte courte

Questions

❶ Peut-on faire le bien d'autrui malgré lui ? Institut Saint-Laurent, Rhône-Alpes, 2008 *(durée : 2 heures) (10 points)*

❷ La tolérance a-t-elle une échelle culturelle ? Institut Saint-Laurent, Rhône-Alpes, 2013 *(durée : 2 heures) (10 points)*

3. Exercices d'entraînement aux épreuves orales collectives

1. Épreuves orales collectives

A. Consigne

Regroupés dans une salle, les candidats à la sélection sont invités à débattre à partir d'une situation, en présence de deux examinateurs.

B. Exemple de situation

La municipalité de votre ville, en réponse à la demande des habitants, souhaite transformer une « friche » (terrain laissé vacant suite à une modification du plan d'urbanisme) en jardin collectif.

Pour réaliser ce projet, les services techniques de la Ville vous proposent, en tant qu'habitant, de participer à une réunion afin d'élaborer le règlement de fonctionnement.

Suite à cette réunion, le projet sera présenté au conseil municipal.

C. Exemple de discussion

- Thème proposé en Languedoc-Roussillon, 2012

Comment convaincre quelqu'un d'aller voter ?

- Thème proposé en Aquitaine, 2013

Les parents alertent trop leurs adolescents sur les dangers de la vie. Qu'en pensez-vous ?

RAPPEL

Dans ce type d'épreuve, la situation ou le thème proposé constituent un support pour observer votre implication ou votre positionnement dans une dynamique de groupe.

L'exercice vise à évaluer les qualités de contact, d'échanges avec le groupe et la contribution du candidat à une réflexion collective.

2. Épreuve orale à partir d'une discussion sur un thème relatif à un problème social ou éducatif

Quelques instituts de formation proposent, dans le cadre des épreuves orales, un texte à commenter. Le candidat prépare pendant 15 minutes son intervention, puis soutient son propos par un échange avec un membre du jury pendant 20 minutes.

Exemple de sujet 1 :

Dans quelques années, certains bébés trimbalés en poussette dans les cortèges contre le mariage pour tous annonceront à leurs parents qu'ils sont amoureux d'une personne du même sexe. Peut-être retrouveront-ils dans les albums de famille des images de ces manifestations. À chaque fois que je vois les opposants au mariage défendre leur conception de la famille « idéale », je repense à la chronique d'anticipation familiale de François Morel : « Anatole (32 ans) et Jérémie (36 ans) se connaissent depuis dix ans, s'aiment, vivent ensemble depuis trois ans et n'envisagent toujours pas de passer devant le maire. Les parents voudraient qu'ils régularisent leur situation pour éviter le qu'en-dira-t-on...

Nous sommes en 2053. Quarante ans déjà que le mariage pour tous est autorisé. À l'époque, les grands-parents d'Anatole avaient défilé contre. En 1982, ils étaient même opposés à la dépénalisation de l'homosexualité ; puis, à la veille de l'an 2000, ils avaient combattu le pacs », raconte l'auteur comédien et humoriste.

Dans vingt ans, il faudra retourner voir les familles qui manifestaient en 2013. Leur demander si elles pensent que le socle de la société a vacillé depuis que deux personnes du même sexe peuvent se marier et élever des enfants...

D'après Sandrine Blanchard, chronique « Vie moderne », *Le Monde*, avril 2013.

1. « Dans le débat sur l'ouverture du mariage pour tous, un argument revient souvent : un enfant aurait besoin d'un père et d'une mère. Or ce n'est pas parce que l'on est mère et père que l'on est bon parent capable de répondre adéquatement aux besoins de ses enfants... » Audition devant la Commission des lois de l'Assemblée nationale, le 13 décembre 2012.

CONSEIL

Le sujet porte sur un thème de société. Le candidat devra développer avec un certain recul, comme nous le propose le texte, son argumentation en s'appuyant sur des auteurs, des philosophes ou des rapports. L'intervention d'Élisabeth Badinter[1] lors de la commission parlementaire peut être un bon support pour étayer le propos. Il ne s'agit donc pas, pour le candidat, de dévoiler son opinion personnelle, mais de montrer au jury sa capacité à discuter d'une question d'actualité.

Exemple de sujet 2 :

La génération Y, c'est le label donné aux 20-30 ans grandis avec les nouvelles technologies. Y parce qu'elle succède à la génération X des enfants de baby-boomers, Y en référence aux fils des écouteurs sur le torse, Y parce qu'elle serait la génération qui s'interroge tout le temps. Ils sont environ 13 millions, soit 20 % de la population française, nés entre le début des années 1980 et le milieu des années 1990. Ils sont désormais présents comme un vrai phénomène de société.

Il existerait un comportement typique de cette génération. Certes, ces jeunes «sont ultra-connectés, manient les outils technologiques et surfent sur les réseaux sociaux avec une aisance déconcertante. C'est la première génération qui dispose de compétences que ne détiennent pas les précédentes. Les études ou publications les présentent sans illusions, réfractaires à l'autorité… Ils sont considérés par les entreprises comme des stagiaires. Victimes d'un chômage massif, ils enchaînent des CDD et des stages (25 % des moins de 25 ans sont au chômage).

Mais peut-on réellement cataloguer une génération dans son ensemble, mettre dans la même case un jeune fraîchement diplômé d'une grande école et un autre à faible qualification ?

Alors, « Génération Y », concept marketing ou réalité sociologique ?

D'après un article de N. Brafman, *Le Monde* du 19 mai 2012

Exemple de sujet 3

Vous l'appelez Claude ! s'exclama Annie, surprise. Je croyais que son nom était Claudine.

– Oui, en réalité, c'est bien Claudine. Mais Claude a horreur d'être une fille et, pour lui faire plaisir, nous l'appelons Claude, ce qui fait plus masculin. D'ailleurs, elle s'obstine à ne pas répondre lorsqu'on l'appelle Claudine. »

De quel livre pour enfants est donc extrait cet étonnant dialogue, car il s'agit, en effet, d'une œuvre destinée à la jeunesse ? Ne s'agit-il pas de l'un de ces ouvrages dont l'acquisition par les bibliothèques municipales est vivement dénoncée, au nom de la protection de l'enfance, de la défense de la famille…

La réponse surprendra peut-être : cette situation est issue de l'un des plus grands classique de la Bibliothèque rose : Le Club des cinq et le trésor de l'île, premier roman d'une série de vingt et un, que l'on doit à la plume d'Enid Blyton (1897-1968). Ces romans sont encore l'objet de rééditions régulières à l'attention d'un public d'enfants de 10 à 12 ans.

Sans doute Le Club des cinq, écrit en 1941 et édité en France en 1962, diffère-t-il des livres mis à l'index par les pourfendeurs de la « théorie du genre » en ce qu'il est d'abord un roman d'aventure duquel est bannie toute évocation de la sexualité.

Force est cependant de constater que l'un des héros de ce roman est une fille de 11 ans aux cheveux coupés très courts, au visage hâlé, habillée en garçon et revendiquant une identité masculine en des termes dénués de toute ambiguïté…

En quelques pages d'une compréhension aisée, Blyton invite ses jeunes lectrices et lecteurs à réfléchir à la pertinence de l'assignation à un sexe selon un critère tiré de la forme des organes génitaux. L'écrivaine ne s'arrête pas là : la suite du roman révèle que Claude rame mieux, est plus habile à la nage que son cousin François, dirige son canot avec sûreté parmi les récifs. L'histoire s'achève sur le triomphe de Claude : celui-ci, après la découverte du trésor caché dans l'île, est reconnu comme un garçon à part entière par son propre père.

D'après un article de Philippe Reigné :
« Faut-il bruler le Club des cinq ? », *Libération*, 3 mars 2014

CONSEILS

Ce texte proposé comme support de discussion nécessite une bonne connaissance des sujets d'actualité pour aborder avec pertinence un thème qui fait débat dans la société. Dans son commentaire, pour éviter d'aborder des lieux communs, le candidat devra s'appuyer sur des connaissances et sur des auteurs reconnus comme référence dans le domaine des publications pour enfants, et notamment sur la question des représentations sociales et de l'identité.

Ainsi devront être évoqués au cours de l'entretien : la législation particulière concernant les livres pour la jeunesse (loi n° 49-956 du 16 juillet 1949), la crainte suscitée par ces histoires qui incarnent la diversité des situations vécues par les enfants, l'intérêt éducatif des contes, l'utilisation pédagogique des récits.

Ce sujet concerne les professionnels œuvrant dans le champ de l'éducation, sachant qu'en France ce sont chaque année plus de 12 000 ouvrages qui sont publiés et que, pour la plupart des éditeurs jeunesses, « un livre pour enfant n'est pas ou plus un manuel de morale, mais un bon support de médiation ».

4. Préparation aux oraux

1. Représentation du métier

Mesure des écarts entre la représentation initiale du métier de ME et la découverte de la réalité professionnelle telle qu'elle vous a été présentée dans ce document.

Le métier	Représentation initiale	Réalité professionnelle	Intérêt pour ce métier
Finalité Public côtoyé Type de structure Modalité de travail Support utilisé Travail d'équipe Débouchés professionnels			
Qualités et compétences nécessaires pour exercer ce métier			
Les connaissances Les capacités Les aptitudes			
La formation			
Caractéristiques Le contenu L'alternance Le diplôme			

2. Les différentes épreuves orales

Chaque institut de formation organise les épreuves orales en fonction de son projet de formation. Ce déroulement est présenté dans un règlement, à la disposition des candidats[1].

Exemples de différents types d'épreuves orales rencontrées[2]

- L'épreuve orale la plus communément pratiquée comprend deux entretiens de 30 à 45 minutes chacun, l'un avec un psychologue, l'autre avec un professionnel.

Épreuves orales spécifiques

- Une épreuve collective organisée à partir d'un texte imposé : 30 minutes de préparation, puis 5 minutes de présentation orale en groupe sur le sujet préparé, et de nouveau 20 à 30 minutes de débat collectif. Pas d'entretien individuel (Bergerac).

1. Nous conseillons aux candidats de contacter l'institution sélectionnée pour s'informer des modalités proposées afin d'organiser sa préparation aux épreuves orales en fonction de ces informations.
2. Réalisé à partir des renseignements diffusés par Internet et sélectionnés pour illustrer la variété des épreuves.

- Une épreuve de groupe d'une durée de 2 heures, regroupant 12 candidats. Objet de l'épreuve : une mise en scène d'un article de journal devant un jury composé de deux personnes. Puis, pour chaque candidat, un oral individuel de 30 minutes (Saint-Brieuc).

  Même type d'épreuve à Marseille, avec comme contenu une mise en situation collective à partir d'un projet d'action (15 minutes de préparation, 1 h 30 d'épreuve et un entretien individuel).

- Un débat collectif à partir d'un support vidéo et un entretien individuel (Hérouville-Saint Clair).

- Commentaire d'un texte concernant l'éducation spécialisée (15 minutes de préparation), puis présentation de son CV durant une dizaine de minutes. L'oral se termine par un échange sur le projet du candidat avec un jury, pendant une vingtaine de minutes (Besançon).

- Deux entretiens de 20 minutes avec un psychologue et un professionnel pour vérifier les aptitudes du candidat à exercer le métier de moniteur-éducateur, à partir de tests psychologiques et de situations professionnelles (Talence).

- Deux journées consécutives d'épreuves orales, dont une épreuve de groupe (Montpellier).

- Une réalisation collective de 1 heure en présence de 6 à 8 candidats, suivie d'un entretien individuel de 20 minutes avec le même jury, afin d'évaluer le fonctionnement du groupe et les rôles tenus. Puis un oral individuel de 20 minutes afin d'évaluer les motivations pour le métier et la formation, devant un jury composé d'une ou deux personnes (Rezé).

- Un débat entre 6 à 8 candidats d'une durée de 50 minutes, sur un thème de société du type : « Que pensez-vous des pictogrammes indiquant des âges minimum pour suivre le programme à la télévision ? » Puis un entretien individuel de 30 minutes (Reims).

- Un entretien de 30 minutes avec un formateur et un professionnel, à partir d'un commentaire de 5 pages réalisé par le candidat sur un texte de son choix (Clermont-Ferrand).

- Une réalisation collective suivie d'une auto-évaluation devant le groupe, puis un entretien individuel avec un psychologue (Paris).

- Une épreuve de groupe d'une durée de 30 à 40 minutes, à partir d'une question ou d'une phrase à commenter. Puis deux entretiens, un avec un psychologue, un autre avec un formateur ou un professionnel (Etcharry).

- Un entretien de 20 minutes consacré à la présentation et l'analyse d'un texte apporté par le candidat, puis 20 minutes d'échanges autour des motivations du candidat avec le jury (Isle).

3. Le dossier de motivation

Souvent demandé par les instituts de formation comme support aux différentes épreuves, le dossier de motivation peut prendre une forme particulière au niveau des consignes : lettre de motivation, CV argumenté…

Réaliser ce type de dossier est une tâche incontournable dans le cadre de sa préparation au concours, qu'il soit demandé ou pas par l'établissement de formation (par cet exercice le candidat pourra repérer et apprécier les capacités qu'il a déjà acquises et ce, dans plusieurs domaines).

Le dossier comprend un CV et une lettre de motivation :

Le CV

– Nom, prénom
– Adresse
– Tel, mail
– Age et lieu de naissance
– Scolarité
– Dates des diplômes obtenus
– Langues pratiquées
– Maîtrise de l'informatique
– Expériences sociale, sportive, culturelle
– Diplômes ou brevets obtenus (secourisme, surveillant de baignade, attestations suite à un stage, permis de conduire)
– Expérience professionnelle (présenter toutes les expériences avec les dates, les contenus les postes occupés, les domaines d'activités.)
– Centres d'intérêt (activités pratiquées, sans oublier la lecture, le cinéma, en précisant un ou deux titres marquants.)

La lettre de motivation

L'objectif de cette lettre est de démontrer le pourquoi de cette orientation professionnelle et vos attentes par rapport à une formation. Ce document dévoilant des éléments personnels devra être rédigé avec beaucoup de soins et de maturité.

Le contenu attendu par les personnes membres des jurys :
– des éléments personnels en lien avec le CV (sans en faire une redite) ;
– des éléments en lien avec des événements personnels, familiaux, sociaux ;
– des éléments concrets en liens avec une expérience ou des capacités ;
– des éléments de personnalité (volonté d'implication, altruisme, intérêt pour les questions sociales ou de politique sociale, projet professionnel).

Plan proposé
– Introduction
– Présentation de votre situation actuelle
– Présentation de votre histoire dans les grandes lignes
– Présentation de votre projet
– Conclusion

Votre récit devra faire ressortir votre engagement et votre capacité à vous distancier par rapport à vous-même. Le travail sur vos représentations du métier tel qu'il vous est proposé dans le chapitre 1 de cette annexe devrait vous aider à affiner votre rédaction.

Annexe 2

Sigles utilisés

A

AAH Allocation adultes handicapés
AEEH Allocation d'éducation de l'enfant handicapé
AED Aide éducative à domicile
AEMO Aide éducative en milieu ouvert
AES Allocation éducative spéciale
AGEFIPH Association de gestion des fonds pour l'insertion professionnelle des handicapés
AMP Aide médico-psychologique
APJM Accueil provisoire jeune majeur
ASE Aide sociale à l'enfance
AS Assistant de service social
Assedic Association pour l'emploi dans l'industrie et le commerce
ARH Agence régionale d'hospitalisation
ARS Agence régionale de santé

C

CAF Caisse d'allocation familiale
CAMSP Centre d'action médico-sociale précoce
CCAS Centre communal d'action sociale
CDAPH Commission des droits et de l'autonomie des personnes handicapées
CER Centre éducatif renforcé
CEF Centre éducatif fermé
Clis Classe d'intégration scolaire (ou inclusion)
CASF Code de l'aide sociale et des familles
CHRS Centre d'hébergement et de réadaptation sociale
CMP Centre médico-psychologique
CMPP Centre médico-psycho-pédagogique
COAE Centre d'orientation et d'action éducative

D

DAVA Dispositif académique de validation des acquis
DDCS Direction départementale de cohésion sociale
DDTE Direction départementale du travail et de l'emploi
DDJS Direction départementale de la jeunesse et des sports
DDPJT Direction départementale de la protection judiciaire de la jeunesse
Drass Direction régionale de l'action sanitaire et sociale (jusqu'en 2010)
DRJSCS Direction régionale de la jeunesse, des sports et de la cohésion sociale (à partir de 2010)

E

Erea Établissement régional d'enseignement adapté
Esat Établissement et service d'aide par le travail
EPM Établissement pénitentiaire pour mineurs

I

IME Institut médico-éducatif
IMP Institut médico-psychologique
Impro Institut médico-professionnel
IOE Investigation et orientation éducative
Itep Institut thérapeutique, éducatif et pédagogique

J

JE Juge des enfants

M

MAJ Mesure d'accompagnement judiciaire
MAS Maison d'accueil spécialisée
MECS Maison d'enfants à caractère social
MECSS Maison d'enfants à caractère sanitaire spécialisé
MDPH Maison départementale des personnes handicapées

O

OPP Ordonnance de placement provisoire

ONG	Organisation non gouvernementale

P

PPS	Projet personnalisé de scolarité
PPI	Projet personnalisé individualisé

R

RMI	Revenu minimum d'insertion
RMA	Revenu minimum d'activité
RSA	Revenu de solidarité active

S

SAJ	Service d'accueil de jour
SEAT	Service éducatif auprès des tribunaux
Segpa	Section d'enseignement général et professionnel adapté
Sessad	Service d'éducation et de soins spécialisés à domicile
Smic	Salaire minimum interprofessionnel de croissance

T

TISF	Technicien de l'intervention sociale et familiale
TPE	Tribunal pour enfants

U

UPI	Unité pédagogique d'intégration
ULIS	Unité localisée pour l'inclusion scolaire

V

VAE	Validation des acquis de l'expérience

Annexe 3

Liste des établissements de formation agréés (adhérents à l'UNAFORIS[1])

Alsace

■ **IFCAAD – Institut de formation au travail éducatif et social**

12, rue Jean Monnet – B.P. 45
67311 Schiltigheim Cedex
Tél. : 03 88 18 61 31 – www.ifcaad.fr

Aquitaine

■ **ADES – Association pour le développement économique et social**

9 bis, rue Armand Chabrier – 47400 Tonneins
Tél. : 05 53 64 61 57 – www.adesformations.fr

■ **AFMR – Etcharry formation développement**

Château Elgart – 64120 Etcharry
Tél. : 05 59 65 72 82 – www.afmr-etcharry.com

■ **CEF – Centre de formation au travail sanitaire et social de la fondation John Bost**

Place du marché couvert – B.P. 414
24104 Bergerac Cedex
Tél. : 05 53 22 23 00 – www.johnbost.org/cef

■ **IRTS – Institut régional du travail social**

9, avenue François Rabelais – B.P. 39
33401 Talence Cedex
Tél. : 05 56 84 20 20 – www.irtsaquitaine.fr

■ **ITS – Institut du travail social Pierre Bourdieu**

8, cours Léon Bérard – B.P. 7528
64075 Pau Cedex
Tél. : 05 59 84 93 93 – www.its-pau.fr

Auvergne

■ **ITSRA – Institut de travail social de la région Auvergne**

62, avenue Marx Dormoy
63000 Clermont-Ferrand
Tél. : 04 73 17 01 00 – www.itsra.net

Bourgogne

■ **Irtess – Institut régional supérieur du travail éducatif et social de Bourgogne**

2, rue du Professeur Marion – 21000 Dijon
Tél. : 03 80 72 64 50 – www.irtess.fr

1. Union nationale des associations de formation et de recherche en intervention sociale.

Bretagne

■ AFPE – Association pour les formations aux professions éducatives

Centre Emmanuel Mounier
Campus Ker Lann – Rue Pierre de Maupertuis
B.P. 17451 – 35174 Bruz Cedex
Tél. : 02 99 05 06 10 – www.afpe.org

Centre Louis Guilloux
12, rue du Vau Méno – B.P. 507
22005 Saint-Brieuc Cedex 1
Tél. : 02 96 78 86 20 – www.afpe.org

■ ASKORIA

Site de Gouesnou – 15, rue Gaston-Plante
29850 Gouesnou
Tél. : 02 98 41 49 41 – www.irts-bretagne.fr

2, avenue du Bois-Labbé – 35042 Rennes Cedex
Tél. : 02 99 59 41 41 – www.irts-bretagne.fr

■ ITES – Institut pour le travail éducatif et social

170, rue Jules Janssen – ZAC de Kergaradec
Guipavas – 29806 Brest Cedex 9
Tél. : 02 98 34 60 60 – www.ites-formation.com

Centre

■ ERTS – École régionale du travail social

2032, rue du Général de Gaulle
B.P. 125 – 45161 Olivet Cedex
Tél. : 02 38 69 17 45 – www.erts-olivet.org

■ ITS – Institut du travail social

17, rue Groison
B.P. 77554 – 37075 Tours Cedex 2
Tél. : 02 47 62 33 33 – www.its-tours.com

DOM

■ CFTS de Guadeloupe

Grand Camp
97139 Les Abymes – Guadeloupe
Tél. : 05 90 83 79 25 – www.urass-ifmes.com

■ EMAP

Rue Vélia – Bois d'Olives – B.P. 18
97451 Saint-Pierre Cedex – La Réunion
Tél. : 02 62 96 95 30 – www.emap.re

■ IRDTS – Institut régional de développement du travail social

134, chemin rural de Troubiran
Entrée du centre médico-sportif
B.P. 897 – 97341 Cayenne Cedex – Guyane
Tél. : 05 94-25 34 88

■ IRTS de la Réunion

1, rue Sully-Brunet
97470 Saint-Benoît – La Réunion
Tél. : 02 62 92 97 77 – www.irtsreunion.asso.fr

Franche-Comté

■ IRTS – Institut régional du travail social

1, rue Alfred de Vigny
B.P. 2107 – 25051 Besancon Cedex
Tél. : 03 81 41 61 00 – www.irts-fc.fr

Île-de-France

■ Buc ressources

1 bis, rue Louis-Massotte – 78530 Buc
Tél. : 01 39 20 19 94 – www.buc-ressources.org

■ CFPES Ceméa – Centre de formation aux professions éducatives et sociales

62, avenue de la République
93306 Aubervilliers Cedex
Tél. : 01 48 11 27 90 – www.cfpes.com

■ EPSS – École pratique de service social

32, boulevard du Port – 95094 Cergy Cedex
Tél. : 01 30 75 62 96 – www.epss-edu.com

■ INFA – Institut de formation

5-9, rue Anquetil
94736 Nogent-sur-Marne Cedex
Tél. : 01 45 14 64 67 – www.infa-formation.com

■ Initiatives

43, bd du Maréchal Joffre
92340 Bourg-la-Reine
Tél. : 01 41 13 48 23 – www.initiatives.asso.fr

■ IRTS – Institut régional du travail social

145, avenue Parmentier – 75010 Paris
Tél. : 01 42 03 08 31 – www.irtsparisidf.asso.fr

■ ITSRS/IRTS – Institut régional du travail social

1, rue du 11 novembre – 32120 Montrouge
Tél. : 01 40 92 01 02 – www.fondation-itsrs.org

150, avenue Paul Vaillant-Couturier
93330 Neuilly-sur-Marne
Tél. : 01 49 44 67 10 – www.fondation-itsrs.org

Languedoc-Roussillon

■ CFPMEA Ceméa – Centre régional de formation aux métiers de l'animation et de l'éducation

501, rue Métairie de Saysset
C.S. 10033 – 34078 Montpellier Cedex 3
Tél. : 04 67 50 46 00 – www.cemealr.org

■ CPFP La Rouatière – Centre polyvalent de formation professionnelle

11400 Souilhanels
Tél. : 04 68 60 03 61 – www.larouatiere.com

■ ETES – École de travail éducatif et social

17, avenue Théophile Roussel – 48100 Marvejols
Tél. : 04 66 32 27 78 – www.etes.fr

■ IFME – Institut de formation aux métiers éducatifs

23, rue de Sauve – 30900 Nîmes
Tél. : 04 66 68 99 60 – www.apafase-ifme.com

■ IRTS – Institut du travail social

1011, rue du Pont de Lavérune
34077 Montpellier Cedex 3
Tél. : 04 67 07 02 30 – www.irts-lr.fr

Limousin

■ IRFE – Institut régional de formation d'éducateurs

Rue du Buisson – 87170 Isle
Tél. : 05 55 01 40 52 – www.irfe87.com

Lorraine

■ IRTS – Institut régional du travail social

201, avenue Raymond Pinchard
B.P. 2009 – 54100 Nancy
Tél. : 03 83 93 36 36 – www.irts-lorraine.fr

41, avenue de la Liberté – Le Ban St-Martin
C.S. 50029 – 57063 Metz Cedex 2
Tél. : 03 87 31 68 00 – www.irts-lorraine.fr

Midi-Pyrénées

■ CRFMS Érasme – Centre régional de formation aux métiers du social

Complexe scientifique de Rangueil
23, avenue Édouard Belin – B.P. 44013
31028 Toulouse Cedex
Tél. : 05 61 19 27 60 – www.erasme.fr

■ IFRASS – Institut de formation recherche animation sanitaire et social

2 bis, rue É. Pelletier – B.P. 44777
31047 Toulouse Cedex 1
Tél. : 05 34 63 89 00 – www.ifrass.net

Nord - Pas-de-Calais

■ Centre de Formation Afertes – Association pour la formation, l'éducation et la recherche en travail éducatif et social

5, rue Paul Périn – B.P. 225
62004 Arras Cedex
Tél. : 03 21 60 40 00 – www.afertes.org

■ EESTS – École européenne supérieur en travail social

22, rue Halévy – 59000 Lille
Tél. : 03 20 93 70 16

Rue du Gazomètre – 59600 Maubeuge
Tél. : 03 27 62 87 22

42 Rue Carnot – 62500 Saint-Omer
Tél. : 03 21 12 20 20 – www.eests.org

■ IRTS – Insitut régional du travail social

5, rue Maurice Schumann – 62031 Arras
Tél. : 03 21 24 09 09

Rue du Docteur Ménard
62604 Berck-sur-Mer Cedex
Tél. : 03 21 89 97 00
12, rue Louis-Nouts Site Créanor
59412 Coudekerque-Branche
Tél. : 03 28 24 51 30

Rue Ambroise-Paré – B.P. 71
59373 Loos Cedex – Tél. : 03 20 62 53 70

35, rue Ernest-Macarez
Site Hainaut Combresis – 59300 Valenciennes
Tél. : 03 27 42 40 97 – www.irtsnpdc.fr

Normandie

■ IDS – Institut du développement social

Route de Duclair – B.P. 118
76380 Canteleu
Tél. : 02 32 83 25 00 – www.ids.fr

■ IRTS – Institut régional du travail social

11, rue Guyon-de-Guercheville – B.P. 10116
14204 Hérouville-Saint-Clair
Tél. : 02 31 54 42 00 – www.irts-bn.asso.fr

Pays de la Loire

■ Arifts Iframes – Institut de formation, de recherche et d'animation des métiers éducatifs et sociaux

10, rue Darwin – 49045 Angers Cedex 1
Tél. : 02 41 22 14 70 – http://www.arifts.fr/

116, rue de la Classerie – 44400 Rezé
Tél. : 02 40 75 69 94 – http://www.arifts.fr/

Picardie

■ IRFFE – Institut régional de formation aux fonctions éducatives

12, rue des Deux-Ponts – 80044 Amiens Cedex 1
Tél. : 03 22 66 33 99 – www.irffe.fr

52, boulevard Saint André – 60000 Beauvais
Tél. : 03 44 07 72 34 – www.irffe.fr